LEBENDIGES DEUTSCH FÜR STUDENTEN 2

대학생을 위한 활용 독일어 2

임우영, 강병창, 김해생
박진권, 백인옥, 이완호

문예림

Lebendiges Deutsch für Studenten II

대학생을 위한 활용 독일어 II

임우영·강병창·김해생
박진권·백인옥·이완호 공저

문예림

지은이	임우영	한국외국어대학교 독일어과 및 동 대학원 졸업 독일 뮌스터(Münster)대학교 문학박사(독문학) 한국외국어대학교 독일어과 교수
	강병창	한국외국어대학교 독일어과 및 동 대학원 졸업 한국외국어대학교 문학박사(독어학) 한국외국어대학교 HK 교수
	김해생	숙명여자대학교 독어독문학과 졸업 한국외국어대학교 통역대학원 독일어과 졸업 한국외국어대학교 대학원 독일어과 졸업 오스트리아 비인(Wien)대학교 문학박사(독어학) 숙명여자대학교, 한국외국어대학교 독일어과 강사
	박진권	한국외국어대학교 독일어과 및 동 대학원 졸업 독일 보쿰(Bochum)대학교 문학박사(독문학) 한국외국어대학교 독일어과 강사
	백인옥	한국외국어대학교 독일어과 및 동 대학원 졸업 독일 콘스탄츠(Konstanz)대학교 문학박사(독문학) 한국외국어대학교 독일어과 강사
	이완호	인천대학교 독어독문학과 졸업 한국외국어대학교 대학원 독일어과 졸업 독일 마르부르크(Marburg)대학교 문학박사(독어학) 인천대학교, 한국외국어대학교 독일어과 강사
녹음		Hans Alexander Kneider (한스 알렉산더 크나이더) Ann-Kathrin Mößmer (안-카트린 뫼스머) Julia Rebecca Kasier (율리아 레베카 카이저)
삽화		조민협

대학생을 위한 활용 독일어 2

초판 1쇄 발행 2001년 3월 25일
1차 개정판 1쇄 발행 2004년 1월 25일
2차 개정판 5쇄 인쇄 2024년 8월 20일
2차 개정판 5쇄 발행 2024년 8월 25일

지은이 임우영·강병창·김해생·박진권·백인옥·이완호
펴낸이 서덕일
펴낸곳 도서출판 문예림

출판등록 1962.7.12 (제406-1962-1호)
주소 경기도 파주시 회동길 366 (10881)
전화 02)499-1281~2 팩스 02)499-1283
전자우편 info@moonyelim.com 홈페이지 www.moonyelim.com

ISBN 978-89-7482-811-0(13790)

잘못된 책이나 파본은 교환해 드립니다.
본 책은 저작권법에 의해 보호를 받는 저작물이므로 무단 전재와 복제를 금합니다.

책머리에

『대학생을 위한 활용독일어 II』는 I권에서 습득한 기초문법, 어휘 및 기본 문장구조 등을 토대로 더욱 다양한 어휘와 수준 높은 문장구조 그리고 실용적인 표현을 익히도록 집필되었다. 따라서 II권에서는 형용사의 어미변화를 시작으로 부문장, 형용사의 비교급, 수동태, 관계문, 동사원형 구문, 접속법 II식, 접속법 I식 등을 학습함으로써 전체적인 독일어 문법과 문장연습을 완성하게 된다.

II권의 구성은 I권과 마찬가지로 각 과에서 다루고 있는 문법(Grammatik)이 실제적으로 적용된 텍스트(Text)와 두 개의 대화(Dialog)를 두어 학습자가 문법을 참고로 하여 스스로 분석할 수 있도록 했다. 단 19과와 20과는 텍스트의 수준을 고려하여 대화를 한 개씩만 두었다. II권의 텍스트는 학습자들이 관심을 가질 수 있는 다양한 테마를 선택하려고 시도하였다. 특정 텍스트에 사용된 전문어휘는 각주에 뜻풀이를 해두었다.

I권과 II권에 수록된 대화는 실생활에서 접하는 상황을 고려하여 집필하였으므로 전체적으로 하나의 회화교재가 된다. 문법은 학습자가 스스로 터득할 수 있도록 구성하였고, 특정 문법사항을 손쉽게 참고할 수 있도록 I, II권에 수록된 문법을 총정리하여 별책부록으로 엮었다.

연습문제(Üungen)에는 가장 기본적인 문제부터 수준 높은 문제에 이르는 다양한 유형의 문제가 제시되어 있고, 자신이 해결한 문제를 확인해 볼 수 있도록 I, II권 연습문제의 모범 해답을 책 마지막에 실어, 학습자 스스로 확인할 수 있게 한다. 이때 가장 모범이 되는 해답을 먼저 제시했고, 만약 다른 표현도 가능한 경우에는 "/"표시와 이탤릭체로 이를 표기하였다.

그리고 II권에서도 "Gut zu wissen" 항목을 설정하여 각 과를 마무리하는 단계에서 꼭 익혀두어야 할 표현들과 회화에 유익하게 사용할 수 있는 본보기 문형들을 정리해 두었다. 마지막으로 각 과 텍스트의 내용과 관련된 최신 독일 사정을 수록하여 학습자에게 상세하고 유익한 정보를 제공하고자 했다.

책 맨 뒷부분에는 II권 전체에 대한 단어색인을 두어 해당 단어가 어느 과에서 나왔는지 확인할 수 있도록 하였다. 명사의 성과 복수형뿐만 아니라 강변화 동사의 현재형

책머리에

과 과거형도 원형과 함께 제시하였다.

　이 교재는 어디까지나 독일어 기초를 다지는 데 중점을 두었기 때문에 다양한 주제를 다루면서도 가장 기본적인 문형을 제시하려고 노력하였다. 모든 독일어 표기는 I, II권 공히 개정된 새 정서법을 따랐으며, 화폐 단위 표기는 마르크(Deutsche Mark = DM) 대신 2002년 1월부터 유럽연합(EU = Europäsche Union) 내에서 단일 화폐로 공식 통용되는 유로(Euro = EUR) 화(貨) 체제를 따랐다.

　본 교재의 주요 학습목표는 학습자가 정확한 발음으로 기본적인 독일어 지식을 습득하여 가장 효과적으로 독일어를 활용할 수 있는 능력을 갖추는 것이다. 따라서 II권에서도 I권처럼 독일인 선생님들이 텍스트와 대화를 한 번은 정상속도로, 다른 한 번은 천천히 따라 읽을 수 있도록 녹음한 청취용 테이프가 포함되어 있다. 학습목표에 도달하기 위해서 학습자는 의미 해석에 앞서 몇 번이고 독일인이 읽는 것을 듣고, 또 큰 소리로 따라 읽어서 단어와 문장에 익숙해지도록 노력하여야 한다.

　『대학생을 위한 활용독일어 II』는 부록에 '독일어 문법 정리'와 '간추린 독일어 새 정서법', 그리고 '기본수와 차례수'를 수록하여 학습자가 자신의 독일어 지식을 다지고 싶을 때 언제나 손쉽게 점검하고 확인할 수 있도록 했다. 하나의 외국어를 습득한다는 것은 결코 쉬운 일이 아니다. 독일어 지식을 더욱 심화시키기 위해서는 본 교재에서 다룬 사항들을 몇 번이고 반복해서 학습해야 할 것이다.

　끝으로 이 교재의 내용을 치밀하게 검토해 주신 하이디 강(Heidrun Kang)교수님과 페터 슈미터(Peter Schmitter) 교수님께 감사드리며, 『대학생을 위한 활용독일어』 집필자 일동은 이 책을 통해 많은 사람들이 독일어를 보다 쉽게 그리고 체계적으로 습득할 수 있기를 기대한다.

2001년 8월
저자 일동

개정판을 내면서

『대학생을 위한 활용독일어 I』에 이어 II권도 개정판을 내게 되었다. 그 동안 필자들은 여러 대학에서 이 교재로 강의를 해본 경험을 토대로 학습자들이 부담을 느끼는 본문 텍스트와 대화, 그리고 연습부분을 약간 줄였다. 그리고 I권 개정판과 마찬가지로 색인에 뜻풀이를 두어 학습의 편리를 도모했다. 아울러 I권과 II권을 모두 공부한 학습자를 위해 '독일어 문법 정리'도 좀더 체계화시켜 독일어 심화 학습에 도움을 주고자 했다. 이미 머리말에서도 여러 번 강조했듯이 외국어를 습득하는 데는 반복 연습 이외의 왕도는 없다. 집필자들은 많은 학습자들이 이 교재를 통해 보다 쉽게 독일어 기초를 습득하기 바란다. 끝으로 이 교재의 개정을 위해 수고해 주신 아넬리제 슈테른 고 (Anneliese stern-Ko) 선생님께 감사의 뜻을 전한다.

2005년 1월
저자 일동

2차 개정판을 내면서

『대학생을 위한 활용독일어 II』 개정판이 나온 지도 10년이 넘었다. "10년이면 강산도 변한다"고 했는데, 그 동안에 독일의 상황도 많이 변했으며 교재에 수정해야 할 부분들도 있어 이번에 2차 개정판을 내게 되었다. 집필자들은 우선 각 과 뒤에 수록된 '독일정보'를 2014년 현시점에 맞게 모두 최신정보로 교체했다. 그리고 각과의 문법을 학습자들이 보다 이해하기 쉽게 고쳤으며, 연습문제도 현실 상황에 맞게 조금씩 수정했다. 모쪼록 집필자들은 2차 개정판이 기초독일어를 체계적으로 습득하는 데 많은 도움이 되었으면 한다.

2014년 10월
저자 일동

Inhalt

Lektion 11　　　　　　　　　　　　　　　　　　　　　　　16

Familie Keller hat eine neue Wohnung / 주택 구조
Die gelbe Bluse gefällt mir / 옷가게에서
Hier gibt es keine teuren Waren / 슈퍼마켓에서
Grammatik ·· 19
- 형용사의 어미변화 I
- 의문관사 (*W-Artikel*): *was für (ein-)*과 *welch-*

Übungen ·· 24
Gut zu wissen ·· 28
Information: 독일 포도주 ·· 29

Lektion 12　　　　　　　　　　　　　　　　　　　　　　　31

Die braune Handtasche ist billiger als die anderen / 물건 비교하기
Ich möchte am liebsten euch mitnehmen / 환송회
Der grüne Teppich ist so groß wie der rote / 원하는 물건 설명하기
Grammatik ·· 34
- 형용사의 비교변화　• 불특정대명사 I　• *etwas / nichts* + 형용사

Übungen ·· 39
Gut zu wissen ·· 43
Information: „Kleider machen Leute" ·· 44

Lektion 13　　　　　　　　　　　　　　　　　　　　　　　45

Es ist verboten, Katzen im Speisesaal zu füttern / 호텔 이용 규정

Ich schlage vor, an der Rezeption zu fragen / 휴가지에서
Was fehlt Ihnen? / 병원에서
Grammatik ·· 49
    • 부문장 II   • 동사원형 구문: *zu* + 동사원형
Übungen ·· 53
Gut zu wissen ·· 58
Information: 카니발 축제 ··· 59

Lektion 14   60

Die Deutschen und ihre Freizeit / 휴가와 여행
Wie viel macht das zusammen? / 시장에서
Ich möchte wissen, ob du zur Grillparty kommst / 초대와 응답
Grammatik ··· 63
    • 형용사의 어미변화 II   • 분사 I   • 형용사의 명사화   • 부문장 III
    • *da(r)* + 전치사 ...*dass*-문장 또는 <*zu* + 동사원형>
    • 무게, 길이, 시간, 수량의 표현
Übungen ·· 68
Wörter und Ausdrücke ·· 73
Gut zu wissen ·· 74
Information: 유스호스텔 ··· 75

Lektion 15   77

Die Vereinigung Deutschlands / 독일 통일
Die Sache wird sofort nachgeprüft / 분실물 신고
Der Wagen kann dort abgegeben werden / 자동차 대여

Grammatik 80
- 동사의 수동형과 수동문   • 주어 없는 수동문 (비인칭 수동문)
- 화법조동사가 있는 수동문

Übungen 83
Gut zu wissen 87
Information: 베를린 88

Lektion 16　　　　　　　　　　　　　　　　　　　　　　89

Ludwig van Beethoven (1770-1827). Eine kurze Biographie / 베토벤
Auf der Post / 우체국에서
Auf der Suche nach einem Ferienjob / 아르바이트 구하기
Grammatik 92
- 관계대명사와 관계문 I   • 분사 II   • 특정 전치사를 요구하는 형용사들

Übungen 96
Gut zu wissen 101
Information: 독일의 교육제도 103

Lektion 17　　　　　　　　　　　　　　　　　　　　　　104

Nein zum Fremdenhass! / 독일의 외국인 문제
Haben Sie schon eins gefunden? / 방 구하기
Dort gibt es vieles, was mich interessiert / 안부 묻기
Grammatik 107
- 관계문 II   • 화법조동사 문장의 현재완료   • 불특정대명사 II
- 복합 등위접속사

Übungen 111

Gut zu wissen ·· 116
Information: 독일의 외국인 현황 ·· 117

Lektion 18 — 118

Abfall lässt sich vermeiden / 독일의 자원 재활용
Hast du den Wecker vielleicht fallen lassen? / 시계 수리
Ich möchte diesen Anzug reinigen lassen / 세탁소에서
Grammatik ·· 121
 • 동사원형 구문: 4격 +동사원형 • 유사 수동문
Übungen ·· 125
Gut zu wissen ·· 131
Information: 독일의 생태 건축 ··· 132

Lektion 19 — 133

Wenn Roboter Herzen gewinnen könnten / 인간과 로봇
Würden Sie das Formular ausfüllen? / 은행에서
Das hätten Sie mir sagen müssen! / 옥토버페스트
Grammatik ·· 136
 • 접속법 II식
Übungen ·· 140
Gut zu wissen ·· 145
Information: "독일의 현대 기술전략" ·· 146

Lektion 20 — 147

Funktionale Analphabeten / 기능적 문맹

Man sagt, die Deutschen seien zu ernst / 독일인의 특성
Grammatik ··· 149
- 접속법 I 식(간접화법)

Übungen ··· 152
Gut zu wissen ·· 156
Information: 독일 문자의 역사 ··· 157

어휘 색인 ··· 160
문법 용어 색인 ·· 193
인명 색인 ··· 194
지명 색인 ··· 194
연습문제 모범 답안 ·· 195

별책 부록
독일어 문법 정리 ·· 210
간추린 독일어 새 정서법 ·· 296
기본수와 차례수 ··· 304

Lektion 11 Familie Keller hat eine neue Wohnung

Vor einem Monat sind Frau und Herr Keller mit ihrem *kleinen* Sohn hierher gezogen. Ihre *alte* Wohnung war zu klein für drei Personen. Die *neue* Wohnung ist 85 m²* groß und hat drei *große* Zimmer: ein *gemütliches* Wohnzimmer, ein *ruhiges* Schlafzimmer und ein *hübsches* Kinderzimmer.

Die Wohnung hat eine *moderne* Küche, ein *schönes* Bad und einen *sonnigen* Balkon.

Die Kellers haben die *meisten* Möbelstücke aus ihrer *alten* Wohnung mitgenommen. Jetzt haben sie ihre Wohnung ganz gemütlich eingerichtet. Die Wände und die Decken sind hell, den Fußboden haben sie mit einem *hellbraunen* Teppich ausgelegt. Sie suchen noch eine *kleine* Kommode für das Kinderzimmer und einen *bequemen* Sessel für das Wohnzimmer.

Die Wohnung ist im *dritten* Stock eines *neuen* Hauses. Das Haus liegt in einem *ruhigen* Wohngebiet. Leider gibt es kein *großes* Einkaufszentrum in der Nähe. Ansonsten gefällt den Kellers** die *neue* Wohnung aber sehr gut: Die Miete ist nicht so hoch und die Nachbarn sind nett.

---

* der/das Quadratmeter
** gefallen, passieren 등을 사용한 문장에서 주어와 3격 목적어가 모두 일반 명사인 경우 생명체인 목적어가 비생명체 주어에 앞서 위치할 수 있다.

Die gelbe Bluse gefällt mir

In einer Boutique. Sabine Keller sucht eine neue Bluse. Ihr Mann Helmut ist auch dabei.

Verkäuferin:	Kann ich Ihnen behilflich sein?
Sabine:	Ja, gern. Ich suche eine Bluse.
Verkäuferin:	*Was für eine* Bluse möchten Sie?
Sabine:	Eine *helle*, aber *pflegeleichte*.

Die Verkäuferin zeigt ihnen einige Blusen.

Helmut:	Wie findest du diese *dunkelgraue* hier? Die finde ich ganz schick.
Sabine:	*Dunkle* Blusen mag ich nicht.
Helmut:	Wie findest du dann die da? Die *gelbe* mit dem *runden* Kragen!
Sabine:	Hm, nicht schlecht. Darf ich die mal anprobieren?
Verkäuferin:	Selbstverständlich. *Welche* Größe haben Sie?
Sabine:	38.
Helmut:	Schön! Die *gelbe* Bluse passt gut zu deinem *braunen* Rock.
Sabine:	Gut, die gefällt mir auch. Wie viel kostet sie?
Verkäuferin:	79 Euro.
Sabine:	Was? So viel?
Verkäuferin:	Ja, *gute* Ware hat eben ihren Preis.

Hier gibt es keine teuren Waren

Klaus und sein koreanischer Freund Dong-gyu müssen für die Fete am Wochenende einkaufen. Sie gehen in einen großen Supermarkt.

Dong-gyu: Was brauchen wir alles?
Klaus: Getränke, Wurst und Käse. In diesem Supermarkt kannst du alles günstig bekommen.
Vor allem die Lebensmittel sind ganz billig.
Dong-gyu: Tatsächlich. Hier gibt es keine *teuren* Waren.

Die beiden legen die Sachen in den Einkaufswagen.

Dong-gyu: Haben wir alles?
Klaus: Moment mal …. Ach ja, drei Flaschen Wein noch.
Dong-gyu: Rotwein oder Weißwein?
Klaus: Weißwein. Rotwein trinken unsere Freunde nicht gern.
Dong-gyu: Ist das hier *deutscher* Wein?
Klaus: Ja, das ist Frankenwein. Der schmeckt gut.
Dong-gyu: Eine Flasche kostet 4,99 Euro. Ist das nicht zu teuer?
Klaus: Nein, es geht. Nehmen wir drei davon.

Grammatik

1 형용사의 어미변화 I (Deklination des attributiven Adjektivs)

- 독일어의 형용사가 서술어로 쓰일 때는 그 형태가 변하지 않는다.
  Das Zimmer ist **schön**. (이 방은 멋지다.)
- 그러나 부가어로 쓰일 때는 앞에 오는 관사의 종류와 뒤에 오는 명사의 성, 수, 격에 따라 어미가 변한다.
  Das ist **ein schönes** Zimmer. (이것은 멋진 방이다.)
  [불특정관사 + 단수 중성1격]
  Wer hat **das schöne** Zimmer? (이 멋진 방은 누구거니?)
  [특정관사 + 단수 중성4격]

1.1 특정관사(류)가 형용사 앞에 올 때 : *der, dieser, jener* 등 [약변화]

		남성	중성	여성
단수	1격	der nette Mann dieser nette Mann	das nette Mädchen dieses nette Mädchen	die nette Frau diese nette Frau
	2격	des netten Mannes dieses netten Mannes	des netten Mädchens dieses netten Mädchens	der netten Frau dieser netten Frau
	3격	dem netten Mann diesem netten Mann	dem netten Mädchen diesem netten Mädchen	der netten Frau dieser netten Frau
	4격	den netten Mann diesen netten Mann	das nette Mädchen dieses nette Mädchen	die nette Frau diese nette Frau
복수	1격		die netten Leute diese netten Leute	
	2격		der netten Leute dieser netten Leute	
	3격		den netten Leuten diesen netten Leuten	
	4격		die netten Leute diese netten Leute	

1.2 불특정관사(류)가 형용사 앞에 올 때 : *ein; kein; mein, dein, sein ...* 등 [혼합변화]

		남 성	중 성	여 성
단수	1격	ein nett**er** Mann kein nett**er** Mann mein klein**er** Sohn	ein nett**es** Mädchen kein nett**es** Mädchen mein klein**es** Kind	eine nett**e** Frau keine nett**e** Frau meine klein**e** Tochter
단수	2격	eines nett**en** Mann**es** keines nett**en** Mann**es** meines klein**en** Sohn**es**	eines nett**en** Mädchen**s** keines nett**en** Mädchen**s** meines klein**en** Kind**es**	einer nett**en** Frau keiner nett**en** Frau meiner klein**en** Tochter
단수	3격	einem nett**en** Mann keinem nett**en** Mann meinem klein**en** Sohn	einem nett**en** Mädchen keinem nett**en** Mädchen meinem klein**en** Kind	einer nett**en** Frau keiner nett**en** Frau meiner klein**en** Tochter
단수	4격	einen nett**en** Mann keinen nett**en** Mann meinen klein**en** Sohn	ein nett**es** Mädchen kein nett**es** Mädchen mein klein**es** Kind	eine nett**e** Frau keine nett**e** Frau meine klein**e** Tochter

복수	1격	(zwei) kein**e** mein**e**	nett**e*** klein**en** klein**en**	Leute Söhne/Kinder/Töchter Söhne/Kinder/Töchter
복수	2격	(zwei**er**) kein**er** mein**er**	nett**er** klein**en** klein**en**	Leute Söhne/Kinder/Töchter Söhne/Kinder/Töchter
복수	3격	(zwei) kein**en** mein**en**	nett**en** klein**en** klein**en**	Leuten Söhnen/Kindern/Töchtern Söhnen/Kindern/Töchtern
복수	4격	(zwei) kein**e** mein**e**	nett**e** klein**en** klein**en**	Leute Söhne/Kinder/Töchter Söhne/Kinder/Töchter

* 1.3 형용사 앞에 관사가 오지 않을 때 [강변화] 복수 1격 참조.

○ Wie heißt der *nette* Herr?
(저 친절한 신사분 이름이 어떻게 되나요?)

● Er heißt Schulz und ist unser Chef.
(슐츠 씨이고요, 우리 사장님입니다.)

○ Wie heißt das *nette* Mädchen? • Sie heißt Anna, sie ist seine Tochter.
○ Wie findest du diesen *kurzen* Rock? • Ich finde ihn ganz schick.
   (너 이 짧은 치마 어때?)   (아주 세련됐는데.)

Leider gibt es kein *großes* Einkaufszentrum in der Nähe.
Frau und Herr Keller sind mit ihrem *kleinen* Sohn hierher gezogen.
Die *neue* Wohnung hat drei *große* Zimmer.

> Ein „*kleines*" Märchen:
> „Es war einmal ein *kleiner* Mann.
> Der *kleine* Mann hatte eine *kleine* Frau und ein *kleines* Kind.
> Eines Tages kam ein *anderer kleiner* Mann
> aus dem Nachbardorf mit einer *kleinen* Frau
> und einem *kleinen* Kind zu dem *kleinen* Mann.
> So lebten dort zwei *kleine* Männer mit zwei *kleinen* Frauen
> und zwei *kleinen* Kinder**n** glücklich zusammen."

1.3 형용사 앞에 관사가 오지 않을 때 [강변화]

		남성	중성	여성
단수	1격	deutsch**er** Wein	deutsch**es** Bier	deutsch**e** Wurst
	2격	deutsch**en** Wein(e)s	deutsch**en** Bie**r**(e)s	deutsch**er** Wurst
	3격	deutsch**em** Wein	deutsch**em** Bier	deutsch**er** Wurst
	4격	deutsch**en** Wein	deutsch**es** Bier	deutsch**e** Wurst
복수	1격	deutsch**e** Weine / Biere / Würste		
	2격	deutsch**er** Weine / Biere / Würste		
	3격	deutsch**en** Weinen / Bieren / Würsten		
	4격	deutsch**e** Weine / Biere / Würste		

Ist das hier *deutscher* Wein? - Nein, das ist kein *deutscher* Wein.
Deutsche Weine sind gut, vor allem Weißweine.
Deutsche Wurst mag ich gern.
○ *Guten* Appetit! • *Vielen* Dank!

> ! 부가어로 쓰일 때 형태가 변하는 형용사

- teu*er* → ***teur-***   Die Bluse ist teuer.
  Das ist eine *teure* Bluse.

- dunk*el* → ***dunkl-***   Das Zimmer ist dunkel.
  Das ist ein *dunkles* Zimmer.

- hoch → ***hoh-***   Der Baum ist hoch.
  Das ist ein *hoher* Baum.

2 의문관사(w-Artikel): was für(ein-)과 welch-

2.1 *was für (ein-)?*

> - 사람/사물의 종류, 성격을 물을 때 사용한다('어떤 .../ 무슨 ... ?').
> - ein- 은 뒤에 오는 명사의 성, 수, 격에 따라 어미변화를 한다.
>
> 이때 was für 다음에 오는 명사구는 4격 지배전치사인 für와 관계없이 동사의 격지배를 받는다.
>
> <u>Was für einen Rock</u> suchst du? (너 어떤 치마를 찾니?)
>   [남성 단수 4격]
> - Einen kurzen und nicht zu hellen. (짧고 색이 너무 밝지 않은 치마.)

		남성	중성	여성
단수	1격	was für *ein* Rock	was für *ein* Hemd	was für *eine* Bluse
	2격	was für *eines* Rock(e)s	was für *eines* Hemd(e)s	was für *einer* Bluse
	3격	was für *einem* Rock	was für *einem* Hemd	was für *einer* Bluse
	4격	was für *einen* Rock	was für *ein* Hemd	was für *eine* Bluse
복수	1격	was für Schuhe		
	2격	was für Schuhe		
	3격	was für Schuhen		
	4격	was für Schuhe		

- Was für *eine* Bluse suchst du?
  (어떤 블라우스를 찾니?)
- Was für *ein* Hemd suchen Sie?

- Eine *helle*, aber *pflegeleichte*.
  (밝은 색이지만 손질하기 쉬운 것.)
- Ein *weißes* aus Baumwolle.

○ Was für Schuhe möchtest du? • *Leichte* Turnschuhe.

 Was hast du ***für ein*** Auto? (= ***Was für ein*** Auto hast du?)

2.2 *Welch-?*

> • 주어진 것 가운데서 특정한 대상을 선택할 때 사용한다('어느... ?').
> • 뒤에 오는 명사의 성, 수, 격에 따라 특정관사(류) 어미변화를 한다.
> <u>Welcher Rock</u> gefällt Ihnen, der schwarze oder der braune?
> [남성 단수 1격]   (이 검은색, 갈색 치마 중에서 어느 치마가 마음에 드세요?)
> - Der schwarze. (검은색 치마요.)

		남성		중성		여성	
단수	1격	welch*er*	Rock	welch*es*	Hemd	welch*e*	Bluse
	2격	welch*es/en*	Rock(e)s	welch*es/en*	Hemd(e)s	welch*er*	Bluse
	3격	welch*em*	Rock	welch*em*	Hemd	welch*er*	Bluse
	4격	welch*en*	Rock	welch*es*	Hemd	welch*e*	Bluse
복수	1격		welch*e*	Röcke	/ Hemden / Blusen		
	2격		welch*er*	Röcke	/ Hemden / Blusen		
	3격		welch*en*	Röcken	/ Hemden / Blusen		
	4격		welch*e*	Röcke	/ Hemden / Blusen		

○ *Welche* Bluse gefällt dir, die *gelbe* oder die *blaue*?

• Die *gelbe* (Bluse).

○ *Welchen* Rock nimmst du, den *kurzen* oder den *langen*?

• Den *langen* (Rock).

○ *Welche* Hemden wollen Sie nehmen?

• Das *weiße* und das *braune*.

○ *Welche* Größe haben Sie? (사이즈가 어떻게 되세요?)

• 38. (38이에요.)

Übungen

① 보기와 같이 문장을 바꾸시오.

> Das Zimmer ist klein. → Das ist ein *kleines* Zimmer.

1. Die Küche ist modern. → Das ist eine _____ Küche.
2. Das Bad ist schön. → Das ist ein _____ Bad.
3. Der Stuhl ist bequem. → Das ist ein _____ Stuhl.
4. Der Rock ist teuer. → Das ist ein _____ Rock.
5. Die Tasche ist praktisch. → Das ist eine _____ Tasche.
6. Die Kinder sind nett. → Das sind _____ Kinder.

② 주어진 단어를 사용하여 보기와 같이 문장을 완성하시오.

> Du hattest Geburtstag. Wer hat dir was geschenkt?
> (Handtasche: praktisch / Harald)
> → Harald hat mir *eine praktische Handtasche* geschenkt.

1. Handschuhe: schwarz / Petra →
2. Buch: interessant / Udo →
3. Krawatte: modisch / Ralf →
4. Regenschirm: rot / Max →
5. eine Flasche Wein: gut / Inge →
6. Bild: schön / Julia →

③ 다음 빈칸에 주어진 형용사를 알맞게 넣으시오.

1. Sabine fährt mit einem _____ Wagen. *(neu)*
2. Ich habe gestern einen _____ Freund getroffen. *(alt)*
3. Wie heißt der _____ Berg? *(hoch)*
4. Ich mag keinen _____ Kaffee. *(stark)*
5. Ich kaufe keine _____ Weine. *(teuer)*
6. Martin wohnt in einer _____ Stadt. *(klein)*
7. Helmut trägt gern _____ Anzüge. *(dunkel)*

④ 다음 빈칸에 알맞은 형용사어미를 넣으시오.

1. **A:** Schau mal, wie hat das klein____ Kind seine Schuhe an?

    Der recht____ Fuß ist im link____ Schuh, der link____ im recht____.

    Das ist lustig.

    B: Das ist der dreijährig____ Mario. Er ist ein süß____ Junge.

2. **A:** Er hat ein schmal____ Gesicht, einen klein____ Mund, groß____ Augen und eine lang____ Nase.

    B: Das schmal____ Gesicht und die lang____ Nase hat er von der Mutter, die groß____ Augen und den klein____ Mund hat er vom Vater. Ich kenne seine Eltern.

3. **A:** Kennst du den Mann da?

    B: Welch____ Mann meinst du?

    A: Den dick____ Mann in der blau____ Hose und dem weiß____ Hemd.

    B: Ach, den meinst du. Das ist Marios Onkel.

4. **A:** Kennst du die Frau da?

    B: Welch____ Frau meinst du?

A: Die schlank____ Frau in dem schwarz____ Rock und der rot____ Bluse.

B: Ach, die meinst du. Das ist eine Tante von Mario.

5. **A:** Wer ist der Herr da?

   B: Welch____ Herrn meinen Sie?

   A: Den Herrn mit grau____ Haar, im dunkl____ Anzug mit der hellgrün____ Krawatte.

   B: Ach, den meinen Sie. Das ist der Großvater von Mario.

⑤ 다음 빈칸에 알맞은 형용사어미를 넣으시오.

1. Familie Keller ist zufrieden mit ihrer neu____ Wohnung.
2. Wir wohnen im viert____ Stock.
3. Es gibt keinen groß____ Supermarkt in der Nähe.
4. Ist das Ihr Wagen? - Ja, das ist mein neu____ Wagen.
5. Wo sind Ihre klein____ Kinder? - Sie spielen im Garten.
6. Diese Bluse passt gut zu deinem braun____ Rock. - Danke.

⑥ 의문관사 *was für (ein-)* 또는 *welch-*로 질문을 완성하고 형용사의 어미를 알맞게 넣으시오.

1. **A:** _____ Schuhe möchten Sie?

   B: Leicht____ Turnschuhe.

   A: Wie finden Sie die da?

   B: _____ Schuhe meinen Sie?

   A: Diese schwarz____.

   B: Die gefallen mir nicht.

2. **A:** _____ Hemd suchst du?

   B: Ein dunkl____ aus Wolle.

A: Wie findest du dann dieses grau____ ?

B: Das finde ich nicht schlecht.

3. A: _____ Wohnung suchen Sie?

B: Eine ruhig____, aber nicht zu teur____ .

A: Wie hoch darf die Miete sein?

B: Maximal 600 Euro.

A: Dann haben wir im Moment keine günstig____ Angebote.

7 다음을 독일어로 옮기시오.

1. 너 저기 저 여학생 아니? – 어느 여학생 말이야?
2. 이 슈퍼마켓에는 비싼 물건이 하나도 없다.
3. 난 진한 커피는 좋아하지 않는다.
4. 켈러(Keller)씨 부부는 4층에 살고 있습니다.
5. 너는 어떤 종류의 블라우스를 사고 싶니?
   – 밝은 색이면서 손질하기 쉬운 걸로 사고 싶어.
6. 난 어제 시내에서 오랜 친구를 만났다.
7. 네 회색 바지에는 이 짙은 색 셔츠가 잘 어울려.
8. 여기 이것 독일산 포도주니?
9. 우리 아파트는 큰 방 두 개와 현대식 부엌 그리고 잘 꾸민 욕실이 있습니다.
10. 헬무트(Helmut)와 그의 한국인 친구 동규(Dong-gyu)는 장보러 갑니다.

Gut zu wissen

Was für einen Tee trinkst du gern?
Was für eine Hose möchten Sie?
Was für einen Stuhl suchen Sie?

Die gelbe Bluse   gefällt mir.
Das graue T-Shirt
Der kleine Junge

Ist das **nicht zu teuer**?   - Nein, es geht. / Doch, das ist zu teuer.
      nicht zu lang?   - Nein, es geht. / Doch, das ist zu lang.
      nicht zu klein? - Nein, es geht. / Doch, das ist zu klein.

Darf ich *die* mal anprobieren?
         das
         den

Kann ich Ihnen behilflich sein?
Kann ich Ihnen helfen?
Was kann ich für Sie tun?

Welche Größe haben Sie?

Haben wir alles?
Hm, nicht schlecht!
Selbstverständlich!
Tatsächlich!
Was? So viel?

28 Lektion 11

독일 포도주 (Deutscher Wein)

'독일' 하면 일반적으로 맥주를 떠올리게 되지만 프랑스나 이탈리아 못지않게 유명한 포도주 생산국이 바로 독일이다. 유럽의 포도재배지역 가운데 가장 북쪽에 위치한 독일은 질좋은 적포도주(Rotwein)와 백포도주(Weißwein)를 생산하고 있다 특히 백포도주는 비교적 기온이 낮고 온화한 기후 덕택에 산도가 적당한 수준을 유지하게 되어 맛과 향이 좋은 세계 최고 수준의 포도주로 평가받고 있다. 독일 포도주의 83%를 차지하는 백포도주는 보통 알코올 도수가 높지 않으며, 달고 신맛이 적절히 조화된 맛을 낸다.

포도주의 맛은 크게 쌉쌀한 맛인 'trocken (dry)', 약간 쌉쌀한 맛인 'halbtrocken (medium dry, semi dry)', 단맛이 나는 'lieblich (sweet)'로 구분된다. 독일 포도주는 일반적으로 4등급으로 나뉘는데 낮은 등급부터 일반 식사용 포도주인 Tafelwein (table wine), 이보다 조금 고급화된 Deutscher Landwein은 특정 지역에서만 생산되는 포도주이다. 독일의 두 번째 고급 포도주는 Qualitätswein mit bestimmtem Anbaugebiet (QbA)로 특정한 지역에서 생산되는 좋은 품질의 포도주'라는 뜻이다. 특정지역이란 독일 내 주요 포도산지 13 군데를 말한다.

최상급 포도주인 Qualitätswein mit Prädikat (QmP)는 포도의 수확기와 이에 따른 포도주 제조방식에 따라 다시 여섯 가지로 나뉜다. 즉, Kabinett, Spätlese, Auslese, Beerenauslese, Eiswein, Trockenbeerenauslese가 그것이다.

이들 여섯 가지 품질등급을 보다 자세하게 설명하면 다음과 같다

1. **Kabinett:** 충분히 익은 포도로 만들어진 가벼운 포도주로 Prädikat 포도주 가운데 가장 가볍다.
2. **Spätlese:** 문자 그대로 늦가을에 수확된 포도로 만들어진다. 정상적인 수확보다 7일 늦게 딴 포도로 만들어진 우등품질의 포도주이다.
3. **Auslese:** 세심하게 직접 손으로 선별하여 정성껏 딴 포도로 만든 품위 있는 포도주로 향과 맛이 강렬하다.

4. **Beerenauslese:** 포도송이 중 과숙한 포도알만을 세심하게 직접 손으로 골라서 수확하여 제조한 최고 품질의 포도주이다.

5. **Eiswein:** 제조방식은 Beerenauslese와 흡사하나 얼어 있는 상태의 포도송이를 수확하여 착즙하는 점이 다르다. 포도에 단맛과 신맛이 농축된 매우 독특한 최고급 포도주이다.

6. **Trockenbeerenauslese:** 완숙된 건포도와 유사한 상태의 마른 포도송이에서 한알 한알씩 골라 따서 만든 포도주로 독일 포도주사업에 크게 기여하고 있다. 향기가 풍부하고 벌꿀과 같이 진한 맛이 나는 포도주중 최고의 포도주이다. 특히 그 단맛은 많은 포도주 애주가들로부터 높이 평가받고 있다.

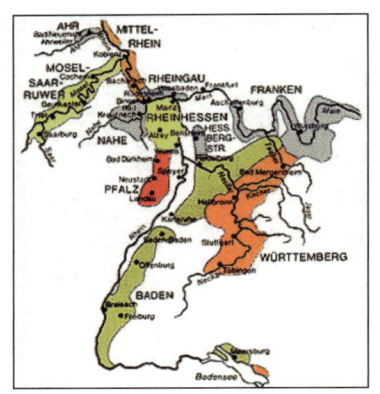

포도의 주요 품종으로는 우리에게 잘 알려진 리슬링(Riesling), 독일 각지에서 가장 많이 재배되는 뮐러-투르가우(Müller-Thurgau), 질바너(Silvaner), 굿에델(Gutedel) 등이 있다. 독일에는 13개의 포도재배 지역이 있는데 이들 중에서 가장 포도가 잘 자라는 지역은 기후가 온화한 남서 지역 즉, 모젤(Mosel) 강과 포도농장이 즐비한 인근의 두 작은 마을 이름에서 비롯된 모젤-자르-루버(Mosel-Saar-Ruwer) 지역과 라인 강가의 라인가우(Rheingau) 지역이다. 독일의 전체 포도 재배 면적은 약 10만 ha로, 이중에서 라인헤센(Rheinhessen)이 24.5%, 라인팔츠(Rheinpfalz 또는 Pfalz) 지역이 23.1%로 전체의 반을 차지하고 있으며, 바덴(Baden) 14.9%, 뷔르템베르크(Württemberg) 9.4%, 프랑켄(Franken) 지역이 5%를 각각 차지한다.

또한 독일과 오스트리아에는 프랑스의 샴페인(Champagne)에 해당하는 "발포성 와인(Sparkling Wine)" 젝트(der Sekt)가 있는데 페를바인(Perlwein), 샤움바인(Schaumwein)도 같은 종류의 발포성 와인이다.

(출처: 독일포도주협회 / 한독상공회의소: 『독일포도주』, 김원: 『독일 문화의 이해』 1999)

Lektion 12
Die braune Handtasche ist billiger als die anderen

Gisela hat ihr Studium in Korea hinter sich. Sie will bald nach Deutschland zurückkehren. Bevor sie ihre Siebensachen packt, möchte sie noch Geschenke für ihre Familie kaufen. Sie geht in ein großes Kaufhaus im Stadtzentrum.

Zuerst geht sie zum Geldautomaten und hebt Geld ab. Dann sucht sie eine Handtasche für ihre Mutter. Sie findet drei Handtaschen: eine braune, eine schwarze und eine weiße. Die braune ist etwas *kleiner* als die schwarze, und die schwarze ist etwa *so* groß *wie* die weiße. Ihr gefällt die braune *am besten*. Außerdem ist sie auch *billiger* als die anderen.

Jetzt geht sie zum Krawattenstand. Die Verkäuferin empfiehlt nur die teuren Krawatten. Gisela findet sie aber nicht *schöner* als die *billigeren*. Sie wählt eine Krawatte mit gelben Streifen aus.

Gisela muss noch Geschenke für ihre Geschwister kaufen. Sie findet aber *nichts Geeignetes*. „Vielleicht probiere ich es mal auf dem Markt. Dort kann man ja auch *günstiger* einkaufen", denkt sie.

Ich möchte am liebsten euch mitnehmen

In einem Restaurant. Gisela und ihre Freunde feiern Abschied.

Gisela:	Hallo, allerseits!
Miran:	Hallo, Gisela! Du hast eine neue Jacke an!
Gisela:	Ja. Ich habe gestern Geschenke für meine Familie eingekauft. Dabei habe ich zufällig diese Jacke gefunden.
Minho:	Die grüne Farbe steht dir gut.
Gisela:	Danke! Eigentlich wollte ich eine braune Jacke kaufen. Die war noch *schöner*.
Han-gi:	Warum hast du sie nicht gekauft? War sie zu teuer?
Gisela:	Nein. Aber sie war mir zu klein. Es gab keine *größere*.
Nami:	Übrigens, du fliegst nächste Woche nach Hause. Freust du dich?
Gisela:	Tja! Teils, teils. Natürlich freue ich mich auf Zuhause. Aber es hat mir hier auch ganz gut gefallen. Ich verlasse Korea nicht gern.
Minho:	Was möchtest du *am liebsten* aus Korea mitnehmen?
Gisela:	Hm ... Euch!

Der grüne Teppich ist so groß wie der rote

Verkäufer:	Bitte schön!
Kunde:	Guten Tag! Ich suche einen Teppich.
Verkäufer:	Wie finden Sie den braunen?
	Der ist ganz schön und kostet nur 250 Euro.
Kunde:	Er ist aber zu klein. Ich brauche einen *größeren* Teppich.
Verkäufer:	Etwa *so* groß *wie* der rote?
Kunde:	Genau! Aber die Farbe gefällt mir nicht.
	Ich möchte *lieber* einen braunen oder einen grünen.
Verkäufer:	Hier, bitte! Dieser grüne Teppich ist *genauso* groß *wie* der rote.
Kunde:	Ja, der gefällt mir *besser*. Was kostet der?
Verkäufer:	480 Euro.
Kunde:	Nein, das ist zu teuer! Haben Sie keinen *billigeren*?
Verkäufer:	Tut mir leid!
Kunde:	Na ja. Ich versuche es *besser* woanders. Wiedersehen!

Grammatik

1 형용사의 비교변화 (Steigerung des Adjektivs / Komparativ)

형용사의 원급, 비교급 또는 최상급 형태를 써서 어떤 대상의 특징을 다른 대상과 비교할 수 있다.

1.1 만들기

원급 (Positiv)	비교급 (Komparativ)	최상급 (Superlativ)
billig	billig**er**	billig**st**

※ 형용사의 비교급 형태는 원급에 어미 *-er*를 붙이고 최상급 형태는 *-st*를 붙여 만든다.

◆ 변모음하는 경우

홑음절로 된 형용사의 모음이 변모음 가능한 모음(a, o, u)일 때는 대부분 비교급과 최상급에서 변모음을 한다.

l**a**ng –	l**ä**nger –	l**ä**ngst
gr**o**ß –	gr**ö**ßer –	gr**ö**ßt
j**u**ng –	j**ü**nger –	j**ü**ngst

◆ 음이 탈락하거나 첨가되는 경우

- 잇소리 ([d], [t], [s], [ts]) 로 끝나는 홑음절 형용사

al**t** –	ält**er** –	ält**est**
kur**z** –	kürz**er** –	kürz**est**

- '이중모음 + *-er/-el*' 로 끝나는 형용사

teu**er** –	teu**r**er –	teu**er**st
dunk**el** –	dunk**l**er –	dunk**el**st

- *hoch, nah*

hoch	–	höher	–	höchst
nah	–	näher	–	nächst

◆ 불규칙 변화

gut	–	**besser**	–	best
viel	–	**mehr**	–	meist
gern*	–	**lieber**	–	am liebsten

* *gern*은 부사지만 형용사 *lieb*과 같이 비교변화 한다.

1.2 비교를 나타내는 방법

1.2.1 비교급을 사용한 비교

- 두 대상을 견줄 때는 비교급을 사용한다.
- 이 때 als를 써서 비교 대상을 나타낸다.
  Wien ist schöner als München. (빈은 뮌헨보다 [더] 아름답다.)

Die braune Handtasche ist **kleiner als** die schwarze.

Auf dem Markt kann man noch **günstiger** einkaufen **als** im Kaufhaus.

Die weiße Tasche ist *teuer*. Die schwarze Tasche ist noch **teurer als** die weiße.

Die Zugspitze ist *hoch*. Aber das Matterhorn ist noch **höher als** die Zugspitze.

Ich war krank. Jetzt geht's mir etwas **besser**.

◆ 부가적으로 쓰일 때는 비교급도 원급과 마찬가지로 형용사어미변화 한다.
Dieser Teppich ist zu klein. Ich brauche einen *größer***en**.
(이 카펫은 너무 작아요. 저는 더 큰 것이 필요해요.)
  ○ Wer ist älter, Renate oder Gisela?
  ● Renate ist die *Ältere*. (레나테가 나이가 더 많아.)

◆ *noch, viel* 등은 비교급의 의미를 강조한다. ('훨씬 더')
Eigentlich wollte ich eine braune Jacke kaufen. Die war **noch** *schöner*.
In Spanien ist das Wetter **viel** *wärmer* als in Deutschland.

Die braune Handtasche ist billiger als die anderen

> *immer* + 비교급 = 비교급 + 비교급 : '점점 ...해지다'

Die Tage werden *immer kürzer*. = Die Tage werden *kürzer und kürzer*.

> *je* + 비교급 ..., *desto/umso* + 비교급 ... : '...하면 할수록 ... 하다'

Je länger die Nächte werden, *desto kürzer* werden die Tage.
Je schneller der Wagen, *umso größer* die Gefahr.
Je **mehr**, *desto* **besser**.

1.2.2 최상급을 사용한 비교

> - 셋이 넘는 대상을 서로 견줄 때 그 특징이 가장 두드러진 것은 최상급을 써서 나타낸다.
> - 서술어로 쓸 때는 형용사 앞에 *am*을 쓰고 형용사의 최상급 어미 뒤에 *-en*을 덧붙인다.
>   Paris ist **am schönsten**. (파리가 [여러 도시 가운데] 가장 아름답다.)
> - 부가어로 쓸 때는 특정관사와 더불어 쓰고, 뒤따르는 명사의 성, 수, 격에 따른 어미변화를 한다.
>   Paris ist **die schönste** Stadt. (파리가 가장 아름다운 도시다.)

Die gelbe Krawatte gefällt Gisela **am** *besten*.
Was möchtest du **am** *liebsten* aus Korea mitnehmen?

Die Zugspitze ist **der** *höchste* Berg Deutschlands.
Das *teuerste* Geschenk ist nicht immer **das** *beste*.
Wer von euch ist **der/die** *Älteste*?

Daniel ist **gut** in Mathe, aber noch **besser** in Musik, und **am besten** in Sport.
Ich trinke **gern** Cola, aber **lieber** Bier, und **am liebsten** Wein.
Karin hat **viel** Geld. Renate hat **mehr** Geld. Michael hat **am meisten** Geld.

1.2.3 원급을 사용한 비교 [동등 비교] : '...만큼 ...하다'

Die weiße Tasche ist **so** groß **wie** die schwarze.
Ich arbeite **ebenso/genauso** viel **wie** er.

Max ist **gleich** alt **wie** Moritz.
Bitte kommen Sie **so** schnell **wie** möglich!

2 불특정대명사 (unbestimmtes Pronomen) I ☞ Ⓛ 17

불특정대명사는 듣는 이가 확인할 수 없는 불특정한 사람이나 사물 (수량, 종류, 성질 및 상황)을 나타낸다.

2.1 사람

man	1격	Hier darf **man** nicht rauchen. (여기서는 담배를 피워서는 안 된다.)
	3격	Das kann **einem*** schon mal passieren. (그런 일은 누구에게나 일어날 수 있다.)
	4격	Das macht **einen*** ja ganz nervös. (그런 일은 사람을 초조하게 만든다.)

※ *man*은 1격일 때만 사용하고 3격, 4격에서 각각 *einem*, *einen*을 쓴다.

 *man* ≠ *Mann*

jemand	1격	Ist **jemand** dort?
	3격	Ich habe noch nie **jemand(em)*** einen Pfennig weggenommen.
	4격	Kennen Sie hier **jemand(en)**?

niemand	1격	Hier ist **niemand**.
	3격	So ein Mensch gefällt **niemand(em)***.
	4격	Ich kenne **niemand(en)*** in dieser Stadt.

※ *jemandem*, *jemanden*과 *niemandem*, *niemanden*은 각각 *jemand*와 *niemand*로 사용하기도 한다.

2.2 사물

(et)was	1격	Ist dir *was* passiert?
	4격	Hast du am Wochenende *etwas* vor?

nichts	1격	*Nichts* ist unmöglich.
	4격	Ich kaufe *nichts*.

3 *etwas/nichts* + 형용사 ☞ ⓛ 11, ⓛ 14

*etwas*와 *nichts* 다음에 오는 형용사는 불특정한 대상의 특징을 나타내며, 명사처럼 쓸 수 있다. 이 때 형용사 어미는 중성의 강변화를 따른다.

1격	*etwas* Gut**es**	*nichts* Gut**es**
3격	*etwas* Gut**em**	*nichts* Gut**em**
4격	*etwas* Gut**es**	*nichts* Gut**es**

- ○ Ich schenke dir zum Geburtstag *etwas Schönes*. (좋은 것)
- ● *Etwas Schönes*? Was ist das?
- ○ Hier. Ein goldener Ring. Hast du dir *etwas Schöneres* vorgestellt? (더 좋은 것)
- ● Nein. Ich wünsche mir *nichts Schöneres*. (나는 더 좋은 것은 바라지도 않아.)
  Das ist das beste Geschenk. Danke!

- ○ Gibt's *was Neues* in der Zeitung?
- ● Nein, *nichts Neues*.

- ○ Kevin, hast du schon ein Zimmer gefunden?
- ● Ich hab' tagelang gesucht, aber ich finde *nichts Geeignetes*.

Übungen

① 보기에서 알맞은 낱말을 골라 빈칸에 넣으시오.

| ruhiger | billiger | günstiger | weniger | schöner | freundlicher |

1. Die braune Tasche ist _____ als die schwarze.
2. Auf dem Markt kann man _____ einkaufen als im Kaufhaus.
3. Die braune Jacke war noch _____ als die grüne.
4. In München regnet es _____ als in Hamburg.
5. Die neue Wohnung ist noch _____ als die alte.
6. Der alte Chef war noch _____ als der neue.

② 보기에서 알맞은 낱말을 골라 빈칸에 적당한 형태로 넣으시오.

| warm | nah | hoch | lang | groß | kurz |

1. Die Post liegt _____ als der Bahnhof.
2. Der Everest ist noch _____ als das Matterhorn.
3. Könnt ihr nicht _____ bleiben? Es ist doch erst halb zehn.
4. Draußen ist es kalt. Du musst dich _____ anziehen.
5. Je schneller der Wagen, umso _____ die Gefahr.
6. Diese Hose ist mir zu lang. Haben Sie keine _____ ?

③ 주어진 낱말을 사용하여 아래 대화를 완성하시오.

alt	schwer	gut	viel

Das Alter

Der Alte: Na, wie geht es Ihnen denn heute?

Die Alte: Danke, schon _____. Meine Kopfschmerzen sind jetzt weg, aber meine Beine werden immer _____.

Der Alte: Ja, wir werden eben _____.

Die Alte: Da haben Sie Recht. Je _____ man wird, desto _____ Sorgen hat man auch.

④ 빈칸에 알맞은 낱말을 넣으시오.

1. Diese Idee ist nicht gut. Hast du keine _____?
2. Die Schuhe sind mir zu klein. Haben Sie keine _____?
3. Die Krawatten sind zu teuer. Ich suche noch _____.
4. Die Kleider sind hässlich. Hast du nichts _____?
5. Der Schrank ist nicht breit genug. Ich brauche einen _____.

⑤ 보기에서 알맞은 낱말을 골라 빈칸에 적당한 형태로 넣으시오.

kurz	viel	neu	modern	kalt	geeignet	schlimm	nett

1. Der russische Winter ist am _____.
2. Ich finde Ihre Idee am _____.
3. Das war der _____ Tag in meinem Leben.
4. Die _____ Touristen wollen nur ans Meer.

5. Sie kauft sich nur die _____ Kleider.
6. Das ist der _____ Weg nach Italien.
7. Die _____ Mode kommt aus Paris.
8. Du bist der _____ Mensch der Welt.

6 빈칸에 알맞은 낱말을 넣으시오.

1. **A:** Was machst du gern in der Freizeit?
   B: Ich treibe Sport. Schwimmen, Tennis spielen, und im Winter fahre ich am _____ Ski.
2. **A:** Ist die Donau der längste Fluss in Europa?
   B: Nein. Die Wolga ist noch _____.
3. **A:** Hast du gehört? Ein Millionär hat diese Woche im Lotto gewonnen.
   B: Tja! Die Reichen werden immer _____ und die Armen immer _____.
4. **A:** Sie suchen eine ruhige Wohnung, nicht wahr?
   B: Ja. Je _____ die Wohnung ist, umso lieber nehmen wir sie.
5. **A:** Du warst gestern bei Karin? Sie ist nett, nicht wahr?
   B: Ja. Und ihre Mutter war genauso _____ wie sie.

7 다음을 독일어로 옮기시오.

1. 다니엘(Daniel)은 만프레트(Manfred)보다 어리다.
2. 제게는 형이 없습니다.
3. 에베레스트는 세계에서 가장 높은 산이다.
4. 저는 우유도 좋아하지만 커피를 더 좋아합니다.
5. 날씨가 점점 추워진다.

6. 이 셔츠는 좀 비싼데요. 좀 더 싼 것 없어요?
7. 시장에서는 백화점보다 더 싸게 쇼핑할 수 있다.
8. 휘발유 값이 오를수록 지하철을 타는 사람이 늘어난다.
9. 너희들 중 누가 제일 키가 크니?
10. 검정 색 가방도 흰 색 만큼 멋있다.

Gut zu wissen

Die braune Tasche	ist	**kleiner**	**als**	die schwarze.
Der grüne Teppich		schöner		der rote.
Der Zug	fährt	schneller		das Auto.

Die schwarze Tasche	ist	etwa	**so groß**	**wie**	die weiße.
Paula			intelligent		Sylvia.

Ich arbeite **ebenso** viel wie du.
Tee schmeckt gut Kaffee.

Ihr gefällt die braune Tasche **am besten**.
Ihm der grüne Teppich
Mir die braune Jacke

Gisela findet **nichts Geeignetes.**
Er Besseres.
Ich stelle mir Schöneres vor.

Die Jacke ist mir **zu klein**.
Der Rock kurz.
Die Schuhe sind groß.

Eigentlich wollte ich eine braune Jacke kaufen.
ins Kino gehen.
morgen kommen.

Ich versuche es besser woanders.

Gisela hat ihr Studium hinter sich.
Sie packt ihre Siebensachen.
Ich freue mich auf Zuhause.

So schnell wie möglich.
Je mehr, desto besser.
Teils, teils.

„Kleider machen Leute"

Damenbekleidung (여성의류)

Kleid　　　Kostüm　　　Hosenanzug　　　Rock　　　Hose

Bluse　　　T-Shirt　　　Pullover　　　Mantel

Herrenbekleidung (남성의류)

Anzug　　　Hemd　　　Blouson　　　Jacke　　　Pullunder

Lektion 13: Es ist verboten, Katzen im Speisesaal zu füttern

Herr und Frau Müller wollen in Neapel Urlaub machen. Sie nehmen ihre Katze Niki mit. Im Hotelzimmer finden sie ein Schild an der Wand:

Liebe Gäste!

Die Hoteldirektion wünscht Ihnen einen angenehmen Aufenthalt. Wir möchten Sie aber bitten, die Sitten des Landes *zu respektieren* und sich nicht „oben ohne"* innerhalb des Hotels (Schwimmbecken und Terrassen) *zu zeigen*.

Jedoch ist es Ihnen jederzeit möglich, ein Sonnenbad auf der Terrasse Ihres Zimmers *zu nehmen*.

Wir hoffen, *dass* Sie sich in unserem Haus wohl fühlen.

Vielen Dank für Ihr Verständnis.

Hotel Vesuvio

Sie packen die Koffer aus und wollen an den Strand gehen. Da bemerken sie, *dass* sie kein Badehandtuch eingepackt haben. Frau Müller geht ins Bad, *um* ein Badehandtuch *zu holen*. Dort hängt auch ein Schild an der Tür:

* mit unbekleidetem Busen/Oberkörper

> Wir bitten unsere Gäste, die Badehandtücher des Hotels im Badezimmer *zu lassen* und nicht mit an den Strand *zu nehmen*.
>
> Die Direktion

Nachdem sie vom Strand zurückgekommen sind, gehen sie mit Niki essen. An der Tür des Speisesaals lesen sie wieder ein Schildchen:

> Es ist verboten, Katzen im Speisesaal *zu füttern*.

Arme Niki!

Ich schlage vor, an der Rezeption zu fragen

Nach dem Abendessen wollen die Müllers noch etwas unternehmen.

Herr Müller: Na, was machen wir?
Hast du Lust, eine Stadtrundfahrt *zu machen*?
Frau Müller: Jetzt nicht. Ich möchte lieber tanzen gehen.
Herr Müller: Tanzen! Das kannst du ja auch in Köln.
Frau Müller: Ja, aber dort hast du nie Zeit, mit mir tanzen *zu gehen*.
Herr Müller: Na ja. Hast du keine bessere Idee?
Frau Müller: Ich schlage vor, an der Rezeption *zu fragen*.
Die können uns sicher was empfehlen.
Herr Müller: Gut. Ich rufe gleich an.

Herr Müller versucht mehrmals, die Rezeption zu erreichen.
Aber es gelingt ihm nicht.

Frau Müller: Besetzt? Günther, wollen wir lieber eine Bootsfahrt machen?
Herr Müller: Schatz, es ist verboten, nach einundzwanzig Uhr aufs offene Meer *hinauszufahren*.
Frau Müller: Woher weißt du das?
Herr Müller: Es steht auf dem Schild.

Es ist verboten, Katzen im Speisesaal zu füttern

 ## Was fehlt Ihnen?

Beim Arzt.

Der Arzt: Der Nächste, bitte.
Der Patient: Guten Tag, Herr Doktor!
Der Arzt: Guten Tag, Herr Meier! Na, was fehlt Ihnen?
Der Patient: Ich fühle mich immer so müde, Herr Doktor.
Der Arzt: Machen Sie bitte den Oberkörper frei! - Schlafen Sie gut?
Der Patient: Nein. Ich schlafe sehr schlecht.
Der Arzt: Essen Sie regelmäßig?
Der Patient: Sicher! Ich esse immer, kurz *bevor* ich ins Bett gehe.
Der Arzt: Ich verstehe. Sie sind nicht krank, Herr Meier. Sie haben nur schlechte Essgewohnheiten.
Der Patient: Meinen Sie etwa, regelmäßig *zu essen* ist schlecht?
Der Arzt: Nein. Aber kurz vor dem Schlafen *zu essen* ist schlecht. Dann muss Ihr Magen noch verdauen, *während* Sie schlafen.
Der Patient: Aber tagsüber habe ich keinen Appetit.
Der Arzt: Treiben Sie viel Sport! Das hilft, Appetit *zu bekommen*.
Der Patient: Aber ich hasse es, mich *zu bewegen*.
Der Arzt: Herr Meier, dann kann ich Ihnen auch nicht helfen. Auf Wiedersehen!

Grammatik

1 부문장 II (Nebensatz II) ☞ ⓛ 10

1.1 *dass*-부문장
1.1.1 목적어로 쓰일 때

- Wir hoffen, ***dass*** Sie sich in unserem Haus wohl fühlen.
  (저희 호텔에서 편안하게 지내시기를 바랍니다.)
- Die Müllers finden, ***dass*** sie kein Badehandtuch eingepackt haben.
- Herr Meier hat gesagt, ***dass*** er regelmäßig isst.
- Eva freut sich ***darauf***, ***dass*** ihre Mutter sie besucht.

1.1.2 주어로 쓰일 때

- Herrn Meier gefällt es nicht, ***dass*** er viel Sport treiben soll.
  (마이어씨는 운동을 많이 해야 하는 것이 마음에 들지 않는다.)
- Auf dem Schild steht, ***dass*** die Bootsfahrt verboten ist.
- Es ist sehr schade, ***dass*** du nicht kommen kannst.
- Gut, ***dass*** ich dich sehe!

1.2 상황어 (Umstandsbestimmung)로 쓰이는 부문장
1.2.1 시간

bevor ('…하기 전에')   **während** ('…하는 동안에')   **nachdem** ('…한 뒤에')

- Ich esse regelmäßig, ***bevor*** ich zu Bett gehe.
  (저는 잠자기 전에 늘 음식을 먹어요.)
- Dann muss Ihr Magen noch verdauen, ***während*** Sie schlafen.
  (그러면 당신의 위장은 당신이 주무시는 동안에도 소화를 시켜야 합니다.)

♩ *nachdem*이 이끄는 문장의 시제는 주문장의 시제보다 앞선다.

주문장(Hauptsatz)	부문장(Nebensatz)
주어 + 동사 ... ,	*nachdem* + 주어 + ...동사.
현재/미래	현재완료
과거/현재완료	과거완료

Ⅰ　　　　　　　　　　　　　Ⅱ

| Die Müllers kommen vom Strand zurück. | Danach gehen sie essen. |

➡ Die Müllers *gehen* essen, **nachdem** sie vom Strand *zurückgekommen sind*.
　　(뮐러씨 부부는 해변에서 돌아온 후에 식사하러 간다.)

| Gisela hat Geschenke gekauft. | Vorher hatte sie Geld abgehoben. |

➡ Gisela *hat* Geschenke *gekauft*, **nachdem** sie Geld *abgehoben hatte*.

1.2.2 양보

| **obwohl** | **wenn ... auch** | '비록 ... 하더라도' |

Herr Müller ruft die Rezeption mehrmals an.　　*Trotzdem* erreicht er sie nicht.

| Herr Müller ruft die Rezeption mehrmals an. | Er erreicht die Rezeption nicht. |

Herr Müller erreicht die Rezeption nicht, **obwohl** er sie mehrmals anruft.
(뮐러씨는 프론트에 여러 번 전화를 하지만 연결이 안 된다.)

- Herr Meier isst immer vor dem Schlafen, **obwohl** das der Gesundheit schadet.
- **Wenn** du es mir **auch** verbietest, werde ich zu der Party gehen.

1.2.3 목적

| **damit** | '... 하기 위해, ... 하도록' |

- Treiben Sie Sport, **damit** Sie Appetit bekommen!
  (식욕이 생기도록 운동을 하세요.)
- Beeil dich bitte, damit wir nicht zu spät kommen!

2. 동사원형 구문 (Infinitivkonstruktion) Ⅰ : *zu* + 동사원형 (Infinitiv)

> - *dass*-부문장의 주어와 주문장의 주어 또는 목적어가 일치할 때, *dass*-부문장을 '*zu* + 동사원형' 구문으로 바꿀 수 있다.
> - *dass*-부문장의 주어가 일반적인 주어 *man*일 때 '*zu* + 동사원형' 구문으로 바꿀 수 있다.
> - 그러나 주문장의 주어 또는 목적어와 *dass*-부문장의 주어가 다를 경우 *dass*-부문장을 '*zu* + 동사원형'의 구문으로 바꿀 수 없다.

2.1 목적어로 쓰일 때

- Wir möchten Sie bitten, *die Sitten des Landes zu respektieren*.
  (Wir möchten Sie bitten, *dass Sie die Sitten des Landes respektieren*.)
  (이 나라의 관습을 존중해 주실 것을 부탁드립니다.)
- Vergiss nicht, *Badehandtücher mitzunehmen.*
  (Vergiss nicht, dass du *Badehandtücher mitnehmen sollst*.)

Günther *versucht* mehrmals, die Rezeption **zu erreichen**.

Ich *schlage vor*, eine Stadtrundfahrt **zu machen**.

Sport *hilft*, Appetit **zu bekommen**.

Der Arzt hat mir *verboten*, vor dem Schlafen **zu essen**.

> - *dass*-부문장의 주어와 주문장의 주어가 다른 경우

- Wir hoffen, dass Sie sich in unserem Haus wohl fühlen. (○)
  Wir hoffen, Sie sich in unserem Haus wohl zu fühlen. (×)

> 주문장의 동사가 *sagen, fragen, erzählen, finden, glauben, antworten, wissen, sehen, hören, erkennen, erfahren* 등일 경우 주문장의 주어와 부문장의 주어가 같더라도 '*zu* + 동사원형' 구문으로 바꿀 수 없다.
> Ich weiß. Ich weiß nicht viel. → Ich weiß, dass ich nicht viel weiß.

2.2 주어로 쓰일 때

- Regelmäßig **zu essen** ist wichtig.
  (Es ist wichtig, regelmäßig **zu essen**.)
  (Es ist wichtig, dass man regelmäßig isst.) (식사를 규칙적으로 하는 것은 중요하다.)
- Es ist jederzeit möglich, ein Sonnenbad auf der Terrasse zu nehmen.
  (Es ist jederzeit möglich, dass man ein Sonnenbad auf der Terrasse nimmt.)

Katzen im Speisesaal **zu füttern** ist verboten.

Es gelang mir nicht, die Rezeption **zu erreichen**.

2.3 목적을 나타내는 상황어로 쓰일 때: (*um...zu* + 동사원형)

- Herr Meier treibt Sport, **um** Appetit **zu bekommen**.
  (Herr Meier treibt Sport, damit er Appetit bekommt.)

Sandra lernt fleißig, **um** das Examen **zu bestehen.**
(산드라는 시험에 합격하기 위해 열심히 공부한다.)

Frau Müller geht ins Bad, **um** ein Badehandtuch **zu holen**.
  ○ Warum gehst du schon wieder in die Stadt?   ● **Um einzukaufen**.

2.4 명사 또는 형용사의 부가어로 쓰일 때

♪ '*zu* + 동사원형' 구문에 목적어 또는 부사적 규정어가 포함되어 있을 경우에는 주문장 끝에 쉼표 (Komma)를 찍는다.

Ich habe keine Lust **zu arbeiten**.

Hast du Lust, eine Stadtrundfahrt **zu machen?** (시내 구경하고 싶니?)

Wir haben keine Zeit **zu essen**.

Gisela hat keine Zeit, ins Kino **zu gehen**.

Gut **zu wissen**!

♪ Es ist zu spät, um eine Bootsfahrt **zu machen.** (보트 타기에는 너무 늦었다.)

2.5 그 밖의 용법

| *scheinen* ... *zu* + 동사원형 | '... 인 것 같다' |

- Herr Meier *scheint* krank **zu sein**.
- Er *scheint* es nicht gewusst **zu haben.** (그는 그것을 몰랐던 것 같다.)

| *brauchen* ...(*zu*)*+ 동사원형 | '... 할 필요가 있다' |

- Sie *brauchen* das ja nicht **zu bezahlen**. (당신은 그것을 지불하실 필요가 없습니다.)
- Du *brauchst* es nur **zu sagen**. (너는 그 말만 하면 돼.)

* *zu*를 생략할 수 있는 것은 일상어 (Umgangssprache)에 한하며(특히 *nicht*와 함께 올 때), 공식적인 표현이나 글말에서는 생략하지 않는다. ☞ ⓛ 7

Übungen

① 다음에 주어진 문장을 보기와 같이 바꾸시오.

> Beispiel 1: Wir hoffen, Sie fühlen sich bei uns wohl.
> → Wir hoffen, *dass* Sie sich bei uns wohl fühlen.
> Beispiel 2: Herr Meier hat gesagt: "Ich esse regelmäßig."
> → Herr Meier hat gesagt, *dass* er regelmäßig isst.

1. Meinen Sie etwa, ich bin krank?
   →
2. Auf dem Schild steht, die Bootsfahrt ist verboten.
   →
3. Frau Müller meint, die Rezeption kann sicher etwas empfehlen.
   →
4. Der Arzt hat mir gesagt: „Sie haben schlechte Essgewohnheiten."
   →
5. Herr Meier hat gesagt: „Ich schlafe sehr schlecht."
   →
6. Gisela schrieb: „Ich komme im Winter nach Hause zurück."
   →

② 다음 두 문장을 보기와 같이 한 문장으로 바꾸시오.

> Beispiel 1: Emil spricht Französisch. Das ist gut.
> → Es ist gut, *dass* Emil Französisch spricht.
> Beispiel 2: Die Müllers haben kein Badehandtuch eingepackt. Sie bemerken es.
> → Die Müllers bemerken, *dass* sie kein Badehandtuch eingepackt haben.

1. Die Bootsfahrt ist verboten. Das steht auf dem Schild.

    →

2. Herr Meier soll viel Sport treiben. Das gefällt ihm nicht.

    →

3. Du kannst nicht kommen? Schade!

    →

4. Herr Meier ist nicht krank. Das meint der Arzt.

    →

5. Meine Mutter besucht mich am Wochenende. Ich freue mich schon darauf.

    →

③ 다음 문장을 보기와 같이 동사원형 구문으로 바꾸시오.

> Beispiel 1: Felix erlaubt mir nicht, dass ich seine Wohnung benutze.
> → Felix erlaubt mir nicht, seine Wohnung *zu benutzen*.

1. Bernhard behauptet, dass er keine Zeit hat.

    →

2. Vergiss nicht, dass du die Blumen gießen sollst.

    →

3. Christian behauptet, dass er Recht hat.

    →

4. Gisela hat versprochen, dass sie im Winter zurückkommt.

    →

5. Sandra lernt fleißig, damit sie das Examen besteht.

    →

> Beispiel 2: Es ist nicht gesund, dass man vor dem Schlafen isst.
> → Es ist nicht gesund, vor dem Schlafen *zu* essen.

6. Es ist verboten, dass man hier fotografiert.
   →

7. Es ist nicht erlaubt, dass man Hunde in den Supermarkt mitnimmt.
   →

8. Es ist jederzeit möglich, dass man ein Sonnenbad auf der Terrasse nimmt.
   →

9. Es ist nicht nötig, dass man bei jedem Besuch Geschenke mitbringt.
   →

④ 다음 두 문장을 *dass* 또는 *zu* + *Inf.*를 사용하여 한 문장으로 고치시오.

1. Herr Meier ist nicht krank. Er weiß das auch.
   →

2. Günther will die Rezeption erreichen. Er versucht das mehrmals.
   →

3. Eva kommt nicht zur Party. Sie hat keine Zeit.
   →

4. Alex nimmt mich nach Paris mit. Das hat er versprochen.
   →

5 파트너와 함께 보기와 같이 대화하시오.

> Partner 1: Hast du Lust, eine Stadtrundfahrt zu machen?
> Partner 2: Nicht jetzt. Ich möchte lieber tanzen gehen.

○ Hast du Lust, _____ ?   ● Nicht jetzt. Ich möchte lieber _____ .

ins Kino gehen Fußball spielen in die Disco gehen Ski fahren einkaufen gehen ein Sonnenbad nehmen ⋮	zu Hause bleiben fernsehen ein bisschen schlafen baden gehen Musik hören die Zeitung lesen ⋮

6 주어진 문장을 참고하여 빈칸에 알맞은 접속사를 골라 넣으시오.

> während   obwohl   weil   bevor   damit   nachdem

1. Ich treibe Sport, damit ich gesund bleibe.
   → Ich treibe Sport, _____ ich gesund bleiben möchte.

2. Die Müllers müssen schnell essen, wenn sie noch ausgehen wollen.
   → Die Müllers essen schnell, _____ sie noch ausgehen können.
   → Die Müllers essen schnell, _____ sie noch ausgehen möchten.

3. Zuerst hebt Gisela Geld ab, dann geht sie einkaufen.
   → Gisela hebt Geld ab, _____ sie einkaufen geht.
   → Gisela geht einkaufen, _____ sie Geld abgehoben hat.

4. Gisela hat die grüne Jacke gekauft, weil ihr die braune zu klein war.
   → Gisela hat die grüne Jacke gekauft, _____ ihr die braune besser gefällt.

5. Die Müllers durften ihre Katze Niki nicht in den Speisesaal mitnehmen.
   → Niki musste draußen bleiben, _____ die Müllers im Speisesaal saßen.

6. Günther hat die Rezeption mehrmals angerufen. Trotzdem konnte er sie nicht erreichen.
   → Günther konnte die Rezeption nicht erreichen, _____ er sie mehrmals angerufen hat.

7 'zu + 동사원형'을 사용하여 다음을 독일어로 옮기시오.

1. 나는 극장에 가고 싶은 마음이 없다.
2. 우리는 밥 먹을 시간이 없어요.
3. 너희들은 출발할 준비가 되었니?
4. 식당에서 담배피우는 것은 금지되어 있습니다.
5. 너를 보니 좋구나!
6. 기젤라(Gisela)는 선물을 사려고 백화점에 갔다.
7. 다시 오실 필요 없습니다.
8. 그 애는 아픈 것 같다.
9. 자기 전에 먹는 것은 좋지 않다.
10. 안드레아(Andrea)는 안내데스크에 물어볼 것을 제안했다.

Gut zu wissen

Wir bitten Sie,	die Sitten des Landes	***zu respektieren.***
	die Badehandtücher im Badezimmer	***zu lassen.***
	Hunde nicht an den Strand	***mitzunehmen.***

Es ist möglich,	ein Sonnenbad	***zu nehmen.***
	eine Stadtrundfahrt	***zu machen.***
	eine Bootsfahrt	

Es ist verboten,	Katzen im Speisesaal	***zu füttern.***
	Hunde ins Zimmer	***mitzunehmen.***
	hier	***zu rauchen.***

Hast du Lust,	eine Stadtrundfahrt	***zu machen?***
	an den Strand	***zu gehen?***
	ins Konzert	

Du hast nie Zeit,	mit mir tanzen	***zu gehen.***
	mir	***zu helfen.***
	Sport	***zu treiben.***

Ich schlage vor,	an der Rezeption	***zu fragen.***
	eine Bootsfahrt	***zu machen.***
	ins Restaurant	***zu gehen.***

Herr Müller	*versucht,*	die Rezeption		***zu erreichen.***
Eva		mit Günther	tanzen	***zu gehen.***
Herr Meier		Sport		***zu treiben.***

Es steht	*auf dem Schild.*
	in der Zeitung.
	im Buch.

Vielen Dank für Ihr Verständnis.
Woher weißt du das?
Was fehlt Ihnen?
Machen Sie bitte den Oberkörper frei!

카니발 축제

Köln

Mainz

Düsseldorf

카니발(Karneval)은 지역에 따라 파스트나흐트(Fastnacht), 파슁(Fasching) 등으로 불린다. 원래 6주에 걸친 금식기간(Fastenzeit)을 앞두고 벌어진 전통축제로서, 부활절 일요일을 48일 앞둔 광란의 월요일(Rosenmontag)*부터 재의 수요일(Aschermittwoch)까지 이어졌으나, 오늘날에는 11월 11일 11시 11분에 축제가 시작된다. 축제의 절정은 가장행렬이다. 가면을 쓴 사람, 어릿광대로 변장한 사람들이 사탕과 색종이를 뿌리며 행진하는데, 특히 쾰른(Köln), 마인츠(Mainz), 뒤셀도르프(Düsseldorf) 등 라인란트(Rheinland) 지역의 카니발 행렬(Karnevalsumzug)은 최대 1백만 명의 관람객이 모여들 정도로 널리 알려져 있다. 오늘날의 축제행렬에는 음악과 춤, 기마행진도 포함되고 대형 인형을 태운 수레가 지나가기도 하는데, 이들 인형은 대부분 정치가나 유명 인사들을 우스꽝스럽게 표현한 것들이다. 종종 사회를 풍자하는 퍼포먼스가 연출되기도 한다.

* **Rosenmontag**은 'rasender Montag (광란하는 월요일)' 에서 유래한 말이다.

Lektion 14 Die Deutschen und ihre Freizeit

In Deutschland beginnt das Wochenende meistens schon am Freitagnachmittag. Am Wochenende macht man eine Reise, treibt Sport oder beschäftigt sich mit seinen Hobbys.

Viele aktiv*e* Jugendlich*e* und jung*e* Erwachsen*e* machen in ihrer Freizeit Bungee-Springen, fahren mit Roll- und Surfbrettern oder mit Mountainbikes. *Viele* Leute laufen auch auf Inlineskates.

Für die Deutsch*en* spielen die Ferien eine besonders große Rolle. Man bekommt einen Jahresurlaub von rund sechs Wochen. Schon *einige* Monate vorher macht man Pläne für den Urlaub. Man überlegt, *wann*, *wo* und *mit wem* man seinen Urlaub verbringen *will*.

Etwa zwei Drittel der deutschen Reisend*en* wollen ihren Urlaub im sonnigen Süden verbringen. Das liegt vor allem *daran, dass* das Wetter in Deutschland normalerweise nicht so gut ist. *Einige* südlich*e* Länder wie Spanien, Italien und Griechenland gehören zu den beliebtesten Urlaubszielen der deutschen Touristen.

Wie viel macht das zusammen?

Auf dem Wochenmarkt.

Marktfrau:	Guten Tag! Was möchten Sie?
Minho:	Ich möchte Trauben. Was kosten die da?
Marktfrau:	Drei Euro *das Kilo*.
Minho:	Was? Drei Euro *das Kilo*? Das ist aber teuer!
Marktfrau:	Aber sie sind ganz frisch und schmecken gut. Probieren Sie mal!
Minho:	Mm, nicht schlecht! Ich nehme ein Kilo. Die Äpfel sehen auch ganz frisch aus. Drei Stück davon, bitte. Und ich brauche noch einen Kopf Salat.
Marktfrau:	Sonst noch was?
Minho:	Das ist alles. Wie viel macht das zusammen?
Marktfrau:	Einen Augenblick bitte. Also ein Kilo Trauben kostet drei Euro, die drei Äpfel kosten 75 Cent und der Salat 50 Cent. Das macht zusammen vier Euro fünfundzwanzig.
Minho:	Hier sind fünf Euro. Können Sie mir bitte sagen, *wo* man Müsli kaufen *kann*?
Marktfrau:	Das können Sie im Bioladen neben dem Restaurant Adler bekommen.
Minho:	Danke schön. Schönes Wochenende!

Ich möchte wissen, ob du zur Grillparty kommst

Brigitte will eine Grillparty geben. Sie ruft Gisela an, um sie zu fragen, ob sie kommen kann.

Frau Neumann:	Neumann.
Brigitte:	Guten Abend, Frau Neumann! Hier spricht Brigitte. Kann ich bitte mal Gisela sprechen?
Frau Neumann:	Ja, Moment bitte! Gisela, Telefon für dich!
Gisela:	Hallo?
Brigitte:	Hallo, Gisela! Ich bin's, Brigitte. Du, ich gebe am Samstag eine kleine Grillparty. Kannst du kommen?
Gisela:	Ich möchte gern kommen. Aber ich fürchte, ich kann nicht. Ich muss nämlich noch *einige* wichtig*e* Aufsätze lesen. Am Montag muss ich doch ein Referat über Kafka halten.
Brigitte:	Ah ja! Das hatte ich völlig vergessen. Weißt du übrigens, *ob* Markus wieder zurück *ist*? Ich wollte ihn auch einladen.
Gisela:	Kein Problem. Ich habe gestern mit ihm telefoniert.
Brigitte:	Prima. Dann gutes Vorankommen fürs Referat! Vielleicht kannst du am Samstag doch noch kommen.
Gisela:	Ich versuch's. Schönen Abend noch!
Brigitte:	Danke, gleichfalls. Tschüs!

Grammatik

1 형용사의 어미변화 II ☞ Ⓛ 11

> 불특정한 개체수를 나타내는 형용사 *einig-, mehrer-, viel-, wenig-* 등이 명사 앞에서 부가어로 사용될 때, 그 뒤에 오는 형용사는 〈형용사 앞에 관사가 오지 않을 때〉의 어미 변화를 따른다.

- *Einige* südlich*e* Länder gehören zu den beliebtesten Urlaubszielen der deutschen Touristen. (몇몇 남쪽 나라들은 독일 여행객들이 가장 애호하는 휴가 목적지에 속한다.)
- *Viele* deutsch*e* Touristen wollen ins Ausland reisen.
- *Mehrere* ausländisch*e* Studenten haben an der Exkursion teilgenommen.

> ! all-, manch- 등이 **수량관사**로서 명사 앞에서 부가어로 사용될 때, 그 뒤에 오는 형용사는 〈특정관사류가 형용사 앞에 올 때〉의 어미 변화를 따른다.
>
> - Brigitte hat *alle* befreundet*en* Kollegen zu ihrer Geburtstagsparty eingeladen.
> - Brigitte hat *alle* ihr*e** Kollegen zu ihrer Geburtstagsparty eingeladen.
>   * 형용사어미변화를 하지 않고 소유관사어미변화를 한다.
> - Manche deutsch*e*(*n*)* Studierend*e*(*n*)* machen oft sehr preiswert Urlaub.
>   * manch- 다음에 오는 형용사는 〈형용사 앞에 관사가 오지 않을 때〉의 어미 변화를 하기도 한다.

2 분사 I (Partizip I)

> 분사 I (현재분사)은 동사원형에 **-d**를 붙여 만든다.

동사원형		분사 I
lächeln		lächeln**d**
reisen	**-d** ➜	reisen**d**
studieren		studieren**d**

Die Deutschen und ihre Freizeit **63**

2.1 분사 I 의 부사적 용법

분사 I 이 부사적으로 사용될 때 현재진행의 의미 ('... 하면서') 를 갖는다.

- Brigitte begrüßt die Freunde und lächelt dabei.
  → Brigitte begrüßt *lächelnd* die Freunde.
  (브리기테는 웃으면서 친구들을 맞이한다.)
- Das Mädchen kam nach Hause und weinte dabei.
  → Das Mädchen kam *weinend* nach Hause.

현재분사 가운데는 형용사로 굳어진 것들이 있다:
Eine lange Computerarbeit ist ziemlich *anstrengend*.
(장시간의 컴퓨터 작업은 상당히 힘들다.)

2.2 분사 I 의 부가어적 용법 ☞ ⓛ 11(형용사의 어미변화)

분사 I (현재분사)이 명사 앞에서 부가어로 사용될 수 있다.

- *Schlafende* Hunde soll man nicht wecken.
  (잠자는 개는 깨우지 않는 법이다.)
- Die in den Sommerferien *arbeitenden* Studenten haben wenig Zeit, Bücher zu lesen.

3 형용사의 명사화

형용사, 분사 I(현재분사), 분사 II(과거분사)가 명사로 사용될 때 형용사 어미변화를 하고 첫 글자를 대문자로 쓴다. ☞ ⓛ 11(형용사의 어미변화)

	단 수						복 수	
	남 성		중 성		여 성			
1격		Alt**er**		Neu**es**		Deutsch**e**		Bekannt**e**
	ein	Alt**er**	ein	Neu**es**	eine	Deutsch**e**		
	der	Alt**e**	das	Neu**e**	die	Deutsch**e**	die	Bekannt**en**
2격		Alt**en**		Neu**en**		Deutsch**er**		Bekannt**er**
	eines	Alt**en**	eines	Neu**en**	einer	Deutsch**en**		
	des	Alt**en**	des	Neu**en**	der	Deutsch**en**	der	Bekannt**en**
3격		Alt**em**		Neu**em**		Deutsch**er**		Bekannt**en**
	einem	Alt**en**	einem	Neu**en**	einer	Deutsch**en**		
	dem	Alt**en**	dem	Neu**en**	der	Deutsch**en**	den	Bekannt**en**
4격		Alt**en**		Neu**es**		Deutsch**e**		Bekannt**e**
	einen	Alt**en**	ein	Neu**es**	eine	Deutsch**e**		
	den	Alt**en**	das	Neu**e**	die	Deutsch**e**	die	Bekannt**en**

- Etwa zwei Drittel der deutschen *Reisenden* wollen ihren Urlaub im sonnigen Süden verbringen. (독일 여행객 중 약 2/3는 휴가를 날씨 좋은 남쪽 나라에서 보내려고 한다.)
- Ausländische *Studierende* haben doch Möglichkeiten, ein Stipendium zu bekommen.
- Markus hat eine *Bekannte* in Berlin.
- Man brachte zwei *Verletzte* ins Krankenhaus.
- Die *Deutschen* sind fleißig und sparsam.
- Frau Koller ist *Deutsche*.
- Ist Herr Schmidt *Deutscher*?

- Das *Alte* geht und das *Neue* kommt. (옛 것은 가고 새 것이 온다.)
- Alles *Gute*!

4 부문장Ⅲ: *w*−부문장, *ob*−부문장 ☞ Ⓛ 13

직접의문문	Frau Meyer fragt Minho: „Was möchten **Sie**?"
간접의문문	Frau Meyer fragt Minho, was **er** möchte.

- Minho fragt am Schalter: „Wann kommt der ICE an?"
- → Minho fragt am Schalter, wann der ICE *ankommt*.
  (민호는 ICE 열차가 언제 도착하는지 창구에 물어본다.)
- Die Lehrerin fragt eine Schülerin: „Wofür interessierst **du dich**?"
- → Die Lehrerin fragt eine Schülerin, wofür **sie sich** *interessiert*.
- Brigitte fragt Gisela: „Kommst **du** zur Fete?"
- → Brigitte fragt Gisela, ***ob**** sie zur Fete *kommt*.

*예/아니오−물음문이 간접의문문으로 될 때는 *ob*을 사용한다.

- Können Sie mir sagen, ***wo man Müsli kaufen kann?***
- Können Sie mir sagen, ***wie man zum Bahnhof kommt?***
- Weißt du, ***woher die Studentin kommt***?
- Brigitte möchte wissen, ***ob Markus wieder zurück ist.***

5 *da(r)* + 전치사 ... *dass*−문장 또는 〈*zu* + 동사원형〉 ☞ Ⓛ 13

Ich *freue mich* ***auf*** den Urlaub.
Ich *freue mich **darauf***, dich wieder***zu***sehen.

- Die schlechte Qualität des Bildes *liegt **an*** der Kamera.
- Das *liegt **daran**, **dass*** das Wetter in Deutschland nicht gut ist.
  (그것은 독일의 날씨가 좋지 않기 때문이다.)
- Minho hat die Marktfrau ***um*** Hilfe *gebeten*.
- Minho hat die Marktfrau (***darum***) *gebeten*, ihm den Weg zum Bioladen ***zu*** zeigen.

- Bitte *denk an* die Grillparty am Sonntag!
- Bitte *denk daran*, Salat zur Party mit*zu*bringen!
- Für die Party *kümmert sich* Brigitte *um* Getränke.
- Er *kümmert sich* nicht *darum*, *wie* es mir geht.
  (그는 내가 어떻게 지내는지 신경을 쓰지 않는다.)

6 무게, 길이, 시간, 수량의 표현

6.1 무게, 길이, 시간: 4격

- Der Schüler ist *fünfzig Kilo* schwer.
- Die Trauben kosten drei Euro *das Kilo/pro Kilo*.

- Er ist *einen Kilometer* gelaufen.
- Das Regal ist *einen* Meter* *achtzig* hoch, *einen Meter** breit und 80 Zentimeter tief.

  * Meter는 남성 또는 중성으로 사용된다.

- *Einen Augenblick* bitte!
- Jochen bleibt *einen Monat* in München.
- Wir waren *letzte Woche* in Berlin.
- Lisa fliegt *nächsten Monat* nach Australien.
- *Jeden Morgen* macht Daniel Jogging.
- Die Tante besucht *jedes Jahr* Amerika.

6.2 수량

- Lea bestellt *zwei Tassen* Kaffee.
- Brigitte hat *eine Flasche* Rotwein und *zwei Flaschen* Bier gekauft.
- Julia kauft *zwei Stück** Kuchen und *drei Kopf** Salat.

  * 수량단위 명사가 남성 또는 중성인 경우에는 주로 단수형을 사용한다.

Die Deutschen und ihre Freizeit

Übungen

① 보기와 같이 고치시오.

> Anne fragt Minho: „Wie heißt **du**?" Anne fragt Minho, wie **er** *heißt*.

1. Alexander fragt seinen Freund: „Wann beginnt die Vorlesung?"

    → Alexander fragt seinen Freund, _____.

2. Gisela fragt ihre Freundin: „Wohin fährst du morgen?"

    → Gisela fragt ihre Freundin, _____.

3. Lena fragt Felix: „Wen rufst du jetzt an?"

    → Lena fragt Felix, _____.

4. Lena fragte mich, „Woher weißt du das?"

    → Lena fragte mich, _____.

5. Der Lehrer fragt die Schüler: „Woher wisst ihr das?"

    → Der Lehrer fragt die Schüler, _____.

6. Brigitte fragt Gisela: „Kannst du zur Party kommen?"

    → Brigitte fragt Gisela, _____.

7. Der Arzt fragte den Patienten: „Schlafen Sie gut?"

    → Der Arzt fragte den Patienten, _____.

8. Paul fragt Tim: „Ist das möglich?"

    → Paul fragt Tim, _____.

2 보기와 같이 고치시오.

> Wie heißt der Mann? → Ich weiß auch nicht, *wie er heißt.*

1. Warum fehlt Daniel heute in der Schule?
   → Ich weiß auch nicht, _____.
2. Kommt Gisela zur Grillparty?
   → Ich weiß nicht, _____.
3. Wo ist der Bioladen?
   → Passen Sie auf, ich zeige Ihnen, _____.
4. Wie hat sich der Autounfall ereignet? Haben Sie das gesehen?
   → Ja, ich habe gesehen, _____.
5. Was ist los mit ihm? Hast du zufällig davon gehört?
   → Nein, ich habe nicht gehört, _____.

3 알맞은 어미를 넣으시오.

1. Wir denken an unsere verstorben____ Großeltern.
2. Diese nett____ Studentinnen haben mir Deutsch beigebracht.
3. Kennst du schon meinen jünger____ Bruder?
4. Wir haben bisher keine angemessen____ Lösungen gefunden.
5. Kennst du dieses weinend____ Mädchen?
6. Erika kennt viele ausländisch____ Studenten.
7. Leider hat Sebastian bei der Prüfung mehrere unnötig____ Fehler gemacht.
8. Nur wenige jung____ Leute haben an der Diskussion teilgenommen.
9. Brigitte lud alle befreundet____ Kollegen zu ihrer Grillparty ein.
10. Gisela hat einige wichtig____ Aufsätze für ihr Referat kopiert.

4 다음 빈칸에 알맞은 어미를 넣으시오.

1. Er fragt einen Alt____ nach dem Weg.
2. Der Arzt hilft der Krank____.
3. Der arme Blind____ ist hilflos.
4. Ein Deutsch____ sucht seinen Verwandt____ in Polen.
5. Diese Frau ist eine Bekannt____ von mir.
6. Dieser Herr ist ein Bekannt____ von mir.
7. Der Reisend____ sucht ein Hotel.
8. Ist Herr Schmidt Deutsch____?

5 알맞은 전치사 또는 *da(r)* + 전치사를 넣으시오.

1. Ich freue mich schon _____, dich wiederzusehen.
2. Wir freuen uns schon _____ Ihren Besuch.
3. Gisela denkt oft _____ ihre Freunde in Korea.
4. Denk _____, heute Abend Alexander anzurufen!
5. Maria dankte mir _____, dass ich ihr geholfen habe.
6. Ich danke euch _____ die freundliche Unterstützung.
7. Frau Schulz muss sich allein _____ ihre Familie kümmern.
8. Für die Party kümmert sich Brigitte _____ die Getränke.
9. Brigitte hat ihre Freunde _____ Hilfe gebeten.

6 보기에서 골라 알맞은 형태로 넣으시오

| nächstes Jahr | ein Moment | ein Monat | jeder Morgen |
| ein halber Tag | letzte Woche | jedes Wochenende | |

1. Minho will _____ eine Reise nach Europa machen.
2. Das Baby ist _____ alt.
3. Die Fahrt hat _____ gedauert.
4. _____ bitte!
5. Lena trinkt _____ Milch.
6. Marie geht _____ einkaufen.
7. _____ war Gisela in München.

7 보기에서 골라 알맞은 형태로 넣으시오.

| Flasche | Kilometer | Meter | Stück | Tasse |

1. Die Gäste bestellen eine _____ Tee und zwei _____ Kaffee.
2. Dieser Baum ist drei _____ hoch.
3. Brigitte hat für die Party zwei _____ Rotwein gekauft.
4. Markus hat zur Party eine _____ Weißwein mitgebracht.
5. Bitte fünf _____ von den Rosen!
6. Der Bahnhof ist etwa einen _____ von hier entfernt.

Die Deutschen und ihre Freizeit

8 다음을 독일어로 옮기시오.

1. 모두 얼마입니까?
2. 안나(Anna)야, 왜 못 왔는지 말해 봐!
3. 뮈슬리(Müsli)는 자연식품점에서 살 수 있어요. (bekommen)
4. 많은 활동적인 젊은이들은 여가시간에 인라인스케이트를 탄다.
5. 주말 잘 보내시기를 바랍니다.
6. 역에 어떻게 가는지 말씀해 주실 수 있습니까?
7. 주말에 우리가 영화보러 가기로 한 거 잊지마.
8. 마리(Marie)도 오는지 너희들은 알고 있니?
9. 많은 독일 사람들은 휴가를 날씨 좋은 남쪽 나라에서 보내려고 한다.
10. 나 다음 주에 리포트 발표해야 돼. (ein Referat halten)

Wörter und Ausdrücke

흔히 쓰이는 형용사적 명사

der/die Abgeordnet*e*	국회의원	*der/die* Angeklagt*e*	피고인
der/die Angestellt*e*	사무직원	*der/die* Auszubildend*e*	직업훈련생
der/die Bekannt*e*	아는 사람	*der/die* Blind*e*	시각장애자
der/die Deutsch*e*	독일인	*der/die* Erwachsen*e*	성인
der/die Fremd*e*	낯선 사람	*der/die* Gelehrt*e*	학자
der/die Geschieden*e*	이혼자	*der/die* Krank*e*	환자
der/die Neu*e*	신입자(신참)	*der/die* Schwerbehindert*e*	중증장애자
der/die Studierend*e*	재학생	*der/die* Tot*e*	사망자
der/die Überlebend*e*	생존자	*der/die* Verheiratet*e*	기혼자
der/die Verletzt*e*	부상자	*der/die* Verlobt*e*	약혼자
der/die Verstorben*e*	고인	*der/die* Verwandt*e*	친척
der/die Vorsitzend*e*	의장		

 der Beamt*e*, die Beamt*in* 공무원

원래의 명사와 혼동되기 쉬운 형용사적 명사

명사		형용사적 명사	
das Alter	나이 · 고령	ein Alter eine Alte die Alten Alte	노인(남) 노인(여) 노인들 노인들
der Junge	남자아이	ein Junges	(짐승의)새끼

Die Deutschen und ihre Freizeit

Gut zu wissen

Gisela **macht**	**Pläne**	(für den Urlaub).	Minho geht	**auf den Wochenmarkt.**
	Fehler.			in einen Bioladen.
	eine Kur.			nach Hause.
	Urlaub.			zum Bahnhof.

Minho **nimmt**	**ein Kilo Trauben.**	Markus bleibt	**einen Tag/Monat**	in Berlin.
	einen Kopf Salat.		eine Stunde/Woche	
	drei Stück davon.		ein Jahr	

Können Sie mir bitte sagen, **wo** man Müsli kaufen **kann**?
woher er *kommt*?
ob Gisela zum Grillfest *kommt*?

Ich wünsche Ihnen	**ein**	**schönes Wochenende!**
	einen	schönen Tag!
	einen	angenehmen Abend!
	gutes	Vorankommen fürs Referat!

Brigitte *hält ein Referat/einen Vortrag/eine Rede.*
Drei Euro *das Kilo.*
Sonst noch etwas?
Nein, danke. *Das ist alles./Das war's.*
Wie viel macht das zusammen?
Hier *spricht* Brigitte.
Kann ich *mit Gisela sprechen?*/ Kann ich *Gisela sprechen?*
(Einen) Augenblick/Moment bitte! Gisela, *Telefon für dich!*
Brigitte *gibt am Samstag eine Grillparty.*
Probieren Sie mal!
Nicht schlecht!
Kein Problem.
jeden Samstag/Morgen/Tag/Monat
jede Stunde/Woche
jedes Wochenende/Jahr
Schönen Abend noch! - Danke, gleichfalls. Tschüs!

유스호스텔 (Jugendherberge)

우리가 알고 있는 youth hostel은 원래 독일어 Jugendherberge(청소년+숙소)를 영어로 옮긴 말이다. 유스호스텔은 1909년 독일의 교사 Richard Schirrmann이 19세기 산업혁명 이후 산업화, 공업화에 따른 도시의 소음과 빌딩숲, 그리고 틀에 박힌 학교교실 학습분위기에서 벗어나 학생들이 자연과의 접촉(Jugendwanderung)을 통하여 실제 생활교육을 체험할 수 있는 기회를 만들어 주기 위하여 고안해 냈다. 독일정부와 교섭하여 알테나성(Burg Altena)을 제공받아 시설을 갖추고 청소년들로 하여금 이용하게 한 것이 그 시초(1912년)이다.

그후 유스호스텔은 유럽을 거쳐 아메리카, 아시아, 아프리카 등지로 확산되었으며 전세계에 3,000여 개의 숙박시설이 있다. 독일에는 약 450개의 유스호스텔이 있으며 240만 명의 회원이 등록되어 있다.

유스호스텔에 숙박하기 위해서는 회원에 가입해야 하는데 독일에서는 26세까지 연회비가 7 Euro이고 27세 이상 또는가족인 경우 1년에 연회비 22,50 Euro*를 지불해야 한다. 우리나라의 경우에는 한국 유스호스텔 연맹에 신청서와 함께 18세이상은 20,000원(1년) 그리고 가족회원은 27,000원(1년)**을 내야 한다.

유스호스텔은 (배낭)여행자들에게 단순하게 저렴한 가격으로 숙박할 수 있는 기회만 제공하는 것이 아니라, 국적이나 사회적 배경, 종교, 이념 등을 초월한 젊은이들 간의 우정과 레크레이션을 위해 야외 활동을 하면서 심신을 닦는 수련장의 기능도 담당하고 있다..

* https://www.jugendherberge.de/mitgliedschaft/infos/
** https://www.youthhostel.or.kr/apply/cardAppN01.jsp

Die Deutschen und ihre Freizeit

〈베를린 소재 유스호스텔 Berlin-International의 숙박요금〉

(2021년 기준)

	아침 제공	2식	3식
가족고객 2세 이하	0,00 €	0,00 €	0,00 €
가족고객 3~5세	13,50 €	16,50 €	18,50 €
가족고객 6세 이상	27,00 €	33,00 €	37,00 €
개별고객 26세 까지	27,00 €	33,00 €	37,00 €
개별고객 27세 이상	31,00 €	37,00 €	41,00 €
단체 여행	29,00 €	33,00 €	37,00 €

https://www.jugendherbergen-berlin-brandenburg.de/jugendherbergen/berlin-international-613/preise/

Lektion 15 Die Vereinigung Deutschlands

Deutschland *wurde* 1949* in zwei Staaten *aufgeteilt*: die Deutsche Demokratische Republik (DDR) und die Bundesrepublik Deutschland (BRD). Die Teilung war eine Folge des Zweiten Weltkrieges und der Gegensätze zwischen den vier Siegermächten: den USA, Großbritannien und Frankreich auf der einen und der UdSSR[1)] auf der anderen Seite.

Auf Grund der verschiedenen Systeme entwickelten sich die beiden deutschen Staaten sehr unterschiedlich. Nach vierzig Jahren mussten deshalb die meisten Deutschen die Hoffnung auf die Wiedervereinigung aufgeben.

Am 7. Oktober 1989 feierte die DDR ihre 40-jährige Staatsgründung. Die Feierlichkeiten[2)] *wurden* jedoch von Protestaktionen[3)] *begleitet*. Nach dem Rücktritt des DDR-Staatschefs *wurden* Reformen *angekündigt*. Trotzdem gingen Massenflucht[4)] und Proteste weiter. Schließlich trat am 7. November die Regierung der DDR zurück. Zwei Tage später fiel die Berliner Mauer.

Die DDR trat am 3. Oktober 1990 der BRD bei. Seitdem *wird* dieser Tag in der Bundesrepublik Deutschland als „Tag der Deutschen Einheit" *gefeiert*. Trotzdem *ist* die innere Einheit Deutschlands noch nicht *vollendet worden*.

* neunzehnhundertneunundvierzig

1) die UdSSR: die Union der Sozialistischen Sowjetrepubliken 소비에트 사회주의 공화국연방, 구소련
2) die Feierlichkeiten: (건국기념) 경축행사
3) die Protestaktion: 시위, 데모
4) Massenflucht: 집단탈출 (당시 수많은 동독주민들이 동유럽 주재 서독대사관으로 대규모로 탈출을 했었다.)

Die Sache wird sofort nachgeprüft

Am Frankfurter Flughafen stellt Herr Lee fest, dass sein Koffer fehlt. Er macht eine Verlustmeldung.

Herr Lee: Guten Tag. Kann ich hier einen Verlust melden?
Angestellter: Ja, bitte.
Herr Lee: Ich kann meinen Koffer nicht finden.
Angestellter: Mit welcher Maschine sind Sie denn gekommen?
Herr Lee: Mit Lufthansa 5310. Ich hatte den Koffer kurz vor dem Abflug aufgegeben.
Angestellter: Darf ich Ihren Gepäckschein sehen?
Herr Lee: Hier, bitte.
Angestellter: Gut. Füllen Sie bitte die Formulare hier aus! Und legen Sie auch Ihren Pass vor!

Herr Lee beschreibt ausführlich die Farbe, die Größe und die besonderen Merkmale des Koffers. Außerdem gibt er den Produktnamen und den Namen des Herstellers an.

Herr Lee: Hier, bitte.
Angestellter: In Ordnung. Die Sache *wird* sofort *nachgeprüft*.

Der Wagen kann dort abgegeben werden

Herr Lee wohnt im Hotel. Ab morgen benötigt er einen Wagen. Er geht zur Autovermietung.

Autovermieter: Sie wünschen?
Herr Lee: Kann ich einen Wagen für drei Tage mieten?
Autovermieter: Ja, natürlich. Darf ich Ihnen eine Preisliste geben?
Herr Lee: Danke. Ist der Wagen versichert?
Autovermieter: Ja, die Versicherung ist im Preis eingeschlossen. Haben Sie Ihren Führerschein dabei?
Herr Lee: Ja, ich habe einen internationalen Führerschein. Hier, bitte!
Autovermieter: In Ordnung.
Herr Lee: Ich möchte einen VW* Golf für morgen 8 Uhr!
Autovermieter: Gut, geht in Ordnung.
Herr Lee: *Wird* der Wagen zum Hotel *gebracht*?
Autovermieter: Ja, sicher.
Herr Lee: *Kann* ich den Wagen in Ihrer Filiale in Berlin *abgeben*?
Autovermieter: Ja, der Wagen *kann* dort *abgegeben werden*.
Herr Lee: Ich bin etwas in Eile. Ist die Rechnung schon fertig?
Autovermieter: Sie *wird* sofort *geschrieben*.

* VW [faʊˈveː] = **V**olks**w**agen의 약자

Grammatik

1 동사의 수동형과 수동문 ☞ Ⓛ 18

- 수동문은 행위자를 전면에 드러내지 않고자 할 때 쓴다.
- 능동문의 4격 목적어는 수동문에서 1격 주어가 된다.
- 수동문에서 행위자는 von, 원인·수단은 durch로 표시될 수 있다.
- 수동문의 완료형은 〈sein ... 분사Ⅱ worden〉이다.

수동형: werden + (von 행위자) + 분사Ⅱ

능동형: Der Chefarzt **operiert** den Patienten.

Der Patient **wird** **vom** Chefarzt operiert.

과 거:	Der Patient	**wurde**	vom Chefarzt	*operiert*.	
현재완료:	Der Patient	**ist**	vom Chefarzt	*operiert*	~~geworden~~.
과거완료:	Der Patient	**war**	vom Chefarzt	*operiert*	~~geworden~~.

 수동 완료형에서 werden의 분사Ⅱ는 geworden이 아니라 worden이다.
하지만 werden이 본동사로 쓰일 때는 완료형에서 geworden이 된다. ☞ Ⓛ 9, Ⓛ 10

- Kai *ist Arzt geworden*.   카이는 의사가 되었다.
- Es *ist* kalt *geworden*.   날씨가 추워졌다.

- Die Deutschen feiern diesen Tag.
  Dieser Tag **wird** (von den Deutschen) *gefeiert*.
- Deutschland *wurde* von den Siegermächten in zwei Staaten *aufgeteilt*.
- Der Wagen *wird* zum Hotel *gebracht*.
- Die Sache *ist nachgeprüft worden*.

> werden + durch + 원인·수단 + 분사 II

- Die Stadt **wurde durch** den Sturm **zerstört**. ← Der Sturm zerstörte die Stadt.
- Die Garage **wird durch** einen Sensor **geöffnet**.

* 수동문에서 원인·수단은 durch로 표시할 수 있다.

2. 주어 없는 수동문 (비인칭 수동문)

- ~~Man~~ tanzt.   [es]   (빈자리를 채워 주는 비인칭 es)
  └→ wird getanzt ⇒ ↓
                    Es   **wird**   getanzt. ([사람들이] 춤을 춘다.)
- Hier tanzt ~~man~~.
  └→ wird getanzt ⇒ Es   **wird**   hier   getanzt.
                    Hier **wird**   getanzt.

* Es 자리에 다른 성분이 오면 es는 없어진다.

- Man **arbeitet** sonntags nicht. → Es **wird** sonntags nicht **gearbeitet**.
  = Sonntags **wird** nicht **gearbeitet**.
  (일요일에는 일을 하지 않는다.)

- Man **hilft** dem Alten. → Es **wird** dem Alten **geholfen**.
  = Dem Alten **wird geholfen**.
  (노인이 도움을 받는다.)

- Man **antwortete** mir nicht. → Es **wurde** mir nicht **geantwortet**.
  = Mir **wurde** nicht **geantwortet**.

- Hier **wird** wenig auf das Tempo **geachtet**.
  (여기서는 [사람들이] 속도를 잘 지키지 않는다.)

※ 주어 없는 수동문은 강한 명령을 나타내기도 한다.

- Schlaf jetzt! → Jetzt **wird geschlafen!** (이제 자는 거야!)
- Arbeiten Sie weiter! → Es **wird** weiter **gearbeitet!**

3 화법조동사가 있는 수동문

현재	능동	Der Arzt *muss* den Patienten *operieren*.
	수동	Der Patient *muss* (vom Arzt) *operiert werden*.
과거	능동	Der Arzt *musste* den Patienten *operieren*.
	수동	Der Patient *musste* (vom Arzt) *operiert werden*.
현재완료	능동	Der Arzt *hat* den Patienten *operieren müssen*.*
	수동	Der Partient *hat* (vom Arzt) *operiert werden müssen*.

* 108쪽 2 화법조동사 문장의 현재완료 참조

- Sie *können* den Wagen in unserer Filiale in Berlin *abgeben*.
→ Der Wagen *kann* in unserer Filiale in Berlin *abgegeben werden*.

- Hier *darf* man nicht *rauchen*.
→ Hier *darf* nicht *geraucht werden*.

- Hier *will* man ein Parkhaus *bauen*.
→ Hier *soll* ein Parkhaus *gebaut werden*. (여기에 주차 빌딩이 들어설 계획이다.)

* 화법조동사 〈wollen ... + 동사원형〉의 능동구문은 수동문에서 〈sollen + 분사Ⅱ + werden〉이 된다.

- Die meisten Deutschen mussten die Hoffnung auf die Wiedervereinigung aufgeben.
 = Die Hoffnung auf die Wiedervereinigung *musste* von den meisten Deutschen *aufgegeben werden*. (과거)
 = Die Hoffnung auf die Wiedervereinigung *hat* von den meisten Deutschen *aufgegeben werden müssen*. (현재완료) ☞ ⓛ 17

Übungen

① 다음 문장을 보기와 같이 수동문으로 만드시오.

> Die Deutschen feiern diesen Tag als „Tag der Deutschen Einheit".
> → Dieser Tag *wird als* „Tag der Deutschen Einheit" *gefeiert*.

1. Die Sekretärin bucht den Flug.
   →
2. Der Angestellte prüft die Sache sofort nach.
   →
3. Bringen Sie den Wagen zum Hotel?
   →
4. Wann schleppt man den defekten Wagen ab?
   →
5. Der Sensor öffnet die Tür.
   →

② 다음 빈칸에 알맞은 말을 보기에서 골라 넣으시오.

werden	worden	geworden

1. Ingrid ist im Mai 20 Jahre alt _____.
2. Keine Sorge, das Auto _____ sofort repariert.
3. Beim Unfall sind fünf Arbeiter schwer verletzt _____.
4. Die Rechnung muss sofort bezahlt _____.
5. Die Bank in der Kantstraße ist überfallen _____.

③ 보기와 같이 답하시오.

> Sonntags arbeitet man nicht. → *Sonntags wird nicht gearbeitet.*

1. Manchmal tanzt man auf dem Marktplatz.
   →
2. In Deutschland trinkt man viel Bier.
   →
3. Über diese Sache spricht man nicht gern.
   →
4. Die Bohnensuppe kocht man etwa fünf Minuten.
   →

④ 보기와 같이 답하시오.

> Hier darf man nicht rauchen. → *Hier darf nicht geraucht werden.*

1. Man kann hier parken.
   →
2. Hier will man ein Kaufhaus bauen.
   →
3. Den Brief müssen Sie heute noch abschicken!
   →
4. Das Buch kann man kaum übersetzen.
   →
5. Die Tür kann man nicht von außen öffnen.
   →
6. Leider konnten wir den Wagen nicht mehr reparieren.
   →
7. Die Deutschen mussten die Hoffnung auf die Wiedervereinigung aufgeben.
   →

5 다음 보기의 구문들을 각기 순서대로 수동문으로 만드시오.

Wissen Sie, wie Tee zubereitet wird?

> Wasser kochen, eine Teekanne mit heißem Wasser ausspülen, ein Teenetz in die Kanne hängen, Tee ins Netz geben, kochendes Wasser draufgießen, nach etwa drei Minuten das Teenetz herausnehmen, den Tee genießen können.

1. Zuerst *wird Wasser gekocht.* 2. Dann _____ eine Teekanne mit heißem Wasser _____. 3. Danach _____ ein Teenetz in die Kanne _____. 4. Und dann _____ Tee ins Netz _____. 5. Danach _____ kochendes Wasser _____. 6. Nach etwa drei Minuten _____ das Teenetz _____. Schließlich können Sie den Tee genießen.

6 보기와 같이 답하시오.

> das Haus verkaufen (현재완료) → Das Haus ist verkauft worden.

1. im Winter / hier / Eis laufen (현재)
   →
2. den defekten Wagen abschleppen? (현재)
   →
3. im letzten Monat / den neuen Präsidenten wählen (현재완료)
   →
4. die Sache erledigen (과거완료)
   →
5. den Verletzten ins Krankenhaus bringen müssen (과거)
   →
6. unbedingt / die Sache nachprüfen müssen (현재완료)
   →

7 다음 문장을 알맞은 수동문으로 옮기시오.

1. Wer behauptet das?
   →

2. Der kleine Junge half der alten Dame.
   →

3. Wann hat man diese Entscheidung getroffen?
   →

4. Herr Lohmann fragt, wann man den Wagen repariert.
   →

5. Er erklärte uns, wie man die Digitalkamera bedient.
   →

8 다음을 독일어로 옮기시오.

1. 10월 3일은 독일에서 '통일의 날'로 기념되고 있다. [수동문으로]
2. 독일은 1949년에 두 나라로 분단되었다. [수동문으로]
3. 독일의 내적인 통일은 아직 완결되지 않았다. [수동문으로]
4. 그 일은 즉시 조사할 것입니다. [수동문으로]
5. 이 책은 내일까지 반납해야 해. [수동문으로] (zurückgeben)
6. 이 자동차는 저희 베를린 지점에 반납할 수 있습니다. [수동문으로]
7. 어디서 분실 신고를 할 수 있습니까?
8. 어느 비행기를 타고 오셨습니까?
9. 수하물 접수증(Gepäckschein)을 제가 좀 볼 수 있습니까?
10. 나는 이륙하기 직전에 그 트렁크를 부쳤습니다.

Gut zu wissen

Herr Lee	*fliegt*	nach	Spanien.
		in	*die* Schweiz.
		in	*die* Türkei.
		ins	Ausland.
	fährt	*aufs*	Land.
	geht	*zum*	Angestellten.

Mit welcher Maschine sind Sie gekommen?

Kann ich hier *einen Verlust melden*?
Darf ich Ihnen *eine Preisliste geben*?

Darf ich **Ihren Gepäckschein sehen?**
          Ihren Ausweis
          Ihren Führerschein
          Ihre Fahrkarte
          Ihr Flugticket

Füllen Sie bitte das Formular hier aus!

Die Sache	*wird*	sofort	*nachgeprüft.*
Schecks	*werden*	nicht	*angenommen.*
Sonntags	*wird*	nicht	*gearbeitet.*

Der Wein *darf* nicht mit auf das Zimmer **genommen werden.**
Der Verletzte *muss* sofort *operiert werden.*

auf der einen Seite ..., auf der anderen Seite ...

Sie wünschen?
Kann ich einen Wagen für drei Tage mieten?
Ist der Wagen automatisch versichert?

Ja. / Natürlich. / Sicher. / Klar.

베를린 (Berlin)

베를린이라는 도시는 본래 하펠(Havel)강의 지류인 슈프레(Spree) 강 북안에 있는 구 지역과 슈프레강 남쪽에 위치한 쾰른(Cölln) 지역이 합쳐져 생긴 것이다. 이곳은 원래 어촌이었는데 1244년 도시법(Stadtgesetz) 시행에 따라 도시가 되었다. 그후 1307년 두 도시를 합쳐 베를린이라 불렀다. 베를린이 있는 브란덴부르크 지방(Brandenburg)은 원래 슬라브족의 거주지역이었는데, 12세기에 알브레히트 베어(Albrecht Bär) 백작이 이 지역을 차지하였다. '새끼곰'(Bärlein)을 뜻하는 "베를린"도 그의 이름에서 유래한다. 그래서 베를린 시의 문장에도 새끼곰이 그려져 있다.

베를린은 1359년에 한자(Hansa)동맹에 가입하여 상업도시로 발전하였고 14세기에는 브란덴부르크의 중심도시가 되었다. 브란덴부르크 선제후 프리드리히 1세(Friedrich I, 1688 – 1701)가 프로이센 왕이 되면서 베를린이 프로이센의 수도가 되었다. 그 후 1871년 프로이센이 독일을 통일하면서 베를린은 독일제국의 수도가 되었다. 1920년대 바이마르 공화국 시대에 베를린은 문화의 전성기를 맞이하였다. 1920년 베를린은 인접한 8개 도시와 59개 읍 그리고 27개의 농장을 합병하여 총면적 880Km²에 인구 약 400만의 세계적인 대도시가 되었다. 중부 유럽에 자리잡은 베를린은 동유럽과 서유럽의 문화가 어울리는 가교역할을 한다.

세계사의 흐름과 운명을 뒤흔들어 놓은 제 1·2차 세계대전이 이곳을 중심으로 직·간접적으로 발발하였다. 종전 후에는 이데올로기의 첨예한 대결과 갈등이 표출되었고 이데올로기가 와해된 후에는 세계평화의 새로운 발원지가 되었다.

〈1894년 당시의 독일제국의회 건물〉

1961년 동독에서 설치한 베를린 장벽은 1989년 11월 9일 시민들의 평화적 시위에 의해 무너졌고 1990년 10월3일 독일통일 이후 명실상부한 수도가 되었다. 현재는 유럽의 대표도시일 뿐만 아니라, 유럽 문화의 중심지로 급부상하고 있다.

Lektion 16
Ludwig van Beethoven (1770-1827) Eine kurze Biographie

Ludwig van Beethoven, einer der bedeutendsten Komponisten der Welt, kam am 17. Dezember 1770 in Bonn zur Welt. Der Vater, *der* das große Talent seines Sohnes schon früh *erkannt hatte*, gab ihm Klavier- und Violinunterricht. Mit acht Jahren trat Beethoven zum ersten Mal in einem Konzert auf, *das* ihn als Wunderkind ähnlich berühmt *machte* wie Mozart.

1787 begann Beethovens erster Aufenthalt in Wien, *den* er jedoch wegen der Erkrankung seiner Mutter frühzeitig *abbrechen musste*. Im November 1792 unternahm Beethoven eine zweite Reise nach Wien. Damals lebten dort Joseph Haydn und Antonio Salieri, *bei denen* er Unterricht *nahm*.

Ab 1793 wurde Beethoven allmählich taub. 1804 komponierte er seine dritte Sinfonie, die „Eroica", *die* ursprünglich Napoleon *gewidmet war*. Von Mai 1823 an arbeitete er intensiv an der neunten Sinfonie, *deren* Uraufführung am 7. Mai 1824 in Wien *stattfand*. Das Theater *war* voll *besetzt*, und das Publikum *war* von der Musik *begeistert*. Aber Beethoven konnte den Applaus, *der* ihm *gespendet wurde*, nicht mehr hören.

Am 26. März 1827 starb er in Wien und wurde auf dem Währinger Friedhof beigesetzt.

Auf der Post

Minho ist seit zwei Wochen in Hamburg, wo Gisela wohnt. Heute geht er zur Post und will einen Brief und ein Päckchen an seinen Freund schicken.

Minho:	Guten Tag! Ich möchte gerne einen Brief als Einschreiben nach Korea schicken. Wie viel kostet das?
Postangestellter:	Das Luftpostporto beträgt 1* Euro 50, die Einschreibegebühr 2 Euro 50. Zusammen also 4 Euro.
Minho:	Wie lange braucht der Brief von hier nach Korea?
Postangestellter:	Normalerweise drei Tage. Wollen Sie auch das Päckchen verschicken, *das* Sie da in der Hand *haben*?
Minho:	Ja. Aber was kostet das, wenn man das ebenfalls per** Luftpost schickt?
Postangestellter:	Lassen Sie mich mal sehen. Das Päckchen wiegt weniger als 500 Gramm. Dann kostet es als Luftpostpäckchen 9 Euro 50.
Minho:	Das ist nicht so teuer, wie ich gedacht habe. Dann schicke ich beide Sachen per Luftpost. Hier sind 15 Euro.
Postangestellter:	Hier 1 Euro 50 zurück.
Minho:	Vielen Dank. Auf Wiedersehen!

* einen Euro(ein Euro라고 말하기도 한다.)
** per [pɛr]

Auf der Suche nach einem Ferienjob

Minho hat vor, in den Wintersemesterferien einmal eine Reise durch Europa zu machen. Um das nötige Geld zu verdienen, will er vorher arbeiten. Er sucht einen Ferienjob bei der Firma Siemens und erkundigt sich telefonisch bei einem Angestellten der Personalabteilung.

Angestellter:	Siemens Personalabteilung, Wieland. Guten Tag!
Minho:	Guten Tag. Mein Name ist Minho Kim. Ich bin Student und möchte in den Ferien gern bei Ihnen arbeiten. Wie sehen die Chancen zurzeit aus?
Angestellter:	Momentan sieht es da leider gar nicht rosig aus. Schon viele Studenten haben bei uns nachgefragt, aber etwas Genaues kann ich Ihnen dazu im Augenblick nicht sagen.
Minho:	Ist es noch nicht zu spät, um eine Bewerbung zu schreiben?
Angestellter:	Nein! Sie können sich noch jederzeit bei uns bewerben.
Minho:	Wann können Sie mir sagen, ob ich den Ferienjob bekomme?
Angestellter:	Frühestens Ende Januar nächsten Jahres.
Minho:	Vielen Dank für Ihre freundliche Auskunft!
Angestellter:	Nichts zu danken. Auf Wiederhören!
Minho:	Wiederhören!

Grammatik

1 관계대명사 (Relativpronomen)와 관계문 (Relativsätze) I ☞ L 17

- 관계문은 바로 앞의 명사(선행사 Bezugswort)를 수식해 주는 문장으로, 그 명사를 받는 관계대명사가 제일 앞에 온다.
- 관계대명사의 성과 수는 선행사에 따라 정해지고, 격은 관계문 안에서의 역할에 따라 결정된다.
- 관계문에서는 인칭에 따라 변화하는 동사가 제일 뒤에 온다.
- 관계문이 주문장 안에 있을 때 시작과 마지막은 콤마로 표시한다.

	단수			복수
	남성	중성	여성	
1격	der	das	die	die
2격	dessen	dessen	deren	deren
3격	dem	dem	der	denen
4격	den	das	die	die

1.1 남성 관계대명사

1) **Der Vater** gab seinem Sohn Klavier- und Violinunterricht.
   (아버지는 자기 아들에게 피아노와 바이올린을 가르쳤다.)
2) **Der Vater** hatte das große Talent seines Sohnes schon früh erkannt.
   (아버지는 자기 아들의 훌륭한 재능을 일찍감치 알아 보았다.)

1) + 2) ➡ **Der Vater**, *der* das große Talent seines Sohnes schon früh *erkannt hatte*, gab ihm (= seinem Sohn) Klavier- und Violinunterricht.
   (자기 아들의 훌륭한 재능을 일찍감치 알아보았던 아버지는 그에게 피아노와 바이올린을 가르쳤다.)

1) 1787 begann **Beethovens erster Aufenthalt** in Wien.
2) Er musste **den Aufenthalt** in Wien frühzeitig abbrechen.

1) + 2) ➡ 1787 begann **Beethovens erster Aufenthalt** in Wien, *den* er frühzeitig *abbrechen musste.*

1.2 여성 관계대명사

1) 1804 komponierte Beethoven **seine dritte Sinfonie.**
2) **Die dritte Sinfonie** war ursprünglich Napoleon gewidmet.
1) + 2) ➡ 1804 komponierte Beethoven **seine dritte Sinfonie**, *die* ursprünglich Napoleon *gewidmet war.*

1) Von Mai 1823 an arbeitete Beethoven an **der neunten Sinfonie.**
2) Die Uraufführung **der neunten Sinfonie** fand am 7. Mai 1824 statt.
1) + 2) ➡ Von Mai 1823 an arbeitete Beethoven an **der neunten Sinfonie**, *deren* Uraufführung am 7. Mai 1824 *stattfand.*

1.3 중성 관계대명사

1) Mit acht Jahren trat Beethoven zum ersten Mal in einem **Konzert** auf, *das* ihn als Wunderkind berühmt *machte.*
2) **Das Mädchen**, *dessen* alt*er** Vater im Krankenhaus *liegt*, ist sehr nett.
　　　　　　dem du den Weg *gezeigt hast*,
　　　　　　das ich *liebe*,

*형용사 어미변화 – 강변화 남성1격

Hamburg, *das** von hier 100 km entfernt *ist*, ist meine Heimatstadt.
*관계문에서 선행사가 특정도시 이름이거나 국가일 때 관계대명사는 중성으로 나타낸다.

1.4 복수 관계대명사

Die Leute, *die* für ihr Vaterland *gekämpft haben*, dürfen wir nicht vergessen.
Die Leute, *deren* Kinder noch *studieren*, müssen viel Geld verdienen.
Die Leute, *denen* Sie Geld *gegeben haben*, sind Obdachlose.

Die Leute, *die* die Firma *entlassen hat*, müssen eine neue Stelle suchen.

1.5 전치사 + 관계대명사

독일어 관계문에서 전치사와 관계대명사는 분리되지 않는다.

1) Damals lebten in Wien **Joseph Haydn und Antonio Salieri.**
2) Er nahm *bei ihnen* Unterricht.
1) + 2) ➡ Damals lebten in Wien **Joseph Haydn und Antonio Salieri**, *bei denen* er Unterricht *nahm.*

Der Herr, *mit dem* ich *gesprochen habe*, ist mein Lehrer.
　　　　　(Ich habe *mit dem Herrn* gesprochen.)
Das Auto, *auf das* ich mich schon *freue*, wird morgen geliefert.
　　　　　(Ich freue mich schon *auf das Auto.*)

2 분사 II (Partizip II) ☞ Ⓛ 9

2.1 상태수동으로 쓰일 때 (sein + Partizip II)

- Das Fenster ist geöffnet worden. (현재완료 수동)
  – 누가 창문을 열었다. (창문을 연 행위)
- Das Fenster *ist geöffnet*. (상태 수동)
  – 창문이 열려있다. (열린 상태)

- Das Kind ist verletzt worden.
- Das Geschäft ist geschlossen worden.
  (그 가게는 문을 닫았다.)

- Das Kind *ist verletzt.*
- Das Geschäft *ist geschlossen*.
  (그 가게는 문이 닫혀 있다.)

2.2 술어적 형용사로 쓰일 때

- Das Theater *war* voll *besetzt*, und das Publikum *war* von der Musik *begeistert*.

> ! besetzt나 begeistert는 이미 형용사로 굳어졌다. ☞ ⓛ 14

2.3 부가어로 쓰일 때 (형용사 어미변화 ☞ ⓛ 11, ☞ ⓛ 14)

- Das Konzert fand im voll *besetzten* Theater statt.
- Das *begeisterte* Publikum spendete dem tauben Beethoven einen Riesenapplaus.
- Durch das *geöffnete* Fenster sieht man eine schöne Landschaft.
- Das *verletzte* Kind muss operiert werden.

3 특정 전치사를 요구하는 형용사들 ☞ ⓛ 8

- *auf* A(4격) *böse* sein   Warum *bist* du *böse auf* mich?
- *auf* A(4격) *stolz* sein   Ich bin *stolz auf* meinen Vater.
- *mit* D(3격) *befreundet* sein   Ich *bin mit* Herrn Schmidt *befreundet*.
- *von* D *begeistert* sein   Die Leute *waren von* der 9. Sinfonie *begeistert*.
- *um* A *besorgt* sein   Das Mädchen *ist um* seine Familie *besorgt*.
- *mit* D *einverstanden* sein   Wir *sind mit* deinem Vorschlag *einverstanden*.
- *mit* D *fertig* sein   *Seid ihr mit* der Arbeit *fertig*?
- *mit* D *streng* sein   Herr Meier *ist streng mit* seinen Kindern.
- *mit* D *verheiratet* sein   Sabine *ist mit* einem reichen Mann *verheiratet*.
- *in* A *verliebt* sein   Stefan *ist in* eine schöne Frau *verliebt*.
- *mit* D *verwandt* sein   Jürgen *ist mit* mir *verwandt*.
- *mit* D *zufrieden* sein   Frau Stern *ist mit* ihrer neuen Wohnung *zufrieden*.

Übungen

① 다음 빈칸에 관계대명사 또는 전치사+관계대명사를 넣으시오.

1. Der Vater, _____ das große Talent seines Sohnes früh erkannt hatte, gab ihm Klavierunterricht.
2. Beethoven konnte den Applaus, _____ ihm gespendet wurde, nicht mehr hören.
3. Die Frau, _____ ich eingeladen habe, ist meine Tante.
4. Mein Freund, _____ ich heute Abend anrufen muss, fährt morgen nach Berlin.
5. Die Leute, _____ ich die Blumen mitgebracht habe, wohnen im Altersheim.
6. Das ist mein neuer Kollege, _____ Namen Sie sicherlich kennen.
7. Das Auto, _____ _____ ich mich schon freue, wird morgen geliefert.
8. Frau Eckert ist eine der netten Frauen, _____ _____ ich gesprochen habe.

② 다음 ( ) 안에 있는 문장을 관계문으로 만들어 보시오.

1. Heute feiern wir den 60. Geburtstag <u>meines Vaters</u>.
   (<u>Er</u> sieht noch wie ein junger Mann aus.)
   →

2. Die Leute haben mir einen Dankesbrief geschrieben.

   (Ich hatte ihnen geholfen.)

   →

3. Die Studenten kommen aus Deutschland.

   (Wir haben von ihnen gesprochen.)

   →

4. Kannst du mir die E-Mail-Adresse des Hotels geben?

   (Die Zimmer des Hotels sind nicht teuer.)

   →

5. Ich will meinen Freund besuchen.

   (Von ihm habe ich lange nichts gehört.)

   →

6. Kevin geht heute Abend zu seinen Großeltern.

   (Er hat für sie eine Flasche Wein gekauft.)

   →

7. Haben Sie das Kind gesehen?

   (Sein kranker Vater liegt noch im Krankenhaus.)

   →

③ 다음을 보기와 같이 만들어 보시오.

> Thomas sucht eine Frau, *die gut aussieht.* (Sie sieht gut aus.)

1. Stefan sucht eine Frau, _____. (Sie spricht gut Französisch.)
2. Monika sucht einen Mann, _____. (Man kann ihm vertrauen.)
3. Wo kann ich eine Frau finden, _____? (Ich kann sie lieben.)

④ 다음 빈칸에 관계대명사 또는 전치사+관계대명사를 넣으시오.

1. Johannes ist jemand, _____ immer zu viel Geld ausgibt.
2. Herr Müller ist mit einem Politiker verwandt, _____ ich auch gut kenne.
3. Frau Eckert hat einen Sohn, _____ ich mich oft unterhalte.
4. Das ist Peter, _____ Bruder noch zur Schule geht.
5. Das ist das Auto, _____ ich dir gestern erzählt habe.

⑤ 다음 빈칸에 알맞은 분사Ⅱ를 넣으시오.

1. Das Fenster wurde von einem Studenten geöffnet.
   → Das Fenster ist jetzt _____.
2. Der Wagen ist von der Polizei zurückgegeben worden.
   → Der Wagen ist _____.
3. Zwei Kinder sind verletzt worden.
   → Die _____ Kinder werden ins Krankenhaus gebracht.
4. Der Bau wurde gerade begonnen.
   → Der gerade _____ Bau ist stillgelegt.
5. Der Urlaub wird von der Firma bezahlt.
   → Der _____ Urlaub dauert eine Woche.

⑥ 다음 빈칸에 알맞은 형용사(분사Ⅱ)나 전치사를 넣으시오.

1. Mein Vater ist von einem begabten jungen Pianisten _____.
2. Frau Meier ist stolz _____ ihren Sohn.
3. Peter ist _____ eine schöne Frau verliebt.

4. Der Chef ist mit seinem neuen Kollegen _____.
5. Alle sind _____ seinem Vorschlag einverstanden.
6. Der Professor ist mit einem berühmten Politiker _____.
7. Petra ist _____ einem Beamten verheiratet.
8. Die Mutter ist um ihre Familie _____.
9. Warum bist du heute böse _____ mich?
10. Wann sind Sie _____ der Arbeit fertig?

7 다음을 독일어로 옮기시오.

1. 이 편지를 등기로 한국에 부치고 싶습니다.
2. 제가 생각했던 것만큼 비싸지 않군요.
3. 저 여인은 내가 본 가장 아름다운 여인들 중 한 명이다.
4. 자동차가 고장이 난 슈미트(Schmidt)씨는 지하철로 출근한다.
5. 자기 딸의 훌륭한 재능을 일찍 알아 본 어머니는 딸에게 피아노를 가르쳤다.
6. 공연(die Aufführung)에 매료된 관객들이 열렬한 박수를 보냈다.
7. 회사에서 해고당한 사람들은 새로운 일자리를 찾아야만 한다.
8. 그 음식점은 손님들로 가득 찼다.
9. 우리는 그의 제안에 동의했다.
10. 그 작곡가는 자신의 새 작품에 만족하지 못했다.

⑧ 다음 이력서를 보고 각자 자신의 이력서를 써 보시오.

Tabellarischer Lebenslauf

Seoul, den 20.10.2021

Persönliche Daten

Vor- und Zuname: Minho Kim
Anschrift: Hyundai Apt. 8-1202, Uamro 284, Nam-gu, Busan, Korea
Telefon/Telefax/E-mail-Adresse: 051-257-4563 (mhkim@hanmail.net)
Handynummer: 010-1234-3223

Geburtsdatum und Ort: 21.08.2000, Busan
Religionszugehörigkeit: evangelisch
Staatsangehörigkeit: koreanisch

Schulausbildung

2007-2013: Besuch der Yeonsan Grundschule in Busan
2013-2016: Besuch der Dongil Mittelschule in Busan
2016-2018: Besuch der Busan Oberschule in Busan
seit 2019: Studium der Germanistik an der Hankuk Universität für Fremdsprachen in Seoul
2020: Besuch der Grundstufe I im Goethe-Institut in Seoul.

Minho Kim

Gut zu wissen

Minho ist	**seit**	zwei Woche**n**	in Hamburg.	Er	geht	**zur** Post.
		drei Tag**en**				zum Bahnhof.
		einem Monat				zum Arzt.
		vier Jahr**en**			kommt	**vom** Arzt.

Bringen Sie das Paket **auf** die / zur Post!
              das Geld   **auf** die Bank!

Er sucht einen Ferienjob **bei** Siemens.
Er bewirbt sich   **bei** uns.

Er will sich   **telefonisch**   bei der Firma *erkundigen*.
             brieflich
             persönlich

Er fragt	**einen** Postangestell**ten**.	*Das Theater*	**ist** *voll* **besetzt**.
	eine Bankangestellte.	*Die U-Bahn*	
	eine Beamt**in**.	*Der Hörsaal*	
	einen Beamt**en**.	*Der Konzertsaal*	

Momentan **sieht** es nicht rosig / schwarz **aus**.
Lassen Sie **mich** mal **sehen**.
Frühestens Ende Januar **nächsten** Jahres.
Nichts zu danken.

als Einschreiben	*frühzeitig*
per Luftpost	*innerhalb* einer Woche
zum ersten Mal	*in* drei Tagen
auf jeden Fall	*normalerweise*
mit 8 (Jahren)	*ebenfalls*
von Mai 1823 **an**	*zurzeit*

Ludwig van Beethoven (1770-1827). Eine kurze Biographie

Bildung in Deutschland

Grundstruktur des Bildungswesens der Bundesrepublik Deutschland

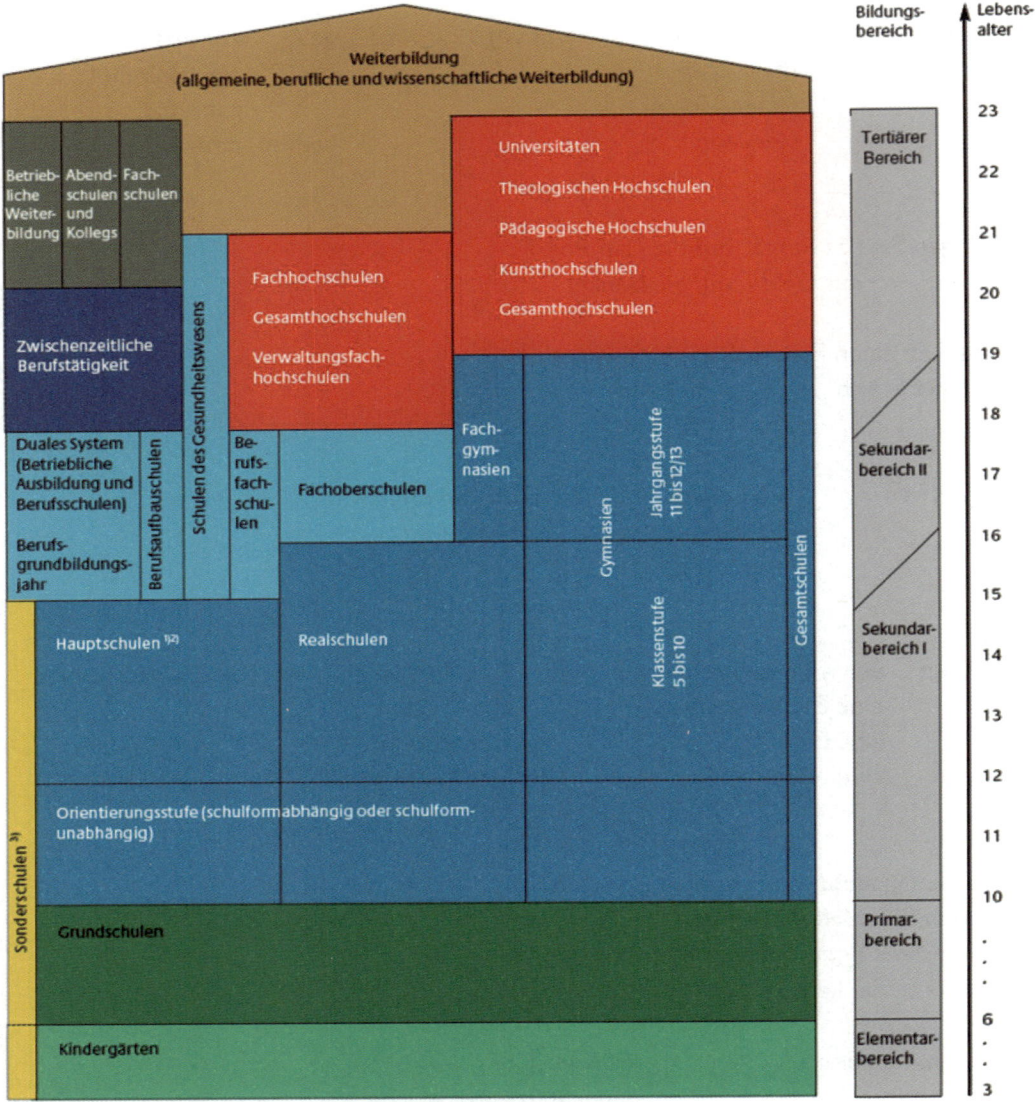

1) Rund 30 Prozent der Hauptschüler(-innen) besuchen über das 9. Schuljahr hinaus auch ein 10. Schuljahr an der Hauptschule.
2) Die Mittelschule in Sachsen, die Sekundarschule in Sachsen-Anhalt und die Regelschule in Thüringen vermitteln den Haupt- und Realschulabschluss.
3) Entsprechende Einrichtungen bestehen auch im Bereich von Realschulen und Gymnasien sowie bei den beruflichen Schulen.

- Schematisierte Darstellung der typischen Struktur des Bildungssystems der Bundesrepublik Deutschland. In den einzelnen Bundesländern bestehen Abweichungen.
- Die Zurechnung des Lebensalters zu den Bildungseinrichtungen gilt für den jeweils frühestmöglichen typischen Eintritt und bei ununterbrochenem Gang durch das Bildungssystem.
- Die Größe der Rechtecke ist nicht proportional zu den Besuchszahlen.

독일의 교육제도

독일에서는 만 18세까지 의무교육을 받아야 한다. 만 6세가 되는 해 8월말이나 9월초에 4년 과정의 초등학교(Grundschule)에 입학한다. (베를린과 브란덴부르크 주에서는 초등학교가 6년 과정이다) 초등학교 과정을 마치면 중등교육 1과정(Sekundarstufe 1)으로 넘어가는데, 학생들은 Hauptschule(보통학교), Realschule(실업계학교), Gymnasium(인문계학교), Gesamtschule(종합학교) 가운데 하나를 선택한다.

Die Hauptschule(보통학교)

이 학교의 교육목표는 기초적인 일반교육이다. 학생들은 초등학교부터 계산해서 9학년이나 10학년을 마치고 졸업한다. 대부분의 졸업생들은 곧바로 견습과정(die Lehre: 현장에서 기술을 익히는 과정)을 받으면서 직업학교(Berufsschule)에 들어간다. 실습할 곳을 배정받지 못한 학생들은 직업예비반(Berufsvorbereitungsjahr)을 시작할 수 있다.

Die Realschule(실업계학교)

이 학교의 보통학교보다는 광범위한 일반 교육이다. 학생들은 10학년을 마치고 졸업한다. 이 중간 졸업 후에 학생들은 직업전문학교(Berufsfachschule)나 기술고등학교(Fachoberschule)를 다닐 수 있다. 고등학교 단계의 직업교육을 받는 학생들은 대부분(전체의 75%) 직장에서의 현장실습과 학교교육이 병행되는 "이원화된 직업교육시스템(Duales Ausbildungssystem)"에서 교육을 받는다. 학생들은 일주일에 3~4일은 직장에서 현장실습을 하고, 1~2일은 학교수업을 받는데, 훈련생들은 숙련인력 초봉의 1/3에 해당하는 임금을 받는다.

Das Gymnasium(인문계학교)

대학(Hochschule)에 진학하려는 학생들은 김나지움에 진학한다. 그러나 실업학교나 종합학교에 진학했어도 언제든 일정한 교육과 시험을 거쳐 김나지움으로 옮길 수 있다. 독일의 김나지움은 9년제였지만 현재는 8년제로 실행되고 있다. 즉, 12학년 또는 13학년 후에 아비투어(Abitur)를 보고 대학에 입학하게 된다. 김나지움을 졸업하지 않아도 실업학교 12학년을 마친 뒤 대학준비과정(Abendgymnasium, Kolleg)을 1년 하고 아비투어를 보면 대학에 입학할 수 있다.

Die Gesamtschule(종합학교)

보통학교, 실업계학교, 인문계학교를 종합한 학교형태로 보통 10학년까지 다닌다. 주에 따라 아비투어까지 마치는 경우도 있다. 구 동독지역에서는 10학년제도의 산업기술계학교(Polytechnische Oberschule)제도를 그대로 유지하는 곳도 있다.

Die Hochschule(대학교)

독일에는 300여개의 국립대학이 있다. 대학의 종류로는 대학교(Universität), 공과대학(Technische Universität), 신학대학(Theologische Hochschule), 기술전문대학(Fachhochschule), 교육대학(Pädagogische Hochschule), 예술대학(Kunsthochschule), 음악대학(Musikhochschule), 종합대학(Gesamthochschule 대학교와 기술전문대학을 합친 것으로 헷센 주와 노르트라인-베스트팔렌 주에만 있음) 기술전문대학은 학제가 짧고 실습위주의 교육이 중심이다. 이 이외에도 방송통신대학(Fernstudium)이 있다.

Lektion 17 Nein zum Fremdenhass!

„Die Würde des Menschen ist unantastbar." Das ist der Satz, *mit dem* das deutsche Grundgesetz *beginnt. Was* dieser Satz *ausdrückt*, versteht jeder: Die Würde des Menschen darf keinesfalls angetastet werden. Das gilt *sowohl* für das menschliche Handeln *als auch* für staatliche Maßnahmen.

Das war und ist in Deutschland leider nicht immer so. Begriffe wie Judenpogrom, Kristallnacht* oder Auschwitz bedeuten gerade *all das, was* in der Nazivergangenheit anderen Menschen *angetan wurde*. Das Pogrom gegen Juden in der Nacht vom 9. November 1938 war der Beginn einer schrecklichen Entwicklung, *die* schließlich zu Auschwitz *führte*.

Und die Gefahr eines zweiten Auschwitz besteht heute noch *überall da, wo* Menschen intolerant sind gegen fremdes Aussehen, fremde Sprache, andere Religion und anderes Denken. Wir dürfen nie vergessen: Nur *wer* die Würde des anderen *achtet* und *verteidigt*, kann auch menschenwürdig behandelt werden. Besonders *heute, wo* viele Ausländer in unserem Land als Mitbürger leben, sind wir aufgefordert, zum Fremdenhass ein klares „Nein" zu sagen.

---

* Kristallnacht란 '깨진 유리의 밤'이란 뜻으로 나치가 유대인 대박해를 시작한 날을 말한다. 이 날 91 명이 살해되고 3만 명 이상이 체포되어 당시 나치 점령지역인 폴란드의 아우슈비츠(Auschwitz) 강제수용소 등으로 이송되었다. 1941년부터 1945년까지 약 600만 명의 유대인들이 강제수용소에서 학살당했다.

Haben Sie schon eins gefunden?

Kevin Klein, Student aus Köln, sucht ein Zimmer. Deshalb hat er eine Anzeige in der Zeitung aufgegeben. Eine ältere Dame, die ein Zimmer zu vermieten hat, ruft ihn an.

Kevin:	Klein.
Dame:	Hier Wickert. Sie suchen ein Zimmer, nicht wahr? Sagen Sie, haben Sie schon *eins* gefunden?
Kevin:	Nein, ich habe noch *keins* gefunden.
Dame:	Also, Herr Klein, ich kann Ihnen *eins* anbieten. Es hat 30 qm, ist möbliert und kostet 250 Euro plus Nebenkosten.
Kevin:	Ah ja. Und wie ist es mit Küche und Bad?
Dame:	Ja, unsere Küche und unser Bad können Sie mitbenutzen.
Kevin:	Und wo ist das?
Dame:	Ich wohne in Eppelsheim. Es sind mit der Straßenbahn ca.* **20 Minuten bis in die Stadt.**
Kevin:	Ja, gut. Kann ich mir das Zimmer heute oder morgen mal ansehen?
Dame:	Ja, natürlich. Ich gebe Ihnen meine Adresse. Das ist St.-Viktus-Gasse 9, und meine Telefonnummer 62 75 09.
Kevin:	Danke. Dann komme ich morgen bei Ihnen vorbei.

* ca.= circa, zirka 대략, 약

Dort gibt es vieles, was mich interessiert

Sabine trifft in der Cafeteria zufällig Markus. Sie unterhalten sich.

Sabine:	Hallo, Markus! Wir haben uns ja lange nicht mehr gesehen.
Markus:	Hallo, Sabine! Schön, dich wiederzusehen.
Sabine:	Wo warst du denn die ganze Zeit?
Markus:	Ich war in Italien. Dort gibt es *vieles, was* mich interessiert.
Sabine:	Das glaube ich dir. War Gabi auch mit?
Markus:	Nein, ich *habe zwar* mit ihr zusammen *gehen wollen*, *aber* das *hat* sie nicht *gewollt*.
Sabine:	Gab es Probleme zwischen euch?
Markus:	Nein, nein! Sie wollte nur nicht ihren Job verlieren, *der* gut bezahlt ist. Sie finanziert nämlich ihr Studium selber. Übrigens, was macht dein Jürgen?
Sabine:	Er hat gerade den Führerschein gemacht. Er will jetzt unbedingt ein Auto haben. Das gefällt mir gar nicht.
Markus:	Warum?
Sabine:	Weißt du, mich interessiert *weder* Führerschein *noch* Auto. Radfahren ist viel gesünder und umweltfreundlicher!

Grammatik

1 관계문 II ☞ Ⓛ 16

- 관계문이 불특정한 사람 또는 사물에 관계될 때는 wer 또는 was가 관계대명사로 사용된다.
- 〈wer-관계문〉은 문장 제일 앞에 온다. 주문장의 지시대명사는 앞의 관계문을 다시 받는다.
- 관계대명사와 지시대명사의 격이 같을 경우 지시대명사는 생략될 수 있다.

1.1 관계대명사 *wer/was*가 이끄는 관계문

- **Jemand, der** sucht, (*der*) findet.
  → ***Wer*** sucht, (*der*) findet. (구하는 사람이 찾는다.)
- **Die Sache, die** gut ist, wird immer gern gesucht.
  → ***Was*** gut ist, (*das*) wird immer gern gesucht. (좋은 물건은 즐겨 찾기 마련이다.)
- ***Wer**** sich selbst nicht hilft, **dem** wird nicht geholfen.
  (스스로 자신을 돌보지 않으면 누구도 도와주지 않는다.)
- ***Nur wer*** die Würde des anderen achtet, (*der*) kann auch menschenwürdig behandelt werden.
  (다른 사람의 존엄을 존중하는 사람만이 자신도 인간답게 대접 받을 수 있다.)
- ***Was*** dieser Satz ausdrückt, versteht jeder.
- ***Was**** ich nicht weiß, **das** macht mich nicht heiß.
  (모르는 게 약이다.)

  * 〈wer-〉 또는 〈was-관계문〉은 속담과 격언, 경구 등에서 특히 많이 쓰인다.

선행사가 etwas, nichts, vieles, alles, das, das Beste, das Schlimmste 등인 경우에는 관계대명사 was 또는 〈wo(r)+전치사〉가 사용된다.

- **Alles**, *was* in der Nazivergangenheit verübt wurde, darf man nie vergessen.
  (과거 나치 시대에 자행되었던 모든 것은 잊어서는 안 된다.)

- Das ist *etwas, was* ich nicht weiß.
- Das ist *etwas, wovon* man nur träumen kann.
- Hier gibt es *nichts, was* ich schön finde.
- Dort gibt es *vieles, was* mich interessiert.
- Dort gibt es *vieles, wofür* ich mich interessiere.
- Das ist *das, was* ich brauche. (그게 바로 내가 필요로 하는 거야.)
- *Das Beste, was* du kannst, ist zu schweigen.

> 관계문이 **주문장 전체의 내용**과 관계될 때 관계대명사 was, 또는 〈wo(r)+전치사〉가 사용된다.

- *Nina ist gestern Abend bei mir vorbeigekommen*, **was** ich gar nicht erwartet hatte. (니나가 어제 저녁에 우리집에 들렀는데, 이것은 내가 전혀 예상하지 못한 일이었다.)
- *Deutschland wurde 1990 wieder vereinigt*, **worauf** die Deutschen lange gehofft hatten.
(독일은 1990년에 다시 통일이 되었는데, 이것은 독일인들이 오랫동안 희망해 온 일이었다.)

1.2 관계부사 *wo*가 이끄는 관계문: 때와 장소

- Die Gefahr eines zweiten Auschwitz besteht *überall da*, **wo** Menschen intolerant gegen fremde Menschen sind.
- Hier ist *die St.-Viktus-Gasse*, **wo** (= *in der*) Kevin ein Zimmer gemietet hat.
- Das ist *das Haus*, **wo** (= *in dem*) Goethe geboren wurde.
- Sabine fährt nach Frankfurt, **wo*** die Buchmesse stattfindet.
  * 관계문이 특정도시나 국가에 관계될 때는 wo만 사용할 수 있다.
- Es war *eine Novembernacht*, **wo** (= *in der*) das Pogrom gegen die Juden begann.

2   화법조동사 문장의 현재완료 ☞ Ⓛ 9, ☞ Ⓛ 15

현재	Er *kann* Deutsch.	Er *kann* Deutsch sprechen.
과거	Er *konnte* Deutsch.	Er *konnte* Deutsch sprechen.
현재완료	Er *hat* Deutsch *gekonnt*.	Er *hat* Deutsch *sprechen können*.

현 재	Er *will* nach Hamburg.	Er *will* nach Hamburg fahren.
과 거	Er *wollte* nach Hamburg.	Er *wollte* nach Hamburg fahren.
현재완료	Er *hat* nach Hamburg *gewollt*.	Er *hat* nach Hamburg *fahren wollen*.

- Die meisten Deutschen *mussten* die Hoffnung auf die Wiedervereinigung *aufgeben*.
  → Die meisten Deutschen *haben* die Hoffnung auf die Wiedervereinigung *aufgeben müssen*.

○ Du bist neulich umgezogen. Hat dir Anke beim Umzug geholfen?
- Nein, sie *hat* mir schon *helfen wollen*. Aber sie konnte nicht.
  Sie *hat* für das Examen *lernen müssen*.

3 불특정대명사 II ☞ L 12

불특정대명사 ein- / kein-은 man, jemand, etwas; niemand, nichts와 같은 의미로 쓰이며 dies-와 같이 어미변화한다.

	단 수			복 수
	남 성	중 성	여 성	
1격	einer	ein(e)s*	eine	welche
	keiner	kein(e)s*	keine	keine
3격	einem	einem	einer	welchen
	keinem	keinem	keiner	keinen
4격	einen	ein(e)s*	eine	welche
	keinen	kein(e)s*	keine	keine

* *eines/keines*의 경우 어미에서 e는 종종 생략된다.

- Beethoven ist *einer* der bedeutendsten Komponisten der Welt.
  (베토벤은 세계에서 가장 훌륭한 작곡가 가운데 한 사람이다.)
- Frau Lee muss eine Verlustmeldung machen, weil *eine* von ihren Reisetaschen fehlt.
- Ich muss Ihnen noch *eins* sagen. Kommen Sie bitte immer pünktlich!
  (한 가지만 말씀 드리죠. 제 시간에 좀 오세요!)

- ○ Können Sie das machen?
- ● Nein, das kann ich nicht. Das muss *einer* machen, *der* etwas davon versteht.
  (그건 그것에 대해 뭘 좀 아는 사람이 해야 해요.)

- ○ Weißt du was, Kevin? Claudia liebt mich.
- ● Wirklich? *Keiner* wird dir das glauben.

- ○ Ich habe gehört, Sie suchen ein Zimmer. Haben Sie schon *eins* gefunden?
- ● Nein, ich habe noch *keins* gefunden.

- ○ Hast du noch Zigaretten?
- ● Nein, ich habe *keine* mehr. Aber Markus hat noch *welche*.
  (아니, 나는 다 떨어졌어. 하지만 마르쿠스는 [담배가] 아직 있어.)

4 복합 등위접속사

nicht nur A, **sondern auch** B; **sowohl** A **als auch** B
(A뿐만 아니라 B도 …이다/ …하다)

- ● Martina spricht *nicht nur* Englisch, *sondern auch* Französisch.
- ● Das gilt *sowohl* für das menschliche Handeln *als auch* für staatliche Maßnahmen.

entweder A **oder** B (A 아니면 B 둘 중에서 하나)

- ● Nächstes Jahr fahren wir im Urlaub *entweder* nach Italien *oder* nach Frankreich.

weder A **noch** B (A도 B도 …아니다/ …하지 않다)

- ● Mich interessiert *weder* Führerschein *noch* Auto.

nicht A, **sondern** B (A가 아니라 B이다)

- ● Markus war *nicht* in Spanien, *sondern* in Italien.

zwar A, **aber** B (A이긴 하지만 B이다)

- ○ Warum hast du das Zimmer nicht genommen?
- ● Es war *zwar* ruhig und schön, *aber* zu teuer.

Übungen

① 〈wer-관계문〉 또는 〈was-관계문〉으로 바꾸시오.

1. Jemand, der Fieber hat, muss im Bett bleiben.
   → **Wer** Fieber hat, muss im Bett bleiben.
2. Die Dinge, die schön aussehen, machen mir immer Freude.
   → **Was** schön aussieht, macht mir immer Freude.
3. Die Schüler, die ihre Aufgaben gemacht haben, dürfen nach Hause gehen.
   →
4. Die Sache, die viel Geld kostet, mag ich nicht gern.
   →
5. Die Leute, die in der Stadt wohnen, fahren gern ins Grüne.
   →
6. Die Sachen, die es selten gibt, sind meistens teuer.
   →

② wer 또는 was를 넣어 속담 또는 격언을 완성하고 뜻을 살펴보시오.

1. 반짝인다고 모두 금은 아니다.
   → Nicht alles, _____ glänzt, ist Gold.
2. 오늘 할 일을 내일로 미루지 마라.
   → _____ man heute tun kann, soll man nicht auf morgen verschieben.

3. 사람도 쓰지 않으면 녹슨다.

   → _____ rastet, (_____) rostet.

4. 최후에 웃는 사람이 진정한 승자이다.

   → _____ zuletzt lacht, (_____) lacht am besten.

5. 한 번이라도 거짓말하는 사람은 (진실을 말해도) 믿지 않는다.

   → _____ einmal lügt, _____ glaubt man nicht.

6. 외국어를 모르는 사람은 모국어에 대해서도 모른다.

   → _____ fremde Sprachen nicht kennt, weiß nichts von seiner eigenen.

   (Goethe)

3 〈wer, was, wo-관계문〉을 이용하여 문장을 바꾸시오.

1. Siehst du das Haus dort? *Dort* wurde der berühmte Komponist Beethoven geboren.

   →

2. Kennst du die St.-Viktus-Gasse nicht? *In der St.-Viktus-Gasse* wohnt Professor Schmidt.

   →

3. Peter hat mir Geschenke mitgebracht. *Das* hatte ich nicht erwartet.

   →

4. Julia ist gekommen. *Darüber* haben wir uns gefreut.

   →

5. Es war eine Novembernacht. *In der Nacht* begann das Pogrom gegen die Juden.

   →

④ 다음은 어느 지역신문에 난 사건사고 소식이다. 빈 곳에 알맞은 관계대명사 또는 관계부사를 넣으시오.

> Sandra, ein fünfjähriges Mädchen, _____ Eltern beide berufstätig sind, ist seit gestern vermisst. In Konstanz, _____ ihre Familie wohnt, herrscht deshalb große Aufregung. Sandra wurde auf dem Spielplatz von einem Mann entführt, _____ Identität noch nicht geklärt ist. Eine alte Dame, _____ Wohnung direkt am Spielplatz liegt, hat den Mann gesehen. Aber alles, _____ sie von dem Mann erzählt hat, half der Polizei kaum. Deshalb fordert die Kriminalpolizei Konstanz auf: „_____ den Täter kennt, oder weiß, wo Sandra ist, soll sich sofort melden."
>
> <Aus einer Polizeimeldung>

⑤ 문맥에 맞게 현재완료 문장으로 완성하시오.

1. Warum hast du das getan? Wollte das dein Vater?

    - Ja, er hat das _____.

2. Musste der Gast schon wegfahren?

    - Ja, er hat _____ _____.

3. Konnte der Tourist Deutsch?

    - Ja, er hat Deutsch _____.

4. Durften Sie dort lange bleiben?

    - Ja, ich habe da lange _____ _____ .

5. Mussten Sie Ihr Studium selbst finanzieren?

    - Ja, das musste ich. Deshalb habe ich in den Ferien arbeiten _____.

6 보기와 같이 빈 곳에 알맞은 단어를 넣어 문장을 완성하시오.

> Das ist ein Buch, **für das** ich mich interessiere.
> Dort gibt es vieles, **wofür** ich mich interessiere.

1. Das ist etwas, _____ man nur hoffen kann.
2. Das ist ein Haus, _____ man nur träumen kann.
3. Das ist ein Text, _____ ich Probleme habe.
4. Hier gibt es nichts, _____ ich mich gern erinnern möchte.
5. Das ist alles, _____ wir heute diskutieren wollten.
6. Das ist ein Thema, _____ wir immer gern diskutieren.

7 부정대명사 (k)ein-, welch-를 알맞은 형태로 넣으시오.

1. Renate hat am Flughafen festgestellt, dass _____ von ihren Reisetaschen fehlt.
2. Möchtest du noch ein Stück Kuchen?
   – Sehr nett von dir. Ich möchte gerne noch _____.
3. Ich möchte mehr Orangen. Hast du noch _____?
   – Tut mir leid. Ich habe _____ mehr.
4. Ich habe gehört, dass Markus einen Mantel sucht. Hat er schon _____ gefunden?
   – Nein, er hat noch _____ gefunden.

8 빈 곳에 알맞은 접속사를 넣으시오.

> entweder ... oder ... ;   zwar ..., aber ... ;   sowohl ... als auch ... ;
> nicht nur ..., sondern auch ... ;   weder ... noch ...

1. Einer von uns muss einkaufen gehen. _____ du _____ ich!
2. Keiner von uns kann das machen. _____ Sie _____ ich!
3. Das Kleid ist _____ schön, _____ zu teuer.
4. Die beiden Wagen gefallen mir. _____ der BMW _____ _____ der VW.
5. Radfahren ist _____ _____ gesund, _____ _____ umweltfreundlich.

9 다음을 독일어로 옮기시오.

1. 인간의 존엄성은 결코 침해될 수 없다.
2. 여기에는 내 관심을 끄는 것이 하나도 없다.
3. 과제를 다 한 사람은 집에 가도 된다.
4. 반짝인다고 모든 것이 금은 아니다.
5. 스스로 자신을 돌보지 않으면 누구도 도와주지 않는다.
6. 우리들 중 한 사람은 여기 있어야 해. 너 아니면 나.
7. 여기가 마틴(Martin)이 방을 얻은 Bahnhofstraße이다.
8. 내 남자 친구는 방학 때 운전면허를 따려고 했다.
9. 시간은 없지만 그래도 도와줄게.
10. 어제 케빈(Kevin)이 나에게 전화를 해서 너무 기뻤다.

Gut zu wissen

Wer rastet, der rostet.
Wer sucht, der findet.

Was ich nicht weiß, macht mich nicht heiß.
Nicht **alles, was** glänzt, ist Gold.

Dort gibt **es vieles, was mich interessiert**.
                was ich schön finde.
                was mir Spaß macht.

Wie ist es   **mit Küche und Bad**?
              mit Keller und Garage?
              mit Strom und Gas?

Die Uhr ist **zwar** schön, **aber** zu teuer.
Mich interessiert **weder** Führerschein **noch** Auto.
Markus studiert **nicht** in Hamburg, **sondern** in München.
Einer muss gehen. **Entweder** du **oder** ich!

Ich gebe Ihnen **meine Adresse.**
                 meine Telefonnummer.
                 meine E-Mail-Adresse.

Wir haben uns ja lange nicht mehr gesehen.
Schön, dich wiederzusehen!
Morgen komme ich bei dir vorbei.

독일의 외국인 현황

독일연방통계청(Statistisches Bundesamt)이 2021년 발표한 통계자료에 따르면 2020년 12월말까지 독일 전체 인구는 약 8,316만 명이며 그 중에서 외국인은 1,143만 명으로 약 12.7%를 차지하고 있다.

다음은 독일에서 거주하고 있는 상위 10개 국적별 외국인 분포수이다:

국적	수	국적	수
터키	1.461.910	폴란드	866.690
시리아	818.460	루마니아	799.180
이탈리아	648.360	크로아티아	426.845
불가리아	388.700	그리스	364.285
아프가니스탄	271.805	러시아	263.300

독일에서 체류하고 있는 외국인 중 42%가 유럽연합 회원국이며 폴란드(2004년가입), 루마니아(2008), 크로아티아(2013), 불가리아(2008) 등 구동구권 국가들부터 인구유입이 두드러지게 증가한 것이 특징이다.

독일에서 가장 많이 체류하고 있는 터키인들의 수는 2003년 당시 약 190만 명까지 이르렀지만 2020년말 기준 146만 명 정도로 집계되어 점차 감소 추세에 있다.

비유럽연합국가인 시리아와 아프가니스탄은 주로 난민 자격으로 다수 유입되었다.

외교통상부 자료에 의하면 2019년 독일에 거주하는 한국인 수는 약 44,864명이다.

https://de.statista.com/statistik/daten/studie/1221/umfrage/anzahl-der-auslaender-in-deutschland-nach-herkunftsland/

https://www.destatis.de/DE/Themen/Gesellschaft-Umwelt/Bevoelkerung/Migration-Integration/Tabellen/auslaendische-bevoelkerung-geschlecht.html;jsessionid=8DD42EA7C687DD8D75A54EA81B4513C4.live711

https://www.mofa.go.kr/www/wpge/m__21509/contents.do

Lektion 18 Abfall lässt sich vermeiden

In Deutschland *werden* jedes Jahr mehr als 300 Millionen Tonnen Abfall *produziert*. Um dieses riesige Müllaufkommen zu reduzieren, setzt die Abfallpolitik folgende Prioritäten: „Vermeiden, Verwerten, Beseitigen".

Wie kann man also weniger Abfall *entstehen lassen*? Wenn wir verpackungsarme Produkte kaufen, *lässt sich* Abfall *reduzieren*. Zum Einkaufen nimmt man Korb oder Tasche statt Plastiktüten mit. Wegwerfartikel[1] *lassen sich* durch *nachfüllbare* Produkte *ersetzen*.

Wenn Abfälle *unvermeidbar* sind, dann *müssen* sie *wiederverwertet werden*. Was in Mülltonnen und auf Deponien landet, *ist* heute nicht mehr einfach als „Müll" *zu bezeichnen*. Die Grenze zwischen Müll und Wertstoff *ist* tatsächlich schwer *zu ziehen*: Abfälle sind „Rohstoffe am falschen Platz". Um den Abfall verwerten zu können, *muss* er zunächst *getrennt werden*. Dafür stehen Altglas- und Altpapiercontainer, die Gelbe Tonne bzw. der Gelbe Sack[2], die Biotonne[3] usw. zur Verfügung.

1) der Wegwerfartikel: (한 번 쓰고 버리는) 일회용 제품
2) die Gelbe Tonne / der Gelbe Sack: 플라스틱, 캔, 팩 등으로 포장된 것 (*der grüne Punkt*가 찍혀 있는 제품)을 수거하는 노란색 통/자루
3) die Biotonne: 퇴비화 가능한 유기성 폐기물(음식물, 정원 쓰레기)를 수거하는 통

Hast du den Wecker vielleicht fallen lassen?

Es regnet. Claudia fährt mit ihrem Auto in die Stadtmitte. Da sieht sie ihre Freundin Andrea vor dem Uhrengeschäft stehen.

Claudia: Andrea! Du wirst ja ganz nass! Komm, steig ein!
Andrea: Oh, Claudia! Gut, dass ich dich sehe.
Claudia: Was ist denn los mit dir? Du siehst ja ganz blass aus.
Andrea: Ich hab' mich mit Thomas gestritten. Es war schrecklich.
Claudia: Ach, nimm das nicht so tragisch! Bei uns *wird* auch oft *gestritten*. - Und was ist mit dem alten Wecker da?
Andrea: Den wollte ich *reparieren lassen*. Er ist kaputtgegangen.
Claudia: Hast du den Wecker im Streit an die Wand geworfen? Oder *hast* du ihn vielleicht *fallen lassen*?
Andrea: Nein, er ist plötzlich stehen geblieben. Heute Morgen konnte ich ihn nicht *piepsen hören*. Ich war eben in dem Uhrengeschäft, wo ich den Wecker gekauft hatte.
Claudia: Warum *hast* du ihn nicht *reparieren lassen*?
Andrea: Der Verkäufer sagte, es lohnt sich nicht, einen alten Wecker *reparieren* zu *lassen*.

Ich möchte diesen Anzug reinigen lassen

In der Reinigung.

Herr Schmidt:	Ich möchte diesen Anzug und zwei Hemden *reinigen lassen*.
Angestellte:	Vollreinigung*?
Herr Schmidt:	Ja, bitte. Was kostet das?
Angestellte:	Der Anzug dreizehn Euro neunzig, die zwei Hemden je zwei Euro achtzig.
Herr Schmidt:	Außerdem ist hier an der Hose ein Fleck. Können Sie den entfernen?
Angestellte:	Ich kann es versuchen. Versprechen kann ich es Ihnen aber nicht.
Herr Schmidt:	Wann kann ich alles abholen?
Angestellte:	In drei Tagen.**
Herr Schmidt:	Den Anzug brauche ich aber bis morgen Abend. Es ist dringend.
Angestellte:	Dann kann ich ihn morgen bis 18 Uhr fertig machen. Reicht das?
Herr Schmidt:	Ja, danke.

* Vollreinigung은 얼룩 제거와 손 다림질이 포함된 드라이클리닝이다.
** 앞으로 경과될 시간을 표시할 때는 in을 사용한다.

Grammatik

1 동사원형 구문: 〈4격＋동사원형〉

1.1 *lassen*-구문:

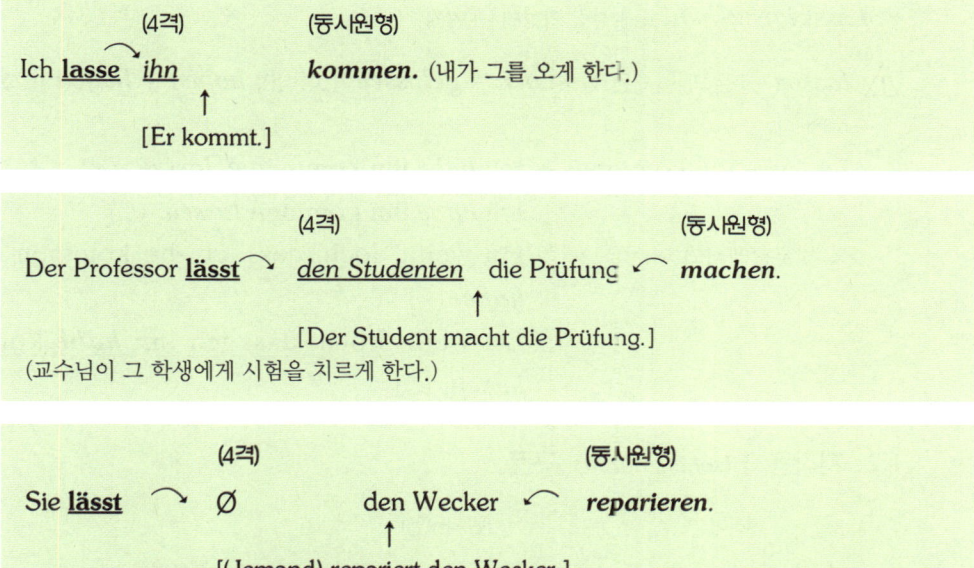

◆ 시킴 (사역)

Monika **lässt** *ihren Freund* **gehen**. (모니카는 남자친구를 가게 한다.)
Der Chef **lässt** *seine Sekretärin* den Brief **tippen**.
Er **lässt** seinen Anzug **reinigen**.

Er **lässt** sich *fotografieren*. (그는 [누구를 시켜서] 자기 사진을 찍게 한다.)
Er **lässt** sich die Haare *schneiden*.
Das Ehepaar will sich *scheiden* lassen.

◆ 일으킴 (야기)

Er **lässt** *den Wecker fallen*. (그는 자명종 시계를 떨어뜨린다.)

◆ 내버려 둠 (방임)

Max **lässt** *seinen Hund* frei ***laufen***. (막스는 자기 개를 뛰어다니게 내버려 둔다.)

Die Frau **lässt** *den Mann **warten***.

◆ 명령문에서

Lass mal *sehen*! (어디 좀 보자.)

Lass *mich* mal *überlegen*! (생각 좀 하게 해줘.)

○ Ich gehe jetzt in die Mensa, kommst du mit?
● Ja, **lass** *uns gehen*! (그래, 가자.)

※ **Lasst** *uns gehen*! ([세 사람 이상서] 가자.)

⚠ *lassen*-구문의 현재완료: *haben* + ***gelassen***이 아니라 *haben* + ***lassen***이 쓰인다.
☞ Ⓛ 17

Ich lasse ihn kommen. → Ich *habe* ihn kommen ***gelassen***. (×)

Ich *habe* ihn kommen ***lassen***. (○)

※ 부문장에서의 어순: Du weißt doch, dass ich ihn kommen *lassen* *habe*. (×)

Du weißt doch, dass ich ihn ***habe*** kommen *lassen*. (○)

1.2 지각동사 (*sehen, hören*) 구문

　　　　　　(4격)　　　　　(동사원형)
Ich sehe　einen Wagen　kommen. (나는 자동차가 한 대 오는 게 보인다.)
　　　　　　↑
　　　　[Ein Wagen kommt.]

Endlich **sah** er *seine Freundin **kommen***.

Tut mir leid. Ich **hab'** *dich* nicht ***kommen* sehen**. Geht es dir gut?
([서로 부딪혔을 때] 미안해. 네가 오는 걸 못 봤어. 괜찮아?)

Es ist wieder Frühling. Ich **höre** *die Vögel **singen***.

Hörst du *mein Herz **schlagen***?

⚠ 지각동사 구문의 현재완료:

Ich sehe ihn kommen. → Ich ***habe*** ihn kommen **sehen.**

Ich höre ihn kommen. → Ich ***habe*** ihn kommen **hören.**

※ 부문장에서의 어순: Du weißt doch, dass ich ihn ***habe*** kommen **sehen/hören**.

2 유사 수동문

2.1 *sein* + *-bar* 형용사

> Das Problem **ist lösbar**. (그 문제는 해결될 수 있다.)
> = Das Problem *kann gelöst werden*.
> = Das Problem *kann man lösen*.
>
> ※ lösen → lös**bar**, essen → ess**bar**:
> 여기서 -*bar*로 끝나는 형용사는 *werden*-수동형이 가능한 타동사의 어간에 접미어 -*bar*를 붙여서 만든 것이다.

Abfälle *sind vermeidbar*. (쓰레기는 줄일 수 있다.)
= Abfälle *können vermieden werden*.
= Abfälle *kann man vermeiden*.

Die Würde des Menschen ist unantast**bar**.
= Die Würde des Menschen *darf nicht angetastet werden*.
= Die Würde des Menschen *darf man nicht antasten*.

2.2 *sein* + *zu* 동사원형

> Das **ist zu** *tun*. = Das $\begin{cases} kann \\ muss / soll \end{cases}$ *getan werden*.

Das Problem **ist** leicht **zu** *lösen*. (그 문제는 쉽게 해결될 수 있다.)
= Das Problem *kann* leicht *gelöst werden*.
= Das Problem *kann man* leicht *lösen*.

Der Brief **ist** sofort **zu** *beantworten*. (그 편지는 당장 답장을 해야 한다.)
= Der Brief *muss/soll* sofort *beantwortet werden*.
= Den Brief *muss/soll man* sofort *beantworten*.

Abfälle **sind zu** *vermeiden*. (쓰레기는 막아야 한다 / 막을 수 있다.)
= Abfälle *müssen/können vermieden werden*.
= Abfälle *muss/kann man vermeiden*.

⚠ ***haben*** + ***zu*** 동사원형 = ***müssen*** + 동사원형:
Ich **habe** dringend **zu** *arbeiten*.
= Ich *muss* dringend *arbeiten*.
Der Autofahrer **hat** die Verkehrsregeln **zu** *beachten*.
= Der Autofahrer *muss* die Verkehrsregeln *beachten*.

⚠ '***zu*** 동사원형*-d*' + 명사: '...되어야 할 무엇'
ein ***zu lesend**es* Buch (읽어야 할 책)
= ein Buch, das man lesen muss / ein Buch, das gelesen werden muss
die **einzuladen***den* Gäste (초대해야 할 손님들)
der/die **Auszubilden***de* (훈련되어야 할 사람 → 직업훈련생)
(줄여서: der/die **Azubi**)

2.3 *lassen* + *sich* 동사원형

Das Problem *lässt sich* auf verschiedene Weise *lösen*.
(그 문제는 다양한 방법으로 해결될 수 있다.)
= Das Problem **kann** auf verschiedene Weise *gelöst werden*.
= Das Problem **kann** man auf verschiedene Weise *lösen*.

Abfälle *lassen sich vermeiden*. (쓰레기는 막을 수 있다.)
= Abfälle **können** *vermieden werden*.

Dieser Stoff *lässt sich* nicht *verbrennen*.
= Dieser Stoff **kann** nicht *verbrannt werden*.

Über Geschmack lässt sich nicht streiten.

Wem nicht zu raten ist, dem ist auch nicht zu helfen.

Übungen

① 오른쪽 보기의 단어와 결합시켜 합성어를 만들어 보시오.

1. Abfall-
2. Müll-
3. Altpapier-
4. Wegwerf-
5. Roh-
6. Alt-

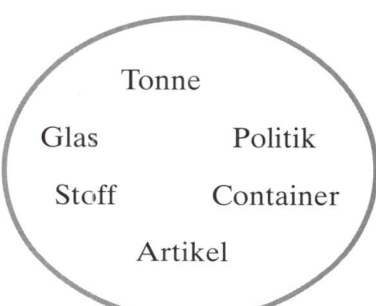

② 보기와 같이 대답하시오.

> ○ Reparierst du den Computer selbst?
> ● *Nein, ich lasse ihn reparieren.*

1. Räumen Sie Ihr Büro selbst auf?
   →
2. Schreibt dein Chef die E-Mails selbst?
   →
3. Streichen Sie Ihr Haus selbst?
   →
4. Wäscht Claudia ihren Wagen selbst?
   →
5. Bügelst du die Anzüge selbst?
   →

③ 보기와 같이 문장을 만드시오.

> ○ Er steht vor der Tür. Sie *lässt ihn hereinkommen*. (hereinkommen)
> ● Er braucht Passfotos. Er *lässt sich fotografieren*. (fotografieren)

1. Sein Wagen ist kaputt. Er _____ _____ _____. (*reparieren*)
2. Peter kann den Brief aus Frankreich nicht lesen. Er _____ _____ _____. (*übersetzen*)
3. In diesen Tagen hat Frau Jäger keine Zeit, sich um den Haushalt zu kümmern. Sie _____ _____ _____ _____ _____. (*die Wohnung, sauber machen*)
4. Monika möchte um 6 Uhr aufstehen. Sie _____ _____ um 6 Uhr _____. (*wecken*)
5. Claudia braucht ein Kleid. Sie geht in einen Modesalon und _____ _____ _____ _____. (*machen*)

④ 보기와 같이 문장을 만드시오.

> Das Haus brennt. → *Siehst du das Haus brennen?*
> Dein Sohn singt. → *Hörst du deinen Sohn singen?*

1. Dein Freund steigt aus dem Wagen. →
2. Ein Mann ruft um Hilfe. →
3. Eure Kinder spielen auf der Straße. →
4. Das Telefon klingelt. →
5. Andrea steht vor dem Geschäft. →

⑤ 다음 문장들의 시제를 현재완료로 고치시오.

1. Monika lässt den Wecker fallen.
   →

2. Der Lehrer lässt die Schüler aufstehen.
   →

3. Klaus sieht seine Freundin vor dem Kino stehen.
   →

4. Ich sehe den Besucher die Treppe heraufkommen.
   →

5. Wir hören ihn oft Klavier spielen.
   →

6. Siehst du ihn? - Ja, ich sehe ihn gerade vorbeigehen.
   →

⑥ 보기와 같이 유사 수동문으로 만드시오.

> Das Fenster kann nur schwer geschlossen werden.
> → *Das Fenster ist nur schwer zu schließen.*

1. Der Brief muss heute noch abgeschickt werden.
   →

2. Der Wagen kann nicht mehr repariert werden.
   →

3. Was soll geändert werden?
   →

4. Diese Sprache kann leicht erlernt werden.
   →

5. Die Miete muss pünktlich bezahlt werden.

   →

⑦ 보기와 같이 문장을 만드시오.

> Das Fenster kann nur schwer geschlossen werden.
> → *Das Fenster lässt sich nur schwer schließen.*

1. Müll kann vermieden werden.

   →

2. Das Problem kann gelöst werden.

   →

3. Die Tür kann nicht von außen geöffnet werden.

   →

4. Das Buch kann nur schwer übersetzt werden.

   →

5. Diese Frage kann noch nicht beantwortet werden.

   →

⑧ 보기와 같이 문장을 만드시오.

> Das Problem ist nicht zu lösen. / Das Problem kann man nicht lösen. /
> Das Problem lässt sich nicht lösen.
> → *Das Problem ist nicht lösbar.*

1. Diese Pilze kann man nicht essen.

   →

2. Saure Milch kann man nicht mehr trinken.

   →

3. Kann man Verpackungen vermeiden?

   →

4. Kann man diesen Stoff verwerten?

   →

5. Seine Handschrift ist nicht zu lesen.

   →

6. Dieser Stoff lässt sich leicht waschen.

   →

7. Den Wunsch kann man erfüllen.

   →

⑨ 다음 문장을 *sein ... zu* 문장으로 바꾸시오.

1. Altpapier kann man leicht wiederverwerten.

   →

2. Abfälle müssen in die Behälter geworfen werden.

   →

3. Diese Uhr kann nicht mehr repariert werden.

   →

4. Sein Verhalten kann man nicht verstehen.

   →

5. Kann man diese Batterien wieder aufladen?

   →

10 다음을 독일어로 옮기시오.

1. 그는 여권 사진을 찍었다. (*lassen*)
2. 선생님이 그 학생을 일어나게 했다. (*lassen*, 현재완료)
3. 너 자동차 수리 맡겼니?
4. 너 이발했니?
5. 너 오늘 카이(Kai) 봤니? – 응, 방금 여기를 지나가는 것을 봤어.
6. 너 자명종 소리를 못 들었니?
7. 이 숙제는 내일까지 해야 해. (*sein ... zu*)
8. 라틴어(Latein)는 배우기 어렵다. (*sein ... zu*)
9. 종이는 재활용할 수 있다. (*lassen sich*)
10. 자동차 운전자들은 교통규칙을 지켜야 한다. (*haben ... zu*)

Gut zu wissen

Man kann Abfall *vermeiden*.
Abfall **kann** *vermieden* **werden**.
ist *vermeidbar*.
ist *zu vermeiden*.
lässt sich *vermeiden*.

Diese Sprache *ist* schwer *zu lernen*.
Die Uhr nicht mehr *zu reparieren*.
Altpapier leicht *wiederzuverwerten*.

Wo kann ich *diese Kleidungsstücke reinigen* **lassen**?
diese Uhr reparieren
mir die Haare schneiden

Lass *mal sehen!*
mich mal überlegen!
uns mal was essen gehen!

Ich **sehe** *den Mann* an der Haltestelle *stehen*
höre *einen Wagen* vor dem Haus *halten*.

Gut, dass ich dich sehe!
Reicht das?

독일의 생태건축

독일의 생태건축(ökologisches Bauen) 또는 녹색건축(grünes Bauen)은 환경파괴 행위로 변질된 현대 건축에 대한 반성에서 출발하여 자연과 인간의 공존을 꾀하는 대안건축의 본보기가 되고 있다. 생태건축은 무엇보다 한계에 도달한 건축폐기물 처리와 에너지 과소비의 문제를 극복하기 위해 자원과 에너지의 수요를 최소화하는 데 역점을 두고 있다. 이를 위해 태양에너지를 이용하며, 자연조건을 활용하여 실내기후를 조절하고, 외부로 배출되는 열과 폐기물을 최소화하고 있다. 또한 건물을 주위환경과 어우러지게 가꾸고 주변에 다양한 동·식물이 살 수 있게 함으로써 자연 생태계와 함께 숨쉬는 건축을 추구하고 있다.

1) 저에너지 주택(Niedrigenergiehaus): 독일에서는 1979년부터 건축물의 에너지 절약형 단열에 관한 규정(Wärmeschutzverordnung)을 통해 1년 동안 m²당 소비되는 난방에너지[kWh/(m²·a)]의 상한수준을 계속해서 낮춰 오고 있는데, 1995년에 개정된 규정에서는 그 수준을 종래의 250에서 100으로까지 제한하고 있다. 이에 따라 독일에서는 현재 새로운 에너지 절약형 건축물들이 선보이고 있는데, 현재 널리 보급되고

저에너지 주택

있는 것은 난방 에너지 수요 수준이 70이하인 저에너지 주택(Niedrigenergiehaus)이다. 2009년부터는 에너지절약규정에 따라 모든 신축건물은 저에너지 주택으로 지어야 한다.

2) 패시브 하우스(Passivhaus): 더 나아가 난방 에너지 수요가 15 이하가 되게 설계된 자연형 태양열주택인 패스브 하우스도 나오고 있다. 이 주택은 에너지 효율이 뛰어나고 실내 기후가 자연적으로 쾌적하게 조절되게 설계되어 있어서 난방장치(Heizung)와 에어컨(Klimaanlage)이 따로 필요 없다.

패시브 하우스

3) 제로 에너지 주택(Null-Heizenergiehaus) 및 플러스 에너지 주택(Plusenergiehaus): 최근에는 자연형 태양열주택을 개량하고 여기에 겨울을 대비한 태양열 비축장치를 따로 설치함으로써 난방에너지의 소비수준을 0에 둘 수 있는 제로 에너지 주택이 개발되었다. 이어서 플러스 에너지 주택까지 나왔는데, 이 주택은 태양전지(Solarzelle)를 통해 자체에 필요한 에너지보다 더 많은 전력을 생산한다. 곧 주택이 발전소(Kraftwerk) 구실을 함으로써 수입원(Einnahmequelle)이 되고 있다.

플러스 에너지 주택

Lektion 19
Wenn Roboter Herzen gewinnen könnten

Kennen Sie den Roboter im Film „Der 200-Jahre-Mann" oder „I, Robot"? Der Roboter spricht, denkt und nimmt wahr wie ein Mensch. Experten meinen, in der nahen Zukunft *könnte* es solche Roboter geben.

Zum Beispiel *könnte* jede Familie einen Haushaltsroboter besitzen. Der menschengroße HiTech-Kamerad *sollte* das Leben der Familie erleichtern: er *würde* Arbeiten wie Kochen, Putzen, Reparieren usw. rasch erledigen, aber auch mit den Kindern spielen. Er *könnte* auch einen Namen erhalten.

Wenn man in den Roboter einen boshaften Befehl eingeben *würde*, *könnte* er aber auch missbraucht werden. Deshalb *sollten* wir Regeln aufstellen, damit Roboter keinem menschlichen Wesen Schaden zufügen[1] dürfen.

Vielleicht *könnte* man den Roboter so bauen, dass er seine *Gefühle* zeigen kann. Wenn Roboter Herzen gewinnen[2] *könnten*, *würden* sie Menschen lieben. Doch *dürfte* ein Mensch eine Maschine lieben?

1) jm. Schaden zufügen: ...에게 피해를 입히다
2) Herzen gewinnen: 감정을 느끼다　* js. Herzen gewinnen: ...의 마음을 끌다/얻다.

Würden Sie das Formular ausfüllen?

Herr Lee ist am Bankschalter und möchte ein Konto eröffnen. Er muss jeden Monat Geld überweisen.

Angestellte:	Guten Tag. Was kann ich für Sie tun?
Herr Lee:	Guten Tag. Ich *möchte* gern ein Konto eröffnen.
Angestellte:	Was für ein Konto *möchten* Sie denn, ein Giro- oder ein Sparkonto?
Herr Lee:	Wo ist denn der Unterschied?
Angestellte:	Wenn Sie mehr Zinsen bekommen wollen, empfehle ich Ihnen ein Sparkonto. Von Ihrem Sparkonto können Sie auch jederzeit Geld abheben.
Herr Lee:	Dann nehme ich ein Sparkonto.
Angestellte:	Moment, *könnten* Sie mir sagen, wozu Sie das Konto brauchen?
Herr Lee:	Ich will regelmäßig Geld überweisen und *möchte* eine Scheckkarte.
Angestellte:	Dann brauchen Sie ein Girokonto.
Herr Lee:	Gut, was muss ich da machen?
Angestellte:	*Würden* Sie das Formular ausfüllen? Und hätten Sie Ihren Pass dabei?
Herr Lee:	Ja. Hier. Wo soll ich unterschreiben?
Angestellte:	Hier unten bitte. Und wie viel wollen Sie jetzt einzahlen?
Herr Lee:	1.500 Euro.

Das hätten Sie mir sagen müssen!

Angestellte: Reisebüro Kinberg, Kröner, guten Morgen.

Frau Märtens: Guten Morgen. Hier spricht Märtens in Köln. Ich *hätte* gern einen Mitarbeiter vom Kundenservice *gesprochen*.

Angestellte: Ja, bitte schön, am Apparat.

Frau Märtens: Ich wollte Sie fragen, ob ich morgen bei Ihnen vorbeikommen kann.

Angestellte: Ja, natürlich, worum geht es denn?

Frau Märtens: Letzte Woche habe ich eine Rückfahrkarte nach München bei Ihnen gekauft und ein Hotelzimmer reservieren lassen. Vom 8. bis zum 10. Oktober.

Angestellte: Ja und? Was ist das Problem?

Frau Märtens: Ich wollte zum Oktoberfest. Aber das war gerade zu Ende, als ich in München ankam. Das hat mir keiner gesagt.

Angestellte: Das ist doch nicht unsere Schuld, wenn Sie sich nicht informieren. Sie *hätten* vorher die ausführlichen Informationen *lesen müssen*.

Frau Märtens: Das *hätten* Sie mir *sagen müssen*! Wenn ich das *gewusst hätte*, *wäre* ich früher *gefahren*!

Angestellte: Das weiß doch jeder, dass das Oktoberfest im September stattfindet und am ersten Wochenende im Oktober aufhört.

Frau Märtens: Mein Gott! *Wäre* ich die Bürgermeisterin von München, *würde* ich den Namen *ändern lassen*.

Grammatik

1 접속법 II식 (Konjunktiv II)

1) 접속법 II식이나 직설법을 사용할 경우 내용이 현실적(real)이냐 아니면 비현실적(irreal)이냐에 따라 그 화법이 좌우된다. 화자(Sprecher)의 기대, 요구, 희망 및 정중한 표현도 접속법 II식에 속한다. 도표의 동사들 이외에 접속법 II식으로 자주 사용되는 불규칙동사들도 있다. 그러나 일반 동사는 흔히 〈würde의 인칭변화형 + ... 동사원형〉으로 쓰인다.

2) 직설법 과거완료, 과거, 현재완료에 대한 접속법 II식의 형태는 〈과거완료형〉이다. 그리고 직설법 현재에 대한 접속법 II식의 형태는 〈과거형〉이다. 이 때는 흔히 〈würde의 인칭변화형 + ... 동사원형〉으로 쓴다.

1.1 만들기

	동사원형 (Infinitiv)	과거 (Präteritum)	접속법 (Konjunktiv) II	
약변화	machen	machte	*machte*	(würde ... machen)
	kaufen	kaufte	*kaufte*	(würde ... kaufen)
	sollen	sollte	*sollte*	
강변화	fahren	fuhr	*führe*	(würde ... fahren)
	finden	fand	*fände*	(würde ... finden)
	geben	gab	*gäbe*	(würde ... geben)
	kommen	kam	*käme*	(würde ... kommen)
	lesen	las	*läse*	(würde ... lesen)
	ziehen	zog	*zöge*	(würde ... ziehen)
혼합변화	bringen	brachte	*brächte*	(würde ... bringen)
	denken	dachte	*dächte*	(würde ... denken)
	wissen	wusste	*wüsste*	(würde ... wissen)
	können	konnte	*könnte*	

* 약변화 동사는 직설법 과거형과 일치하며 변모음 하지 않는다. 강변화 동사와 혼합변화 동사는 접속법 II식에서 직설법 과거형 어간에 위 도표와 같이 변모음 한다.

	인칭어미		
	직설법 현재	직설법 과거	접속법
ich	___e	___	___e
du	___st	___st	___est
Sie	___en	___en	___en
er/sie/es	___t	___	___e
wir	___en	___en	___en
ihr	___t	___t	___et
Sie	___en	___en	___en
sie	___en	___en	___en

	sein	haben	werden
ich	wäre	hätte	würde
du	wär(e)st	hättest	würdest
Sie	wären	hätten	würden
er/sie/es	wäre	hätte	würde
wir	wären	hätten	würden
ihr	wär(e)t	hättet	würdet
Sie	wären	hätten	würden
sie	wären	hätten	würden

Wenn ich ein Vogel *wäre*, *könnte* ich zu dir fliegen.
(내가 새라면 네게로 날아갈텐데.)
(Ich bin kein Vogel. Deshalb kann ich nicht zu dir fliegen.)

1.2 직설법과 접속법 II식의 관계

	직설법	접속법 II
현재	Er *kauft* den Computer.	Ich *kaufte** den Computer nicht.
		Ich *würde* den Computer nicht *kaufen*.
	Er *kommt* nicht *mit*.	Ich *käme* gern *mit*.
		Ich *würde* gern *mitkommen*.
과거	Er *kaufte* den Computer.	
	Er *kam* nicht *mit*.	
현재 완료	Er *hat* den Computer *gekauft*.	Ich *hätte* den Computer nicht *gekauft*.
	Er *ist* nicht *mitgekommen*.	Ich *wäre* schon *mitgekommen*.
	Er *hat* den Computer *kaufen wollen*.	Ich *hätte* den Computer nicht *kaufen wollen*.
과거 완료	Er *hatte* den Computer *gekauft*.	
	Er *war* nicht *mitgekommen*.	
	Er *hatte* den Computer *kaufen wollen*.	

* 직설법 과거형과 같으므로 이 경우 〈würde의 인칭변화형 + ... + 동사원형〉으로 쓴다.

1.3 용법
1.3.1 비현실적 표현

[현실] | [비현실]

(1) 조건문

- Wenn ich nach Hamburg komme, besuche ich Sie.
(제가 함부르크에 가면 당신을 방문하겠습니다. – 함부르크에 갈 가능성 있음)

- Wenn ich Zeit habe, komme ich auch mit.

- Wenn ich nach Hamburg *käme*, *würde* ich Sie besuchen.
(제가 함부르크에 간다면야 당신을 방문할텐데요. – 함부르크에 갈 가능성 없음)

- Wenn ich Zeit *hätte*, *käme* ich auch *mit*.
- Wenn ich das *gewusst hätte*, *wäre* ich früher *gefahren*.

(2) 단순문

- Er bleibt zu Hause.

- An seiner Stelle(= Wenn ich an seiner Stelle wäre) *bliebe* ich nicht zu Hause.
(Ich *würde* nicht zu Hause *bleiben*.)
(내가 그의 입장이라면 집에 있지 않을텐데.)

- Er blieb zu Hause.
- Das haben Sie mir nicht gesagt.

- Ich *wäre* nicht zu Hause *geblieben*.
- Das *hätten* Sie mir *sagen müssen*!

(3) 희망문

- Ich habe heute keine Zeit.

- Wenn ich heute *nur* Zeit *hätte*!
(내가 오늘 시간이 있다면 좋을텐데.)

- Ich habe gestern keine Zeit gehabt.

- *Hätte* ich gestern nur Zeit *gehabt*!
(= Wenn ich gestern nur Zeit *gehabt hätte*!)

- Er kam nicht auf die Party.
- Monika ist nicht hier.

- *Wäre* er nur auf die Party *gekommen*!
- *Wäre* sie nur hier!
- *Wäre* ich nur die Bürgermeisterin!

(4) 비교문

- Er spricht Deutsch wie ein Deutscher.
- Er spricht Deutsch, *als ob* er ein Deutscher *wäre*.

(= Er spricht Deutsch, *als wäre* er ein Deutscher.)
(그는 마치 독일인인 것처럼 말한다.)
- Tu bitte nicht so, als ob du nichts *gewusst hättest!*

1.3.2 막연한 추측 (' ... 일지도 모른다')

- Jeder *könnte* einen Roboter *besitzen*.
(누구나 로봇을 소유할 수 있을지도 모른다.)
- Der Roboter *würde* Arbeiten wie Kochen, Putzen, Reparieren rasch *erledigen*.

1.3.3 공손한 표현

- Reichen Sie mir das Salz! → *Würden* Sie mir das Salz reichen?
(소금 좀 건네주세요.) (소금 좀 건네주시겠습니까?)
- Haben Sie morgen Zeit? → *Hätten* Sie morgen Zeit?
- Haben Sie Lust, ins Kino zu gehen? → *Hätten* Sie Lust, ins Kino zu gehen?
- Darf ich mal durch? → *Dürfte* ich mal durch?
- Schließen Sie das Fenster! → *Könnten* Sie bitte das Fenster schließen?

- Ich *hätte* eine Bitte.
- Ich *hätte* gern ein Bier. (맥주 한 잔 주실래요? / 맥주 한 잔 하고 싶은데요.)
- Ich *hätte* gern mit Herrn Schmidt *gesprochen*. (슈미트씨 좀 바꿔 주시겠습니까?)
- Ich *möchte* gern eine Flasche Wein.

Übungen

① 다음 문장의 빈곳을 보기와 같이 채우시오.

> Ich bin zu müde. → Wenn ich doch nicht so müde **wäre**!
> → **Wäre** ich doch nicht so müde!

1. Kai redet zu viel.
   → Wenn er doch nicht so viel _____ _____!
   → _____ er doch nicht so viel _____!

2. Das wusste ich gestern nicht.
   → Wenn ich das doch schon gestern _____ _____!

3. Ich spreche nicht gut Deutsch.
   → Wenn ich doch besser Deutsch sprechen _____!

4. Du bist nicht pünktlich gekommen.
   → _____ du doch pünktlich _____!

② 다음 문장을 보기와 같이 비현실적 표현으로 만드시오.

> Er hat Anne nicht gefragt. → Ich **hätte** doch Anne **gefragt**.

1. Heute ist Samstag. Herr Schulz ging doch heute ins Büro.
   →

2. Anne macht sich Sorgen.
   →

3. Das Kind spielte auf der Straße.
   →

4. Er hat keine Zeit gehabt. Deshalb kam er nicht zu dir.

→ Wenn er Zeit _____ _____, _____ er zu dir _____.

③ 다음을 비현실적 바람을 나타내는 문장으로 만드시오.

1. Ich wünschte, du _____ hier. (sein)
2. Du _____ das nicht sagen sollen. (haben)
3. Du hast nicht auf mich gehört.

   Ich wünschte, du _____ auf mich _____.
4. Ich kann nicht bis zehn Uhr schlafen.

   Ich wünschte, ich _____ bis zehn Uhr schlafen. (dürfen)
5. Wenn es das Wort „wenn" nicht _____! (geben)

④ 다음 주어진 문장을 공손한 표현으로 만드시오.

1. Hast du Lust, mit ins Kino zu gehen?

   → _____ du Lust, mit ins Kino zu gehen?
2. Darf ich mal durch?

   → _____ ich mal durch?
3. Helfen Sie mir bitte!

   → _____ Sie mir bitte _____?
4. Füllen Sie das hier aus!

   → _____ Sie das hier _____?
5. Ist es möglich, mit Professor Weber zu sprechen?

   → _____ es möglich, mit Professor Weber zu sprechen?
6. Können Sie mir sagen, wo die Post ist?

   → _____ Sie mir sagen, wo die Post ist?

⑤ 다음을 보기와 같이 만드시오.

> Ich habe keinen Haushaltsroboter.
> → **Wenn** ich doch einen Haushaltsroboter **hätte**!

1. Ich kann kein anderes Zimmer bekommen.

    →

2. Ich habe zu viel Wein getrunken.

    →

3. Manfred hat zu viel Geld ausgegeben.

    →

4. Das wusste ich gestern nicht.

    →

⑥ 다음을 보기와 같이 만드시오.

> Ich hatte nicht viel Geld und konnte das Fahrrad nicht kaufen.
> → **Wenn** ich mehr Geld **gehabt hätte, hätte** ich das Fahrrad **kaufen können.**

1. Anita hat sehr schlechte Noten nach Hause gebracht und durfte gestern Abend nicht ausgehen.

    → Wenn Anita nicht so schlechte Noten nach Hause gebracht _____, _____ sie gestern Abend _____ _____.

2. Ich hatte Joachims Adresse nicht und konnte ihn nicht besuchen.

    → Wenn ich Joachims Adresse gehabt _____, _____ ich ihn _____ _____.

3. Peter hat seine Hausaufgaben nicht gemacht und musste zwei Stunden

lang nachsitzen.

→ Wenn Peter seine Hausaufgaben gemacht _____, _____ er nicht zwei Stunden lang _____ _____.

7 접속법 II 식을 사용하여 다음 보기와 같이 바꾸시오.

> Ich hatte kein Geld bei mir → *Wenn ich doch/nur Geld bei mir gehabt hätte!*
> → *Hätte ich doch/nur Geld bei mir gehabt!*

1. Du bist nicht gekommen.

   →

   →

2. Er ist nicht vernünftig gewesen.

   →

   →

3. Sie hat nicht auf uns gewartet.

   →

   →

4. Wir haben das nicht gewusst.

   →

   →

5. Du hast das nicht getan.

   →

   →

8 다음을 접속법 Ⅱ식을 이용하여 독일어로 옮기시오.

1. 만약 로봇들이 감정을 가질 수 있다면, 그들은 인간을 사랑할지도 모른다.
2. 시청(das Rathaus)으로 어떻게 가는지 제게 말씀 좀 해 주실 수 있습니까?
3. 여기 이 서식에 서명해 주시겠습니까?
4. 그녀가 내게 전화를 했더라면 좋았을 텐데.
5. 내가 뮌헨에 간다면 당신을 방문할 텐데요.
6. 그래 주시면 고맙겠습니다.
7. 진작 말씀하셨어야지요.
8. 미하엘(Michael)은 마치 미국인인 것처럼 영어를 잘 한다.
9. 좀 지나가도 되겠습니까?
10. 내가 그것을 알기만 했더라면 좋았을 텐데.

Gut zu wissen

Der Haushaltsroboter *sollte* künftig das Leben der Familie erleichtern.
Roboter *würden* Menschen lieben.
Dürfte ein Mensch eine Maschine lieben?

Ich *möchte* ein Konto eröffnen.

Könnten Sie mir sagen, wozu Sie ein Konto brauchen?
Ich will regelmäßig Geld überweisen und *möchte* eine Scheckkarte.

Es *wäre* schön, wenn ich das *wüsste*!
Das *hätten* Sie mir vorher sagen müssen!

Könnte ich bitte Herrn Kröner sprechen?
Ich *hätte* gern mit Herrn Kröner gesprochen.
Ist Herr Kröner zu sprechen?

Wie viel wollen Sie jetzt *einzahlen*?
abheben?

Was muss ich da machen?
Wo soll ich unterschreiben?
Was kann ich für Sie tun?

Was ist denn der Unterschied zwischen einem Giro- und einem Sparkonto?
in der nahen Zukunft

Wenn Roboter Herzen gewinnen könnten

"독일의 첨단기술전략" (HTS Deutschlands)

독일 연방 교육연구부(BMBF: Bundesministerium für Bildung und Forschung)는 2050년까지 지속개발할 첨단기술전략을 10년 안에 구축하기로 결정하고, 시민의 가치 있는 삶과 고용창출을 위해 새로이 지향할 기술혁신 체제(Das deutsche Innovationssystem)를 "첨단기술전략 2020(Die Hightech-Strategie für Deutschland 2020)" 보고서에 선정하였다: 기후변화/에너지, 보건/영양공급, 이동성, 보안, 정보통신 등. 여기에는 다음 같은 17개 중점 기술개발분야가 포함된다: 나노기술, 바이오기술, 미세시스템 기술, 광학기술, 재료기술, 우주기술, 정보통신기술, 생산기술, 에너지기술, 환경기술, 자동차와 교통 기술, 항공기술, 선박기술, 보건연구와 의료기술, 식물과 농업, 안전기술, 혁신과 관리 서비스.

5대 분야 주요 내용

- (기후변화/에너지) 전 지구적 기후변화 저감 및 적응 기술 개발을 위해 탄소중립-에너지 효율형 기후변화 대응 도시모델 개발, 지속발전을 위한 연구 프로그램시행, 에너지 공급의 지능화(스마트 그리드화 및 대형 전기저장기술 개발), 석유 대체용 후속 에너지원 개발, 기후 시스템 연구, 대기권 밖 지구관측 기술개발 및 지리정보시장 창출지원
- (보건/영양공급) 고령화 사회의 보건 정책, 전염성 질환에 따른 신약 개발, 맞춤형 의료를 통한 질병치료 향상, 인간의 삶의 질 향상에 필요한 건강한 영양 개선을 통한 건강증진, 게놈 연구, 노화연구 및 보건산업 관련 연구지원
- (이동성) 이동성과 관련된 새로운 정보통신 기술 개발 및 활용, 모바일 기기를 활용한 교통 정보 제공, 교통 소음 저감 등 포함
- (보안) 보다 효과적인 통신망 보호, 테러 혹은 천재지변으로부터 국민 건강 및 재산을 보호하기 위한 관련 기술 개발 지원, 안전침해 위기대응 시스템 및 위험방지 솔루션 개발지원, 독일의 보안기술 역량 및 시장 경쟁력 강화
- (정보통신) 에너지 소비 절감형 미래지향적 인터넷 기술 개발, 디지털 글로벌 지식기반 구축 및 보급, 임베디드 시스템 개발을 위한 국가 기술개발 로드맵 작성, Industrie 4.0에 기반한 차세대 산업혁명과 스마트 시대 ICT(정보통신기술)와 제조업의 융합을 통한 경쟁력 유지 등

[출처: Pressedienst des BMBF: 2014년 06월 30일] - www.bmbf.de

Lektion 20 Funktionale Analphabeten[1]

[그림 설명] 위: 문맹학교, 아래: 금일 휴강

Niemand wollte es glauben, aber alle Medien berichteten: In Deutschland *gebe es* über eine Million funktionale Analphabeten. Unsere Redaktion fragte die Bürger im ganzen Bundesgebiet nach ihrer Meinung. Hier sind die Reaktionen: Sabine Walper aus Frankfurt meinte, das *sei* unmöglich; die Bundesrepublik *sei* schließlich ein hochentwickeltes Land.[2] Ein Professor an einer Hochschule in Bayern vermutete, dass diese Zahlen einfach erfunden *seien*. Gisela Lieberwein, Hausfrau in Berlin, meinte zu unserem Reporter, dass es so etwas vielleicht in Afrika *gebe*, aber nicht bei uns.

Dr. Michael Gräber, Pädagoge an der Universität Dortmund, erklärte, die UNESCO[3] *habe* eine Definition von funktionalem Analphabetentum gegeben. Danach *seien* funktionale Analphabeten zwar in der Lage, einfache Sätze zu lesen und zu schreiben, aber ansonsten *hätten* sie Schwierigkeiten. Sie *könnten* z.B.[4] kein Formular ausfüllen und kein Telefonbuch benutzen. Demgegenüber *könne* ein natürlicher Analphabet überhaupt nicht oder höchstens seinen Namen schreiben.

Aus: *Nordkurier*

1) funktionale Analphabeten: 매우 간단한 수준의 문장만을 읽고 쓸 수 있는 사람
2) (hoch)entwickeltes Land: 선진국
3) UNESCO: United Nations Educational, Scientific and Cultural Organization
4) z.B. = zum Beispiel

Man sagt, die Deutschen seien zu ernst

Julia: Hallo, Gisela!
Gisela: Hallo, Julia! Wann bist du aus der Türkei zurückgekommen?
Julia: Vorgestern.
Gisela: Und wie war der Urlaub?
Julia: Toll! Schönes Wetter, nette Leute überall... Ich habe in Istanbul eine Türkin kennengelernt. Wir haben uns ganz gut unterhalten. Gülbanu hat nämlich sieben Jahre in Deutschland gelebt und konnte gut Deutsch.
Gisela: Interessant! Worüber habt ihr denn gesprochen?
Julia: Über die Deutschen. Gülbanu hat gesagt, sie *finde* die Deutschen ganz nett und freundlich, aber *es sei* ihr unverständlich, dass sie so ungesellig und wenig gastfreundlich sind.
Gisela: Kann sein.
Julia: Sie meinte auch, wir Deutschen *hielten* die Gesetze für wichtiger als die Beziehungen zu anderen Menschen.
Gisela: Hat sie nicht auch gesagt, die Deutschen *seien* zu ernst?
Julia: Doch! Sie hat gesagt, sie *verstehe* nicht, warum manche Deutsche so ernst *seien*! Aber woher weißt du das?
Gisela: Ich habe auch von den Koreanern was Ähnliches gehört.
Julia: Ach ja? Was sagen die Koreaner denn noch über uns?

Gisela erzählt, was sie in Korea über die Deutschen erfahren hat.
Und Sie? Was denken Sie über die Deutschen?

Grammatik

1 접속법 I 식 (Konjunktiv I)

접속법 I 식은 동사의 현재형을 바탕으로 만들며, 주로 간접화법을 나타낼 때 사용된다.

1.1 만들기

동사 / 인칭	haben 직설법현재	haben 접속법I	geben 직설법현재	geben 접속법I	sein 직설법현재	sein 접속법I
ich	habe	hab**e**	gebe	geb**e**	bin	*sei*
du	hast	hab**est**	gibst	geb**est**	bist	*sei**est***
Sie	haben	hab**en**	geben	geb**en**	sind	*sei**en***
er / sie / es	hat	hab**e**	gibt	geb**e**	ist	*sei*
wir	haben	hab**en**	geben	geb**en**	sind	*sei**en***
ihr	habt	hab**et**	gebt	geb**et**	seid	*sei**et***
Sie	haben	hab**en**	geben	geb**en**	sind	*sei**en***
sie	haben	hab**en**	geben	geb**en**	sind	*sei**en***

1.2 직설법과 접속법 I 식의 시제 관계

		직설법	접속법 I 식
		Gisela sagt:	Gisela sagt,
능동태	현재	„Er *kommt*." „Er *muss* kommen."	er *komme*. er *müsse* kommen.
	과거	„Er *kam*." „Er *musste* kommen."	
	현재완료	„Er *ist* gekommen." „Er *hat* kommen *müssen*."	er *sei* gekommen. er *habe* kommen *müssen*.
	과거완료	„Er *war* gekommen." „Er *hatte* kommen *müssen*"	

Funktionale Analphabeten

	미래	„Er wird kommen."	er werde kommen.
		„Er wird kommen müssen."	er werde kommen müssen.
수동태	현재	„Er wird betrogen."	er werde betrogen.
	과거	„Er wurde betrogen."	
	현재완료	„Er ist betrogen worden."	er sei betrogen worden.
	과거완료	„Er war betrogen worden."	

1.3 쓰임

1.3.1 간접화법 (indirekte Rede)

- 간접화법은 주로 접속법 I 식으로 사용된다.
- 일상의 입말에서는 간접화법도 대부분 직설법(**Indikativ**)으로 표현된다.
- 전달하고자 하는 제3자의 발언 내용에 대해 의도적으로 거리를 두고자 할 때 즉, 전달된 내용은 화자 자신의 의견과는 무관함을 분명히 나타내고자 할 때에는 입말에서도 접속법을 사용한다.
- 신문, 잡지 등의 글말에서는 접속법 I 식을 주로 사용하며, 이 때 접속법 I 식의 형태가 직설법과 일치하는 경우 접속법 II 식을 사용한다.

- Der Mann sagt: „**Ich** *komme* vom Mars."
  - → Der Mann sagt, dass **er** vom Mars *komme*.
  - = Der Mann sagt, **er** *komme* vom Mars.
    (그 남자는 자기가 화성에서 왔다고 한다.)

- Die Ministerin sagte: „**Ich** *denke* nicht an Rücktritt."
  - → Die Ministerin sagte, **sie** *denke* nicht an Rücktritt.

- Die Schüler behaupteten: „**Wir** *hatten* die Grippe."
  - → Die Schüler behaupteten, **sie** *hätten* die Grippe *gehabt*.

- Das Mädchen hat mir gesagt: „**Du** *bist* ein Lügner."
  - → Das Mädchen hat mir gesagt, **ich** *sei* ein Lügner.

Ⓛ

- Die Türkin hat gesagt: „**Ihr** *seid* zu ernst."
  → Die Türkin hat gesagt, **wir** *seien* zu ernst.

- Otto behauptet: „**Maria** *hat* **mich** *geküsst*."
  → Otto behauptet, **Maria** *habe* **ihn** *geküsst*.

- Die Gastgeberin fragte: „Schmeckt Ihnen das Fleisch?"
  → Die Gastgeberin fragte, ***ob*** mir das Fleisch *schmecke*.

- Die Lehrerin behauptete: „**Meine Schüler** *tun* so etwas nicht."
  → Die Lehrerin behauptete, **ihre Schüler** *tuen/täten* so etwas nicht.
  (→ Die Lehrerin behauptete, **ihre Schüler** *würden* so etwas nicht tun.)

- Sie meinte: „**Die** Deutschen halten die Gesetze für wichtig."
  → Sie meinte, **die** Deutschen hielten die Gesetze für wichtig.
  (→ Sie meinte, **die** Deutschen würden die Gesetze für wichtig halten.)

※ 접속법 I 식 형태가 직설법 형태와 일치하는 경우에는 접속법 II 식 형태를 대신 사용한다 (이때의 접속법 II 식 형태가 다시 직설법 과거형과 일치하거나 자주 쓰이지 않는 형태이면 대용형인 [würde ... 동사원형]을 사용한다).

Manfred sagte zu Lena: „Wenn **ich** ein Vogel wäre*, könnte **ich** zu **dir** fliegen"
→ Manfred sagte zu Lena, wenn **er** ein Vogel wäre*, könnte **er** zu **ihr** fliegen.

* 직접화법에서의 접속법 II는 간접화법에서도 변하지 않는다.

1.3.2 그 밖의 용법

접속법 I 식은 희망문 (Wunschsätze) 등 관용적 표현과 특정 텍스트 (처방전, 사용 설명서, 학술 논문 등)에서 매우 한정적으로 사용된다.

Es lebe die Freiheit! (자유 만세!)

Gott sei Dank! (다행이다!)

Man nehme dreimal täglich zwei Tabletten mit Wasser ein.
(하루 3회 매회 2정을 물과 함께 음용하시오.)

Funktionale Analphabeten

Übungen

① 다음을 접속법을 사용하여 보기와 같이 고치시오.

> Herr Krüger sagt, er will die Firma wechseln.
> → *Herr Krüger sagt, er wolle die Firma wechseln.*

1. Julia sagt, sie braucht ein neues Kleid.
   →

2. Mein Vater sagt, er fühlt sich noch jung.
   →

3. Thomas sagt, er weiß nicht, was er tun soll.
   →

4. Herr Schröder sagte, wir sollen ihn besuchen.
   →

5. Manfred hat gesagt, er musste eine Stunde warten.
   →

② 다음을 접속법을 사용하여 간접화법으로 고치시오.

> Gerd sagt: „Eva ist nicht meine Freundin."
> → *Gerd sagt, Eva sei nicht seine Freundin.*

1. Herr Schmidt hat gesagt: „Ich nehme meine Frau mit nach Amerika."
   →

2. Thomas behauptet: „Das ist mein Buch."
   →

3. Die Mädchen sagten: „Unser Haus wurde verkauft."

   →

4. Frau Schönberg hat dem Chef gesagt: „Ich hole Ihren Gast am Flughafen ab."

   →

5. Eva behauptet: „Diese Firma gehört meinem Onkel."

   →

6. Ernst fragte: „Kommen deine Freunde auch mit?"

   →

7. Claudia fragte uns: „Hat euer Vater bei Siemens gearbeitet?"

   →

8. Herr Riedl fragte Maria: „Darf ich Sie einladen?"

   →

9. Die Angestellte sagte mir: „Wenn Sie Geld überweisen wollen, brauchen Sie ein Girokonto."

③ 빈 곳에 *haben* 또는 *sein*의 적당한 접속법 형태를 넣으시오.

1. Herr und Frau Weber schrieben mir, sie _____ gut angekommen.
2. Kevin sagte, er _____ ein schönes Zimmer gefunden.
3. Die Sekretärin behauptet, dass sie das nicht gewusst _____.
4. Meinen Sie, ich _____ das getan?
5. Ich habe gehört, Sie _____ früher bei Allianz gearbeitet.
6. Julia sagte, sie _____ in der Türkei gewesen.
7. Man sagt, du _____ mit einer Italienerin verheiratet. Stimmt das?
8. Die Schüler sagen, sie _____ zu viel Hausaufgaben.
9. Manfred hat gesagt, Renate und er _____ in Korea viele Museen besucht.

Funktionale Analphabeten

4 다음 인터뷰 기사를 간접화법을 이용해 다시 쓰시오.

Der Journalist:	„Alle Medien berichteten, in Deutschland gibt es über eine Million funktionale Analphabeten. Was sagen Sie dazu?"
Sabine Walper:	„Das glaub' ich einfach nicht. Die Bundesrepublik ist ein hochentwickeltes Land."
Max Kohlhaas:	„Ich vermute, dass diese Zahlen einfach erfunden sind."
Astrid Lieberwein:	„So etwas gibt es vielleicht in Afrika."
Der Journalist:	„Doktor Gräber, können Sie uns erklären, was funktionales Analphabetentum ist?"
Michael Gräber:	„Funktionale Analphabeten sind zwar in der Lage, einfache Sätze zu lesen und zu schreiben, aber ansonsten haben sie Schwierigkeiten. Sie können kein Formular ausfüllen und kein Telefonbuch benutzen. Demgegenüber kann ein natürlicher Analphabet überhaupt nicht oder höchstens seinen Namen schreiben."

1. Der Journalist sagte, alle Medien berichteten, in Deutschland _____ es über eine Million funktionale Analphabeten. Dann fragte er die Bürger nach ihrer Meinung.

2. Sabine Walper sagte, sie _____ es einfach nicht, denn die Bundesrepublik _____ ein hochentwickeltes Land.

3. Max Kohlhaas vermutete, diese Zahlen _____ einfach erfunden.

4. Astrid Lieberwein meinte auch, so etwas _____ es vielleicht in Afrika.

5. Der Journalist fragte nun Dr. Michael Gräber, was funktionales Analphabetentum _____.

6. Dr. Gräber erklärte, die funktionalen Analphabeten _____ zwar in der Lage, einfache Sätze zu lesen und zu schreiben, aber ansonsten _____ sie Schwierigkeiten. Sie _____ kein Formular ausfüllen und kein Telefonbuch benutzen. Demgegenüber _____ ein natürlicher Analphabet überhaupt nicht oder höchstens seinen Namen schreiben.

⑤ 다음을 독일어로 옮기시오.

1. 한국 사람들은 독일 사람들이 너무 진지하다고들 말한다.
2. 그레버(Gräber)교수는 독일에는 100만이 넘는 기능적 문맹자가 있다고 주장한다.
3. 그 여자는 자기 딸은 그런 짓을 하지 않는다고 말했다.
4. 웨이터가 음식이 맛있었느냐고 물었다.
5. 게르트(Gerd)가 자기는 어제 그곳에 없었다고 말했다.
6. 그 목격자는 모든 것을 보았다고 주장했다.
7. 신문은 범인이 16세 소년이라고 보도했다.

Gut zu wissen

Sabine Walper	**meinte**,	es		sei	unmöglich.
					unverständlich.
Die Türkin	**sagte**,	**die Deutschen**		**seien**	zu ernst.
					sehr pünktlich.

Die Deutschen	sind	**wenig**	gastfreundlich.
			gesellig.
Hans	ist		intelligent.

Wie war der Urlaub?
　　　　 das Wetter?
　　　　 die Reise?

Was denken Sie über die Deutschen?
　　　　　　　　　　 die Koreaner?
　　　　　　　　　　 den Fremdenhass?

Worüber habt ihr denn gesprochen?
Woher weißt du das?
Ich habe auch was Ähnliches gehört.
Interessant!
ein Professor an einer Universität

독일 문자의 역사

Germanisches Runenalphabet („Futhark")

독일어 글말의 기원은 게르만어 루네 문자(die Runen)에서 비롯된다. 게르만어로 Runa는 "Geheimnis(비밀)"를 뜻하는 말이다. 24개의 표음문자로 이루어진 루네 알파벳은 처음 6개의 소리를 따서 "Futhark"([fuθark])라 부른다. Futhark는 돌, 무기, 부적 등에 대부분 주술적인 내용을 새기는 데 쓰였다. 지금까지 알려진 가장 오래된 기록은 기원 경 네가우의 투구(Helm von Negau)에 새겨진 글이다.

게르만어로 쓰인 가장 오래된 텍스트는 500년 경 서고트어 (Westgotisch)로 쓰인 번역 성서이다. 양피지에 쓰인 이 텍스트는 주교 불필라(Wulfila)가 그리스 문자와 루네 문자를 바탕으로 개발한 고유한 문자로 표기되었다-.

Die Wulfila-Schriften

칼 대제(Karl der Große)의 위임을 받은 사제 알쿠인(Alkuin)이 라틴어 알파벳을 바탕으로 고안한 카롤링 문자(Karolingische Minuskel)는 소문자만을 사용한 것으로, 8세기에서 12세기에 걸쳐 유럽 전역에서 널리 쓰였다. 카롤링 문자는 독일어권의 문자체계를 통일하는데 기여하였으며, 이후 고트 문자(Gotische Minuskel)로 발전하였다.

Karolingische Minuskel

16세기에는 새로운 두 가지 양식의 서체 즉 Fraktur와 Antiqua가 등장한다. Fraktur는 고트 문자인 Bastarda에서 발전한 것으로, 이후 르네상스 체의 영향을 받아 독일 서체의 바탕을 이루었다. Antiqua는 이탈리아에서 건너온 것으로 인문주의자(Humanisten)들이 즐겨 사용하였으며, 의식적으로 고대 양식(antike Form)을 따르고 있다. 오늘날 널리 쓰이는 로마자 알파벳 서체가 바로 Antiqua이다.

Fraktur

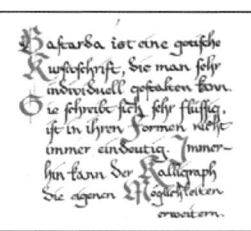

Bastarda

Funktionale Analphabeten

Lebendiges Deutsch für Studenten II

대학생을 위한 활용 독일어 II

색인

- **Wörterverzeichnis**
- 인명 색인(이름, 성)
- 지명 색인
- 문법 용어 색인

Wörterverzeichnis

관 = (불)특정관사, 소유관사
대 = 인칭대명사, 재귀대명사, 지시대명사, 불특정대명사
분리 = 분리접두어
분II = 분사II
감탄 = 감탄사
전 = 전치사
접 = 접속사
첨 = 첨사
숫자 = 해당과   T = Text   D = Dialog
W = Wörter und Ausdrücke
G = Grammatik   Ü = Übungen
Gw = Gut zu wissen

A

ab 전 15D 16T ...부터
 ab 1793 16T 1793년부터
ab- 분리 12T 15D 19T
*ab*brechen 16T 중단하다
Abend *m*, -e 14D 16Ü 17G 18D 19Ü 저녁
 Guten Abend, Frau Neumann! 14D
 (저녁때 하는 인사)
Abendessen *n*, - 13D 저녁식사
aber 접 11T 12T 13D 14D 15D 16D 17G 19T 20T 그러나 *Natürlich freue ich mich auf Zuhause. Aber es hat mir hier auch ganz gut gefallen.* 12D 물론 집에 간다는 것이 기쁘다. 하지만 이곳도 아주 내 마음에 들었어.

aber 첨 12T 13T 18D 20D [상대의 기대와 상반됨]
 Den Anzug brauche ich aber bis morgen Abend. 18D 양복이 내일 저녁까지 필요해요.
Abfall *m*, Abfälle 18T 쓰레기
Abfallpolitik *f*, -en 18T 쓰레기 정책
Abflug *m*, Abflüge 15D 이륙
*ab*geben 15D 넘겨주다, 반납하다
abgehoben 분II 13G → *ab*heben
Abgeordnete, *der/die* 14W 국회의원
*ab*heben 12T 13G 19D (은행 등에서 돈을) 찾다, 인출하다
 Zuerst geht sie zum Geldautomaten und hebt Geld ab. 12T 그녀는 먼저 현금인출기로 가서 돈을 찾는다.
*ab*holen 18D 20Ü 마중하다, (무엇을) 가서 가져오다
*ab*schicken 15Ü 18Ü (우편물 등을) 발송하다
Abschied *m*, -e 12D 이별
*ab*schleppen 15Ü 견인하다
ach 감탄 11D 18D 20D 아!
acht 16T 여덟, 8
achten 15G 17T ...을 유념하다
achtzig 14G 여든, 80
Adresse *f*, -n 17D 19Ü 주소
Afrika *n* 20T 아프리카
ah 17D 감탄 아!
ähnlich 16T 20D 비슷한, 유사한
Ähnliches *n* 20D 비슷한 것
aktiv 14T 활동적인
all- 관 14D 17Ü 19T 20T 모두, 모든
 Alles Gute! 14G 모든 일이 잘 되기를!
 alle Medien 20T 모든 매체
all- 대 11D 15G 16Ü 17T 18D 모든 것, 모든 사람
 Das ist alles. 14D 그게 전부입니다.
 vor allem 14T 무엇보다도
 In diesem Supermarkt kannst du alles günstig bekommen. 11D 너는 이 슈퍼마켓에서 모든 것을 저렴하게 살 수 있어.

Alle sind mit seinem Vorschlag einverstanden. 16Ü 모든 사람이 그의 제안에 동의했다.
all das 17T 그 모든 것
allein 14Ü 15G 혼자
allerseits 12D 모두(에게)
Hallo, allerseits! 12D 모두들 안녕!
Allianz *f* 20Ü 알리안츠 보험회사
allmählich 16T 점차적으로, 차츰차츰
als 집 15T 16T 17T 18T ...로서
als Wunderkind 16T 천재 소년으로서
als 12T 16D 18T 20D ...보다[비교 대상을 표시해 주는 말]
Die braune Handtasche ist billiger als die anderen. 12T 갈색 가방은 다른 것보다 더 싸다.
als 집 19D ...했을 때
als ob 집 19G 마치 ...인 것처럼
also 14D 16D 17D 18T 자, 그러면, 그래서, 그러니까, 결국
alt 11T 12G 14Ü 15T 17G 나이 든, 오래된, 낡은, 늙은
Das Baby ist einen Monat alt. 14Ü 이 아이는 태어난 지 한 달 되었다.
Alte, *der/die* 14G 15G 노인
Man hilft dem Alten. 15G 그 노인을 도와준다.
Alte *n* 14G 옛 것
Alter *n, -* 12Ü 14W 나이, 연령
älter 12G 17D → alt의 비교급
ältest 12G → alt의 최상급
Altersheim *n*, -e 16Ü 양로원
Altglas *n* 18T 헌 유리
Altglascontainer *m*, - 18T 헌 유리 수거함
Altpapier *n* 18T 헌 종이, 폐지(廢紙)
Altpapiercontainer *m*, - 18T 폐지 수거함
ändern 18Ü 19D 고치다, 바꾸다
am (= an+dem) 11Ü 12T 13Ü 14T 15T 16T 17Ü 18T 19D → an
am (= an+dem) [최상급을 나타내는 말] 12T
Ihr gefällt die braune am besten. 12T 그 여자는 갈색(가방)이 가장 마음에 든다.
Amerika *n* 14G 20Ü 미국
an 집 11Ü 13T 14T 15T 16T 18G 19D 20T ...에, ..을, ...에게, ...에서
an seinen Freund 16D 그의 친구에게
an der Universität 16Ü 대학교에서
an der neunten Sinfonie arbeiten 16T 9번 교향곡 작업을 하다

Bitte denk an die Grillparty am Sonntag! 14G 일요일 그릴파티 잊지마!
Bitte denk daran, zur Party Salat mitzubringen. 14G 파티에 샐러드 가지고 오는 것 잊지마!
Die schlechte Qualität des Bildes liegt an der Kamera. 14G 사진의 질이 좋지 않은 것은 카메라 때문이다.
Das liegt daran, dass das Wetter in Deutschland nicht so gut ist. 14G 그것은 독일 날씨가 그다지 좋지 않기 때문이다.
von Mai 1825 an 16T 1823년 5월부터
an- 분리 11Ü 12D 15D 17D
Analphabet *m*, -en 20T 문맹자
Analphabetentum *n* 20T 문맹
*an*bieten 17D 제공하다
ander- 11G 12T 15T 17T 19Ü 20D 다른
ein anderes Zimmer 19Ü 다른 방
ändern 19D 고치다, 변경하다
anders 15Ü 달리, 판이한
*an*geben 15D 진술하다
Angebot *n*, -e 11Ü 제공, 공급, 상품
Angeklagte, *der/die* 14W 피고인
angekommen 로II 20Ü → *an*kommen
angemessen 14Ü 적합한
angenehm 13T 14Gw 안락한, 쾌적한, 평온한
angerufen 분II 13Ü 17G 19Ü → *an*rufen
Angestellte, *der/die* 14W 15D 18D 19D 20Ü 사무원, 직원, 회사원
angetan 분II 17T → *an*tun
*an*haben 11Ü 12D (옷 따위를) 입고 있다.
Du hast eine neue Jacke an! 12D 새 자켓을 입었구나!
ankam 19D → *an*kommen
*an*kommen 19D 20Ü 도착하다
*an*kündigen 15T 통고하다, 알리다
*an*nehmen 15Gw 받아들이다, 받다
*an*probieren 11D (옷을) 입어 보다
*an*rufen 13D 14D 16Ü 17D 19Ü 전화하다
ans (= an+das) 12Ü → an
Anschrift *f*, -en 16Ü 주소
*an*sehen, sich 15D 17D ...을 보다, 구경하다
ansonsten 11T 20T 그렇지 않으면, 그밖에는
anstrengend 14G 힘든
*an*tasten 17T 18G 해를 입히다, (권리, 명예를) 침해하다
*an*tun 17T 해를 입히다

antworten 15G 대답하다
Anzeige *f*, -n 17D 광고, 고발
anziehen, sich 12Ü (옷 따위를) 입다
Anzug *m*, Anzüge 11Ü 18D 양복, 정장, 신사복
Apfel *m*, Äpfel 14D 사과
Apparat *m*, -e 19D 기구, 장치
  Am Apparat. 19D (전화 받을 때) 바로 저입니다.
Appetit *m* 11G 13G 식욕
Applaus *m*, -e 16T 박수
Arbeit *f*, -en 16G 19T 일, 작업, 공부
arbeiten 12G 13G 14G 15G 16T 18G 19G 20Ü
  일하다, 공부하다
Arbeiter *m*, - 노동자 (남자)
arm 12Ü 13T 14Ü 가난한, 불쌍한
Artikel *m*, - 18G 상품
Arzt *m*, Ärzte 13D 14Ü 15G 16Gw 의사 (남자)
auch 접 11T 12D 13D 14T 16D 18D 19T 20D
  ...도, 또한, 역시
  Außerdem ist sie auch billiger als die anderen.
  12T 뿐만 아니라 그것은 다른 것보다 더 싸기도 하다.
auf 전 12T 13D 14T 15T 16T 18G 19G ...에서, ...로, ...위에
  auf dem Markt 12T 시장에서
  auf dem Währinger Friedhof 16T 베링 묘지에
  Bringen Sie das Paket auf die / zur Post! 16Gw
  그 소포를 우체국으로 가져가세요.
  auf Inlineskates laufen 14T 인라인스케이트를 타다
  Ich freue mich auf den Urlaub. 14G
  나는 휴가를 고대하고 있어.
  Auf der Suche nach einem Ferienjob 16D
  방학중 아르바이트를 찾아서
  Auf Wiedersehen! 16D 안녕히 계십시오.
  auf verschiedene Weise 18G 여러 가지 방법으로
  Er kam nicht auf die Party. 19G
  그는 파티에 오지 않았다.
auf- 분리 15T 17Ü 18Ü 19D
Aufenthalt *m*, -e 13T 16T 체재, 체류
*auf*fordern 17T ...을 촉구하다
Aufgabe *f*, -n 17Ü 과제, 임무
aufgegeben 분II 15D 17D → *auf*geben
*auf*geben 15T 17D 포기하다, (짐을) 부치다, 광고를 내다
*auf*hören 19D 종료되다, 중단하다
*auf*laden 18Ü (배터리를) 충전하다
*auf*passen 14Ü 주의하다

*auf*räumen 18Ü 청소하다, 정돈하다
Aufregung *f*, -en 17Ü 소요, 흥분
aufs (= auf+das) 13D 15Gw → auf
Aufsatz *m*, Aufsätze 14D 논문
*auf*stehen 8Ü (의자, 잠자리에서) 일어나다
*auf*stellen 19T (원칙을) 세우다
  Deshalb sollten wir Regeln aufstellen. 19T
  그렇기 때문에 우리는 원칙을 세워야 한다.
*auf*teilen 15G 분할하다, 나누다
*auf*treten 16T 등장하다, 출연하다
Auge *n*, -n 11Ü 눈
Augenblick *m*, -e 14D 16D 순간, 잠시
  Einen Augenblick bitte. 14D 잠시만요.
aus 전 11T 12D 17T 18Ü 20T ...로 부터, ...에서 나와
  Was möchtest du am liebsten aus Korea mitnehmen? 12D 너는 한국에서 무엇을 가장 가지고 가고 싶니?
aus- 분리 12T 15D 18D 19D
*aus*drücken 17T 표현하다
ausführlich 15D 19D 자세히, 상세하게
*aus*füllen 15D 19D 20T 기입하다, (빈 칸을) 채우다
*aus*geben 16Ü 19Ü 돈을 지출하다
ausgegeben 분II 19Ü → *aus*geben
*aus*gehen 13Ü 19Ü 외출하다
Auskunft *f*, Auskünfte 16D 정보
Ausland *n* 14G 15Gw 외국
Ausländer *m*, - 17T 20Gw 외국인 (남자)
ausländisch 14G 외국의
*aus*legen 11T ...에 ...을 깔다
*aus*packen 13T 짐을 풀다
Ausschwitz 17T 유대인 수용소가 있던 폴란드 도시.
*aus*sehen 14D 16D 17Ü ...처럼(같이) 보이다
Aussehen *n* 17T 외모
außen 15Ü 18Ü 밖에(서)
  von außen 18Ü 밖으로부터
außerdem 12T 15D 그밖에, 뿐만 아니라
*aus*spülen 15Ü 씻어내다, 헹구다
Australien *n* 14G 오스트레일리아
*aus*wählen 12T 고르다, 선택하다
Ausweis *m*, -e 15Gw 신분증
Auszubildende, *der/die* 14W 교육생
Auto *n*, -s 12Gw 16G 17D 18D 자동차
Autofahrer *m*, -18G 자동차 운전자
Autounfall *m*, -unfälle 14Ü 교통사고
Autovermieter *m*, - 15D 렌터카 회사 직원

Autovermietung *f*, -en 15D 자동차 임대, 렌터카

B

Baby *n*, -s 14Ü 아기
Bad *n*, Bäder 11T 13T 17D 욕실, 목욕
Badehandtuch *n*, -tücher 13T 목욕 타월
baden 13Ü 목욕하다, 멱감다
Badezimmer *n*, - 13T 욕실
Bahnhof *m*, -höfe 12Ü 14G 16Gw 역, 정거장
bald 12T 조만간, 머지않아
Balkon *m*, -s/ -e 11T 발코니
Bank *f*, -en 15Ü 16Gw 은행
Bankangestellte, *der/die* 16Gw 은행직원
Bankschalter *m* - 19D 은행창구
Batterie *f*, -n 18Ü 배터리
Bau *m*, -e/ -ten 16Ü 건축(공사)
bauen 15G 19T 조립하다, 만들다
Baum *m*, Bäume 11G 14Ü 나무
Baumwolle *f*, -n 11G 면(棉)
beachten 18G 준수하다
Beamte *m*, -n 14W 16Ü 공무원 (남자)
Beamtin *f*, -nen 14W 공무원 (여자)
beantworten 18G (질문, 편지에) (대)답하다
bedeuten 17T 의미하다
bedeutend 16T 의미 있는, 중요한
bedienen 15Ü 조작(操作)하다
beeilen, sich 13G 서두르다
Befehl *m*, -e 19T 명령
befreundet 14G 16G 절친한
 Ich bin mit Herrn Schmidt befreundet. 16G
 나는 슈미트 씨와 친한 사이다.
begabt 16Ü 재능 있는
begann 16T 17G → beginnen의 과거형
begeistert 16T 매료된, 심취한
 Das Publikum war von der Musik begeistert.
 16T 청중들은 그 음악에 매료되었다.
Beginn *m*, 17T 시작, 발단
beginnen 14T 16T 17T 시작하다
begleiten 15T 동반하다
begonnen 분Ⅱ 16Ü → beginnen
Begriff *m*, -e 17T 개념
begrüßen 14G 환영하다
Behälter *m*, - 18Ü 컨테이너, 저장용기

behandeln 17T 19T 다루다, 취급하다
behaupten 13Ü 15Ü 20G 주장하다
behilflich 11D 도움을 주는
 Kann ich Ihnen behilflich sein? 11D
 제가 도와드릴까요?/ 무엇을 찾으시죠?
bei 전 12Ü 13Ü 14Ü 16T 18D 20T ...에서, ...의 경우에
 Sebastian hat bei der Prüfung mehrere
 unnötige Fehler gemacht. 14Ü
 세바스티안은 시험에서 불필요한 실수를 몇 개 했다.
 bei der Firma Siemens 16D 지멘스 회사에서
 Bei uns wird auch oft gestritten. 18D
 우리들의 경우에도 자주 다투거든.
*bei*bringen 14Ü 가르치다
beid- 11D 15T 16D 17Ü 두 가지, 둘
 die beiden 11D 두 사람
beigebracht 분Ⅱ 14Ü → *bei*bringen
beigesetzt 분Ⅱ 16T → *bei*setzen
beim (= bei+dem) 13D 17G → bei
Bein *n*, -e 12Ü 다리
*bei*setzen 16T (유해를) 묻다
Beispiel *n*, -e 12Ü 13Ü 19T 20T 예, 실례, 보기, 본보기 *zum Beispiel* 19T 예컨대, 이를테면
beitrat 15T → *bei*treten의 과거형
*bei*treten 15T 가입하다, 편들다
Bekannte, *der/die* 14G 지인(知人)
bekommen 11D 13D 14T 16D 17G 19D
 얻다, 사다, 받다
beliebt 14T 애호되는
bemerken 13T 깨닫다, 알아차리다
benötigen 15D (...을) 필요로 하다
benutzen 20T 사용하다, 이용하다
Benzinsteuern *pl* 15Ü 유류세
bequem 11T 편안한
Berg *m*, -e 11Ü 12G 산
berichten 20T 보도하다, 보고하다
berufstätig 17Ü 직업을 가지고 있는, 직장이 있는
berühmt 16T 17Ü 유명한
beschäftigen, sich 14T *mit etw.*³ ~에 종사하다
beschreiben 15D 서술하다, 묘사하다
beseitigen 18T 제거하다
besetzen 16T 차다, 점령하다
besetzt 13D 통화중인
besitzen 17G 19T 소유하다
besonder- 15D 특별한
 besondere Merkmale des Koffers 15D

가방의 특이한 사항들
besonders 14T 17T 특히, 특별히
besorgt 16G 염려하는, 보살펴주는
 Der Vater ist um seinen Sohn besorgt. 16G
 아버지는 아들을 보살펴준다.
besser 12G 13D 19Ü → gut의 비교급
besser 12D 차라리
 Ich versuche es besser woanders. 12D
 차라리 다른 데서 찾아보겠어요.
Besseres 12Gw 더 좋은 것
best 12T 17Ü → gut의 최상급
 Ihr gefällt die braune am besten. 12T
 그녀에게는 갈색 (가방이) 제일 마음에 든다.
 Wer zuletzt lacht, (der) lacht am besten. 17Ü
 최후에 웃는 사람이 진정한 승자이다.
Beste das 12G 17G 최고의 것, 최상의 것
bestehen 13G 17T 합격하다, ...이 있다, 유지되다
 das Examen bestehen 13G 시험에 합격하다
bestellen 14G 주문하다
bestimmt 17G 분명히
Besuch *m*, -e 13Ü 14Ü 16Ü 방문, 수학(修學)
besuchen 13Ü 14G 16Ü 19G 20Ü 방문하다, 찾아가 만나다
Besucher *m*, - 18Ü 방문객
betragen 16D ...의 액수에 달하다
betreten 15G 발을 들여놓다
betrogen 분Ⅱ 20G → betrügen
betrügen 20G 속이다
Bett *n*, -en 13D 17Ü 침대, 잠자리
 ins Bett gehen 13D 자러 가다, 잠자리에 들다
 im Bett bleiben 17Ü 침대에 누워있다
bevor 젭 12T 13D ...하기 전에
 Bevor sie ihre Siebensachen packt, möchte sie noch Geschenke für ihre Familie kaufen. 12T
 그녀는 도구일체를 챙기기 전에 가족을 위해 선물을 사고 싶다.
bewegen, sich 13D 움직이다
bewerben, sich 16D 지원하다
Bewerbung *f*, -en 16D 지원(서)
bezahlen 13G 15D 16Ü 17D 18Ü (물건 값을) 지불하다, 치루다
 gut bezahlt 17D 보수가 좋은
bezeichnen 18T (무엇이라고) 부르다, 일컫다
Beziehung *f*, -en 20D 관계
Bier *n*, -e 11G 12G 14G 15Ü 17G 19G 맥주
Bild *n*, -er 11Ü 14G 그림, 사진, 화면

billig 11D 값싼, 저렴한
bin 13Ü 14D 16D → sein
Biographie *f*, 16T 전기(傳記)
Bioladen *m*, -läden 14D 자연식품점
Biotonne *f*, -n 18T 음식물 쓰레기 수거통
bis 젠 17D 18D 19Ü ...까지
bisher 14Ü 지금까지
bisschen 13Ü 조금, 약간
bist 12Ü 19G 20D → sein
bitte [정중함을 나타내는 말] 12D 14D 15D 17G 18D
 Bitte schön! 12D (가게 등에서) 무엇을 도와 드릴까요?
 Einen Augenblick bitte. 14D 잠시만이요.
Bitte *f*, -n 19G 부탁, 당부
 Ich hätte eine Bitte. 19G 부탁이 있습니다.
bitten 13T 14G 부탁하다, 청하다
 Minho hat die Marktfrau um Hilfe gebeten. 14G
 민호는 시장아주머니에게 도움을 청했다.
blass 18D 창백한
blau 11Ü 푸른, 파란
bleiben 12G 14G 17Ü 19G 머무르다
Blinde, *der/die* 14W 시각장애인
Blume *f*, -n 13Ü 16Ü 꽃
Bluse *f*, -n 17Gw 블라우스
Bohnensuppe *f*, -n 15Ü 콩 수프
Bootsfahrt *f*, -en 13D 보트 타기
 eine Bootsfahrt machen 13D 보트 타기 하다
böse 16G 심술궂은
 Warum bist du böse auf mich? 16G
 너 왜 나한테 화내니?
boshaft 19T 음흉한, 교활한, 악의적인
Boutique *f*, -n 11D 고급 옷가게, 부티크
brachte 14G 19G → bringen의 과거형
brächte 19G → bringen의 접속법 Ⅱ식
brauchen 12D 16D 18D 19D 20Ü (무엇이) 필요하다
braun 11D 12T 갈색의
breit 12Ü 14G 넓은
 Das Regal ist ein/einen Meter breit. 14G
 이 책장은 넓이가 1미터이다.
brennen 18Ü 불타다
Brief *m*, -e 16D 15Ü 18G 편지
brieflich 16Gw 편지로
bringen 14G 15Ü 16Ü 19D 가져오다, 가져가다, 데리고 가다
Bruder *m*, Brüder 14Ü 16Ü 형, 남자형제

Buch *n*, Bücher 11Ü 13Gw 14G 15Ü 17Ü 18Ü 책
buchen 15Ü 예약하다
bügeln 18Ü (옷가지를) 다림질하다
Bundesgebiet *n*, -e 20T 독일 연방 지역
Bundesrepublik *f*, -en 15T 20T 연방공화국
Bungee-Springen *n* 14T 번지점핑
Bürger *m*, - 20T 시민, 국민
Bürgermeisterin *f*, -nen 19D 시장 (여자)
Büro *n*, -s 18Ü 19Ü 사무실
bzw. (= *beziehungsweise*) 18T ...및, ...내지, ...또는

C

ca. (= circa, zirka) 17D 대략, 약 ...
Cafeteria *f*, -s u. Cafeterien 17D 자율식당
Cent *m*, -(s) 14D 센트 (화폐단위. 100센트＝1유로)
Chance *f*, -n 16D 기회
Chef *m*, -s 11G 12G 16G 18Ü 20Ü (직장)상사, 사장, 상관, 지휘자
Chefarzt *m*, -ärzte 15G 주임의사
Cola *f* 12G 콜라
Computer *m*, - 18Ü 19Ü 컴퓨터
Computerarbeit *f*, -en 14G 컴퓨터 작업
Container *m*, - 18T 컨테이너

D

da 11D 13T 14D 16D 17D 18D
거기, 거기에, 그곳에, 그 때
da 16D 19D (간투사적으로) 지금, 이 경우, 그렇다면
Momentan sieht es da nicht rosig aus. 16D 지금 상황으로서는 그다지 좋지는 않습니다.
Was muss ich da machen? 19D 내가 뭘 해야 합니까?
dabei 11D 12D
Dabei habe ich zufällig diese Jacke gefunden. 12D 그 때 우연히 자켓을 찾았어.
dabeihaben 15D 소지하다
Haben Sie Ihren Führerschein dabei? 15D 운전면허증 가지고 계세요?
dachte 19G → denken의 과거형
dächte 19G → denken의 접속법 Ⅱ 식

dafür 18T → für
damals 16T 그 당시에
Dame *f* -n 11G 15Ü 17D 여자, 여자분, 숙녀
damit 13G 19T ...하기 위해, ...하려고 ..., *..., damit alle Familienmitglieder ihren Roboter wie einen Menschen behandeln.* 19T 모든 가족들이 인간처럼 로봇을 다루게 하기 위하여 ...
danach 13G 15Ü 20T → nach
Dank *m* 11G 13T 20D 고마움, 감사
danken 12D 14G 15D 17D 18D 고마워 하다
Schönen Abend noch! - Danke gleichfalls. 14D 좋은 저녁시간 보내 - 고마워 너도 (좋은 저녁시간 보내기 바래).
Dankesbrief *m*, -e 16Ü 감사의 편지
dann 11D 12T 13D 14D 16D 18D 19D 그러면, 그리고 나서, ...한 다음에, 그 다음에, 그러면, 그렇다면
Zuerst geht sie zum Geldautomaten und hebt Geld ab. Dann sucht sie eine Handtasche für ihre Mutter. 12T 먼저 그녀는 현금자동지급기로 가서 돈을 인출한다. 그리고 나서 어머니께 드릴 가방을 찾는다.
Aber kurz vor dem Schlafen zu essen ist schlecht. Dann muss Ihr Magen noch verdauen, während Sie schlafen. 13D 하지만 잠자기 전에 먹는 것은 나빠요. 그러면 주무시는 동안에도 귀하의 위는 계속 소화작용을 해야 해요.
daran 14T 17G → an
darauf 13G 14G → auf
*darauf*gießen 15Ü 그 위에 붓다
darf 11D 12G 15D 17T 18Ü → dürfen
darum 14G → um
das 관 [중성 1격] 11T 12D 14T 18D
In Deutschland beginnt das Wochenende meistens schon am Freitagnachmittag. 14T 독일에서 주말은 대개 금요일 오후에 시작된다.
das 관 [중성 4격] 11T 14D 16T 18D 19T
drei Euro das Kilo 14D 킬로 당 3유로
das 대 [지시. 중성 1격] 11D 14T 16T 17D 19D 20T 이것, 그것
Das ist zu teuer! 12D 그것 너무 비싸요!
Das liegt daran, dass das Wetter in Deutschland nicht so gut ist. 14T 그것은 독일 날씨가 그다지 좋지 않기 때문이다.
das 대 [지시. 중성 4격] 13D 14D 15Ü 19D
Woher weißt du das? 13D 너 그것 어디서 알았니?
Das können Sie im Bioladen neben dem

Wörterverzeichnis **165**

Restaurant Adler bekommen. 14D 그것은 아들러 레스토랑 옆에 있는 자연식품점에서 구하실 수 있어요.
das 대 [관계. 중성 1격] 16T
das 대 [관계. 중성 4격] 16G
dass 접 13T 14T 15D 17Ü 18D 19T …라는 사실
Wir hoffen, dass Sie sich in unserem Haus wohl fühlen. 13T 저희 호텔에서 편히 지내시기를 바랍니다.
Gut, dass ich dich sehe! 18D 너를 만나 반갑구나 !
Daten *pl* 16Ü 자료
dauern 14Ü 16Ü 지속되다, (시간이) 걸리다
davon 11D 14D 17G → von
dazu 16D 20Ü → zu
Decke *f*, -n 11T 천장, 지붕
defekt 15Ü 고장 난
Definition *f*, -en 20T 정의, 뜻풀이
dein- 관 [소유] 11D 16G 17D 18Ü 너의
dem 관 [남성 3격] 11G 12T 14D 18D
Auf dem Wochenmarkt 14D 매주 (정기적으로) 서는 시장에서
dem 관 [중성 3격] 11G 12T 13D 14D 18D
Das können Sie im Bioladen neben dem Restaurant Adler bekommen. 14D 그것은 아들러 레스토랑 옆에 있는 자연식품점에서 구하실 수 있어요.
dem 대 [지시. 남성 3격] 17G
dem 대 [관계. 남성 3격] 16G 17T
demgegenüber 20T 그에 반해, 그와는 달리
demokratisch 15T 민주주의의, 민주적인
den 관 [남성 4격] 11T 12D 13T 14T 16T 17D 18D 19T 20G
Schon einige Monate vorher macht man Pläne für den Urlaub. 14T 사람들은 이미 두서너 달 전에 휴가 갈 계획을 짠다.
den 대 [지시. 남성 4격] 11G 12D 18D
Wie finden Sie den braunen? 12D 갈색(가방)은 어떻게 생각하세요?
den 대 [복수 3격] 11T 14T 15T 16D 20D
Einige südliche Länder gehören zu den beliebtesten Urlaubszielen der deutschen Touristen. 14T 몇몇의 남쪽지역 국가들은 독일여행객들이 가장 좋아하는 휴가목적지에 속한다.
den 대 [관계. 남성 4격] 16T
denen 대 [관계. 복수 3격] 16G
denken 12T 14G 16D 19T 20D 생각하다
Bitte denk an die Grillparty am Sonntag! 14G 일요일 그릴파티 잊지마!

Denken *n* 17T 사고, 사상
denn 첨 12Ü 17D 18D 19D 20D [화자의 관심 표명]
Was für ein Konto möchten Sie denn? 19D 어떤 예금구좌를 원하십니까?
denn 12Ü 17D 그러면, 도대체
Deponie *f*, -n 18T 쓰레기 집하장
der 관 [남성 1격] 11G 12D 13D 14D 15D 16T 17T 18D 19T 20D
Der grüne Teppich ist so groß wie der rote. 12D 녹색 양탄자는 붉은색 양탄자와 크기가 같다.
der 관 [여성 2격] 12Ü 14G 15T 16T 17T 19T
Du bist der netteste Mensch der Welt. 12Ü 너는 세상에서 가장 친절한 사람이다.
der 관 [여성 3격] 11T 12G 14G 15T 16D 17D 18D 19T
Gibt's was Neues in der Zeitung? 12G 신문에 새로운 사건 있니?
Mehrere ausländische Studenten haben an der Exkursion teilgenommen. 14G 몇몇의 외국대학생들이 연수여행에 참가하였다.
in der nahen Zukunft 19T 가까운 장래에
der 관 [복수 2격] 14T 15T 16T
Zwei Drittel der deutschen Reisenden wollen ihren Urlaub im sonnigen Süden verbringen. 14T 독일 여행객중 2/3가 휴가를 날씨가 좋은 남쪽나라에서 보내려고 한다.
der 대 [지시. 남성 1격] 12D
Der gefällt mir besser. 12D 그것이 더 내 마음에 들어.
der 대 [관계: 남성 1격] 16T
deren 대 [관계 여성 2격] 16T
…, deren Uraufführung am 7. Mai 1824 in Wien stattfand. 16T 그 작품의 초연은 1824년 5월 7일 빈에서 개최되었던 …
des 관 [남성 2격] 14G 15T 17T 18G
des 관 [중성 2격] 11G 13D 14G
die Sitten des Landes 13T 그 나라의 관습
deshalb 15T 17D 19T 그 때문에, 그렇게 때문에
dessen 관 [관계. 중성 2격] 16G
deutsch 11D 14T 15T 17T 독일(어)의
Deutsch *n* 14Ü 17G 19Ü 20D 독일어
Deutsche, *der/die* 14T 15T 17T 19G 독일인
Deutschland *n*, 12T 14T 15T 17T 18T 20T 독일
Dezember *m*, - 16T 12월
dich 대 [인칭. 4격] 12Ü 13G 14G 17D, 18D 너(를)

dich 대 [재귀. 4격] 14G
dick 11Ü 뚱뚱한, 두꺼운
die 관 [여성 1격] 11T 12T 14G 15T 16D 17T 18T 20T
  Die Verkäuferin empfiehlt nur die teuren Krawatten. 12T 여점원은 비싼 넥타이만 권한다.
die 관 [여성 4격] 11D 14G 17T 18G
  Brigitte begrüßt die Freunde. 14D 브리기테가 친구들을 맞이한다.
die 관 [복수 1격] 11T 12T 13T 14T 15T 16D 18D 20T
  Für die Deutschen spielen die Ferien eine besonders große Rolle. 14T 독일인들에게 있어서 휴가는 특별히 큰 역할을 담당한다.
die 관 [복수 4격] 11T 12T 14T 18G 19D
  Die Verkäuferin empfiehlt nur die teuren Krawatten. 12T 여점원은 비싼 넥타이만 권한다.
die 대 [지시 복수 1격] 13D 14D *Was kosten die da?* 14D 그것 얼마예요?
die 대 [지시. 여성 1격] 11D 12D
  Die war noch schöner. 12D 그것은 더 예뻤다.
die 대 [지시. 여성 4격] 11D
  Die finde ich ganz schick. 11D 그것은 아주 근사했어.
die 대 [관계. 여성 1격] 16T 17T
die 대 [관계. 복수 1격] 16G
die 대 [관계. 복수 4격] 16G
dies- 관 [지시] 11D 12D 14Ü 15T 20T 이, 그
  Dieser Tag wird gefeiert. 15T 이 날을 축하한다.
  In diesem Supermarkt kannst du alles günstig bekommen. 11D 이 슈퍼마켓에서는 모든 것을 저렴하게 구입할 수 있어.
  Kennst du dieses weinende Mädchen? 14Ü 너 이 울고 있는 소녀 아니?
  Diese netten Studentinnen haben mir Deutsch beigebracht. 14Ü 이 친절한 여대생들이 나에게 독일어를 가르쳐주었다.
Digitalkamera f, -s 15Ü 디지털 카메라
Ding n, -e 17Ü 물건
dir 대 [인칭 3격] 12D 16Ü 17D 18D 19G
direkt 17Ü 직접, 바로
Direktion f, -en 13T 경영진, 지휘부
Disco / Disko f, -s 13Ü 디스코텍
  in die Disco gehen 13Ü 디스코텍에 가다
Diskussion f, -en 14Ü 논의, 논쟁
diskutieren 17Ü 논의하다

doch 접 14D 19T 그렇지만, 하지만, 그러나
doch [대답] 20D
  Hat sie nicht auch gesagt, die Deutschen seien zu ernst? –Doch! Sie hat gesagt... 20D 독일 사람들은 너무 진지하다는 말은 안 하든? – 했어! (왜 안해?)...
doch 첨 12Ü 19G [사실의 환기]
  Es ist doch erst halb zehn. 12Ü 9시반 밖에 안 되었는걸요. [희망의 뜻을 강조]
  Wäre ich doch nicht so müde! 19G 피곤하지만 않으면(좋을텐데)!
Doktor m, -en 13D 박사, 의사
Donau f 12Ü 도나우 강
dort 11G 12T 13T 16T 17D 거기에, 그 곳에
dorthin 17Ü 그리로, 그곳으로
Dr. (= Doktor) 20T 박사, 의사
draufgießen 15Ü → *darauf*gießen
draußen 12Ü 13Ü (저) 밖에
drei 11T 12T 14D 15D 16D 17Ü 18D 셋, 3
dreijährig 11Ü 세살 된
dreimal 20G 세 번
dreißig 18D 서른, 30
dreizehn 13T 열 셋, 13
dringend 18D 급한
dritt 11T 16T 세 번째의
  im dritten Stock 11T 4층에
Drittel m/n 14T 1/3
du 대 [인칭 1격] 11D 12D 13D 14D 16G 17D 18D 19G 20D 너는
dunkel 11D 12G 어두운 (색이) 짙은
dunkelgrau 11D 짙은 회색의
dunkler 12G → *dunkel*의 비교급
durch 집 15G 16D 18T (...을) 통하여
  eine Reise durch Europa 16D 유럽여행
durch- 분리 19G
durchgehen 19G 통과하다, 지나가다.
  Darf ich mal durch? 19G 지나가도 되겠습니까?
dürfen 15G 16G 17T
dürfte 19T → *dürfen*의 접속법 II식
durfte 13Ü 17Ü 19Ü → *dürfen*의 과거형

E

eben 11D 18D 딱히 바로, 방금
eben 첨 [포기 또는 단념] 12Ü
Wir werden eben älter. 12Ü
우리도 나이 들어가고 있어요.
ebenfalls 16D 마찬가지로
ebenso 12Gw [동등비교를 나타내는 말]
마찬가지로, 똑같이
Ich arbeite ebenso viel wie du. 12Gw
나도 너만큼 (그렇게) 많이 일한다.
Ehepaar *n*, -e 18G 부부
eigen 17Ü 자신의, 고유의
eigentlich 12D 원래
Eile *f*, -n 15D 급함, 성급, 서두름
Ich bin etwa in Eile. 15D 나 좀 바빠.
ein 관 [남성 1격] 11T 12D 13T 14T 15D 16T 17T 18D 19T 20T
Ein Millionär hat diese Woche im Lotto gewonnen. 12Ü 한 백만장자가 이번 주에 로또에 당첨 되었어.
ein 관 [중성 1격] 11G
Das ist ein schönes Zimmer. 11G 이것은 훌륭한 방이다.
ein 관 [중성 4격] 11T 14G
Ich nehme ein Kilo. 14D 1킬로 사겠어요.
ein- 분리 11D 12T 13T 14G 16Ü 18D 19Ü 20Ü
eine 관 [여성 1격] 11D 14G
Eine lange Computerarbeit ist ziemlich anstrengend. 14G 오래 동안 컴퓨터 작업하는 것은 상당히 힘들다.
eine 관 [여성 4격] 11T 12T 13D 14T
Dann sucht sie eine Handtasche für ihre Mutter. 12T 그리고 나서 그녀는 어머님께 드릴 핸드백을 찾는다.
eine 관 [여성 1격] 17G
... weil eine von ihren Reisetaschen fehlt. 17G 그녀의 여행가방중에 하나가 없어졌기 때문에
eine 대 [여성 4격] 17G 20T
einem 관 [남성 3격] 11T
vor einem Monat 11T 한 달 전에
einem 관 [중성 3격] 11T 12D
in einem Restaurant 12D 레스토랑에서
einem 대 [남성 3격] 12G 16D 17Ü
Das kann einem schon mal passieren. 12G 그런 일은 누구에게나 한번쯤 일어날 수 있어요.

einen 관 [남성 4격] 11T 12D 14T
Ich suche einen Teppich. 12D 양탄자를 찾고 있어요.
einen 대 [남성 4격] 12G 17G
Das macht einen ja ganz nervös. 12G
그것은 사람을 정말 성가시게 한다.
einer 대 [남성 1격] 15D 16T 17T (...중) 한 개, 한 사람
einer von seinen Koffern 15T 그의 가방들 중의 하나
einer der bedeutendsten Komponisten 16T 중요한 음악가(작곡가)들 가운데 한 사람
einer 관 [여성 2격] 11G 12G 17T
der Beginn einer schrecklichen Entwicklung 17T 끔찍한 사건의 시작
einer 관 [여성 3격] 11D 12G
In einer Boutique sucht Sabine Keller eine neue Bluse. 11D 부티크에서 자비네 켈러는 새 블라우스를 고른다.
einer 대 [여성 3격] 17G
einer 대 [여성 3격] 17G
eines 관 [중성 2격] 11T
im dritten Stock eines neuen Hauses 11T 새 집 4층에
einfach 20T 간단한, 단순한
Danach seien funktionale Analphabeten zwar in der Lage, einfache Sätze zu lesen ... 20T 그 보도에 따르면 기능적인 문맹자란 단순한 문장을 읽을 수는 있지만...
einfach 첨 17Ü 18T 20T 단순히, 그저
Ein Professor an einer Hochschule in Bayern vermutete, dass diese Zahlen einfach erfunden seien. 20T 바이에른에 있는 한 대학교수는 그 수는 그저 허구로 만들어낸 숫자로 추측했다.
eingeben 19T 입력하다
in den Roboter einen boshaften Befehl eingeben 19T 로봇에 악한 명령을 기입하다.
eingeladen 분II 14G → *ein*laden
eingeschlossen 분II 15D → *ein*schließen
Einheit *f*, -en 15T 통일
einig 14T 몇몇의
einkaufen 11D 12T 쇼핑하다, 시장보다
Einkaufen *n* 18T 장보기
Einkaufswagen *m*, - 11D 쇼핑카트
Einkaufszentrum *n*, -zentren 11T 쇼핑센터
*ein*laden 14D 16Ü 20Ü 초대하다, 대접하다
Brigitte hat alle Kollegen zu ihrer Geburtstagsparty eingeladen. 14G 브리기테는 모든 동료들을 자기 생

일파티에 초대했다.
einmal 11G 16D 한번
*ein*nehmen 20G 복용하다, 삼키다
*ein*packen 13T 짐에 포함시켜 싸다
*ein*richten 11T 설치하다, 꾸미다
eins 대 [중성 1격] 17G
eins 대 [중성 4격] 17D
  Haben Sie schon eins gefunden? 17D
  (방) 구했어요?
*ein*schließen 15D 포함하다
Einschreibegebühr *f*, -en 16D 등기 우편 요금
*ein*steigen 18D (차에) 오르다, (차를) 타다
einundzwanzig 13D 스물 하나, 21
einverstanden 16G 동의한
  Wir sind mit deinem Vorschlag
  einverstanden. 16G 우리는 너의 제안에 동의한다.
*ein*zahlen 19D 예금하다
Eis *n*, 15Ü 얼음
Eltern *pl* 11Ü 15Ü 17Ü 부모
E-Mail *f*, -s 18Ü 이메일, 전자우편
E-Mail-Adresse *f*, -n 16Ü 17G 이메일 주소
empfehlen 12T 19D 권하다, 추천하다
empfiehlt 12T → empfehlen
Ende *n*, -n 16D 19D 끝, 말(末)
  Ende Januar 16D 일월 말에
  Das war gerade zu Ende. 19D 그것은 방금 막 끝났다.
endlich 18G 마침내, 드디어
Englisch *n* 17G 영어
entfernen 18D 제거하다
entfernt 14Ü 16G (멀리) 떨어진
entführen 17Ü 유괴하다, 납치하다
entlassen 16G 해고하다
Entscheidung *f*, -en 15Ü 결정
  diese Entscheidung treffen 15Ü 이 결정을 하다
entstehen 18T 생기다, 발생하다
entweder 접 17G (oder와 함께) ...든지 ...든지, ...나...
  Entweder du oder ich! 17Ü 너 아니면 나!
entwickeln, sich 15T 발전하다, 발달하다
Entwicklung *f*, -en 15T 17T 발전과정, 발전단계
er 대 [인칭 1격] 12D 13G 14G 15D 16T 17D 18T 19T 그, 그 사람, 그 남자, 그것
ereignen, sich 14Ü (무슨 사건이) 일어나다
erfahren 20D 들어서 알다
erfinden 20T 고안하다, 만들어내다

erfüllen 18Ü 충족시키다
erfunden 분II 20T → erfinden
erhalten 19T 받다, 얻다
erinnern, sich (an) 17Ü 기억하다
erkannt 16T → erkennen의 과거형
erkennen 16T 인식하다
erklären 15Ü 20T 설명하다
Erkrankung *f*, -en 16T 발병
erkundigen, sich 16D 문의하다
erlaubt 13Ü 허락된, 허용된
erledigen 15Ü 19T 처리하다
erleichtern 19T 편하게 하다, 경감시키다
erlernen 18Ü 익히다, 습득하다
ernst 20D 진지한
eröffnen 19D 개설하다
Eroica *f* 16T 베토벤의 3번 "영웅" 교향곡
erreichen 13D 도달하다
ersetzen 18T 대체하다
erst 12Ü 비로소, 기껏해야
  Es ist doch erst halb zehn. 12Ü
  이제 겨우 9시 30분이야.
erst- 16T 19D 첫 번째의
  am ersten Wochenende 19D 첫 번째 주말에
Erwachsene, *a*er/*die* 14T 성인
erwarten 17G 기대하다, 고대하다
erzählen 16Ü 17Ü 20D 이야기하다
erziehen 15Ü 교육하다, 양육하다
es 대 [인칭. 1격] 11T 13T 14D 12D 15G 16D 18D 19T
  Ich bin's, Brigitte. 14D (전화통화 할 때) 나 브리기테야.
  Aber es hat mir hier auch ganz gut gefallen. 12D 이 곳이 아주 마음에 들었어.
  Es geht. 11D 괜찮아.
  Es ist verboten, Katzen im Speisesaal zu füttern. 13T 식당에서 고양이에게 먹이를 주는 것은 금지되어 있다.
  Leider gibt es kein großes Einkaufszentrum in der Nähe. 11D 유감스럽게도 근처에는 큰 쇼핑센터가 없어.
es 대 [인칭. 4격] 12T 14D 16D 18D 그것을
  Ich versuche es besser woanders. 12D 다른 곳에서 찾아볼게요.
  Aber ich hasse es, mich zu bewegen. 13D 나는 움직이는 것을 싫어해요.
essen 13T 18G 먹다, 식사하다
Essgewohnheiten *pl* 13D 식습관
etwa 12T 13D 14Ü 15D 대략, 약

etwas 대 [불특정. 1격] 12G 14D 17G
　어떤 것, 어떤 일, 무엇
　Ist dir (et)was passiert? 12G
　너에게 무슨 일이 일어났니?
etwas 대 [불특정. 4격] 12G 16D 무엇인가를
　Hast du am Wochenende etwas vor? 12G
　주말에 무슨 계획 있니?
　etwas Schöneres 12G 뭔가 더 좋은 것
　etwas Genaues 16D 뭔가 자세한 것
　Sonst noch was? 14D 더 필요하신 것 있으세요?
etwa 12T 15D 좀, 약간
eu(e)r- 관 [소유] 18Ü 20Ü 너희들의
euch 대 [인칭. 복수 3격] 14Ü 17D 너희들에게
euch 대 [인칭. 복수 4격] 12D 너희들을
　Ich möchte am liebsten euch mitnehmen.
　12D 나는 너희들을 가장 데리고 가고 싶어.
Euro *m* 11D 12D 14D 16D 17D 18D 19D 유로
　(화폐 단위)
Europa *n* 12Ü 14Ü 유럽
evangelisch 16Ü 기독교의
Everest *m* 12Ü 에베레스트 산
Examen *n* -s 13G 17G 시험
Exkursion *f*, -en 14G 연수여행
Experte *m*, -n 19T 전문가

F

fahren 11Ü 14T 15Gw 16Ü 17D 18D 19G
　(차를 타고) 가다
Fahrrad *n*, -räder 19Ü 자전거
fährst 14Ü → fahren
fährt 11Ü 12Gw 15Gw 16Ü 17D 18D → fahren
Fahrt *f*, -en 14Ü (기차, 자동차 등을 타고) 가기, 운행
Fahrkarte *f*, -n 15Gw 차표
fallen 15T 18D 떨어지다, 무너지다
falsch 18T 잘못된, 틀린
Familie *f*, -n 11T 12T 14Ü 16D 19T 가족, 식구, 가정
Familienmitglied *n*, -er 19T 가족구성원
fand 19G → finden의 과거형
fände 19G → finden의 접속법 II식
Farbe *f*, -n 12D 15D 색, 색깔
fehlen 13D 14Ü 15D 17G
　(...이) 없다, 부족하다, 모자라다
　Was fehlt Ihnen? 13D 어디가 아프십니까?

Fehler *m*, - 14Ü 실수
Feierlichkeit *f*, -en 15T 경축행사
feiern 12D 15T 16Ü 기념하다, 축하하다, 잔치를 벌이다, 축제를 열다
　Abschied feiern 12D 환송회를 하다
Fenster *n*, - 16G 18Ü 19G 창문
Ferien *pl* 14T 17Ü 휴가, 방학
Ferienjob *m*, -s 16D 방학 중 아르바이트
fern- 분리 13Ü
*fern*sehen 13Ü 텔레비전을 보다
fertig 15T 16G 18D 끝난, 마치다, 처리하다
　Seid ihr mit der Arbeit fertig? 16G
　너희들 일을 다 마쳤니?
　fertig machen 18D 끝내다
fest- 분리 15D
*fest*stellen 15D 17Ü 확인하다
Fete *f*, -n 11D 14G (작은) 파티
Fieber *n* 17Ü 열
fiel 15T → fallen의 과거형
Filiale *f*, -n 15D 지점, 대리점
Film *m*, -e 19T 영화
finanzieren 17D 경비를 조달하다, 재정을 책임지다
finden 11D 12T 13T 15D 16Ü 17G 19G 20D
　발견하다, 찾다 ...라고 생각하다
　Wo kann ich eine Frau finden? 16Ü
　어디서 여자를 찾을 수 있을까요?
　Wie findest du dann die da? 11D
　저기 저것은 어때?
　Sie findet aber nichts Geeignetes. 12T
　그녀는 적당한 것을 찾지 못한다.
Firma *f*, Firmen 16D 20Ü 회사, 공장,
Flasche *f*, -n 11D 14G 16Ü 19G (음료수 등) 병
　eine Flasche Wein 19G 포도주 한 병
Fleck *m*, -e 18D 얼룩
Fleisch *n*, - 20G 고기
fleißig 13G 14G 부지런한
fliegen 12D 14G 15Gw 19G (항공편으로) 가다, 날아가다
Flug *m*, Flüge 15Ü 비행
Flughafen *f*, -häfen 15D 17Ü 20Ü 공항
Flugticket *n*, -s 15Gw 항공권
Fluss *m*, Flüsse 12Ü 강
Folge *f*, -n 15T 결과
folgend 18T 다음의
Formular *n*, -e 15D 19D 20T 서식
fotografieren 13Ü 18G (누구의) 사진을 찍다

Frage *f*, -n 18G 질문, 문제
fragen 13D 14D 20T 묻다, 질문하다
  nach der Meinung fragen 13D 의견을 묻다
Frankenwein *m*, -e 11D 프랑켄 지방 산 포도주
Frankreich *n* 15T 프랑스
Französisch *n* 13Ü 16Ü 17G 프랑스어
Frau *f*, -en 11T 13T 14G 15Ü 16G 18G 20Ü
  아내, 여성, 부인, 여자; 여자의 성씨 앞에 붙이는
  호칭(...씨)
frei 17Ü 18G 비어있는, 자유로운
Freiheit *f*, -en 20G 자유
frei- 분리 13D
*frei*machen 13D (옷 따위를) 벗기다
  Machen Sie bitte den Oberkorper frei! 13D
  상의를 벗으시오!
Freitagnachmittag *m*, -e 14T 금요일 오후
Freizeit *f*, -en 12Ü 14T 여가, 자유시간
fremd 17T 낯선, 이방의, 외국의
Fremde, *der/die* 14W 15Ü 외국인, 낯선 사람
Fremdenhass *m* 17T 외국인 혐오
Fremdsprache *f*, -n 16Ü 외국어
Freude *f*, -n 17Ü 기쁨, 희열
freuen, sich 12D 13G 14G 16G 17Ü 좋아하다,
  기쁘다, 기뻐하다
  Natürlich freue ich mich auf Zuhause. 12D
  물론 집에 가는 것이 기쁘다.
  Ich freue mich auf den Urlaub. 14G
  나는 휴가를 고대하고 있어.
Freund *m*, -e 11D 12D 14G 16D 18G 친구(남자)
Freundin *f*, -nen 14Ü 18D 20Ü 친구 (여자)
freundlich 12Ü 14Ü 16D 20D 친절한, 상냥한
Friedhof *m*, -höfe 공동묘지
frisch 14D 신선한
früh 16T 일찍
früher 19D 20Ü 더 일찍, 좀 더 일찍, 예전에, 과거에
frühestens 16D 빨라야
Frühling *m* 18G 봄
frühzeitig 16T (계획보다) 일찍
fühlen, sich 13D 20Ü ...라고 느끼다
fuhr 19G → fahren의 과거형
führe 19G → fahren의 접속법 II식
führen 17T 이끌다
Führerschein *m*, -e 15D 17D 면허증
fünf 14D 다섯, 5
fünfjährig 17Ü 다섯 살의
fünfundzwanzig 14D 스물 다섯, 25

fünfzig 14G 쉰, 50
funktional 20T 기능적인, 기능성의
für 전 11T 12T 14T 16D 17T 19D 20D
  ...을 위한, ...을 위하여
  Gisela muss noch Geschenke für ihre
  Geschwister kaufen. 12T
  기젤라는 자기 남매들에게 줄 선물도 사야한다.
  Dann gutes Vorankommen fürs Referat! 14D
  발표준비 잘해!
  Gisela, Telefon für dich! 14D 기젤라, 전화 왔어!
  Wofür interessierst du dich? 14G
  너는 무엇에 관심 있니?
fürchten 14D 두려워하다
fürs (= für+das) 14Gw → für
Fuß *m*, Füße 11Ü 발
Fußball *m* 13Ü 축구
  Fußball spielen 13Ü 축구하다
Fußboden *m*, -böden 11T 방바닥, 바닥
füttern 13D 먹이를 주다

G

gab 12D 16T 17D 19G → geben의 과거형
gäbe 19G → geben의 접속법 II식
ganz 11T 12D 14D 17D 18D 20T 제법, 꽤, 아주
  ganz gemütlich 11T 아주 쾌적하게
gar 16D 17D 전혀, 몹시
  gar nicht 16D 전혀 ...아니다
Garage *f*, -n 15G 17Gw 차고
Garten *m*, Gärten 11Ü 정원
Gast *m*, Gäste 13T 14Ü 15Ü 17Ü 20Ü 손님
gastfreundlich 20D 손님접대가 융숭한, 외지인에게
  호의적인
gebären 17G 낳다, 태어나다
gebe 20T → geben의 접속법 I식
geben 12D 14D 15D 16T 19T 20T 주다
  Brigitte will eine Grillparty geben. 14D
  브리기테는 그릴파티를 하려고 한다.
  Könnte es solche Roboter geben? 19T
  그러한 로봇들이 있을 수 있을까?
gebeten 분II 14G → bitten
geblieben 분II 19G → bleiben
geboren 분II 17G → gebären
gebracht 분II 15D 16Ü 19Ü → bringen

Geburtsdatum *n*, -daten 16Ü 생년월일
Geburtsort *m*, -e 16Ü 출생지
Geburtstag *m* , -e 11Ü 12G 16Ü 생일
Geburtstagsparty *f*, -s 14G 생일파티
gedacht 분II 16D → denken
geeignet 12T 적당한, 적절한
Geeignetes 12T 적당한 것
Gefahr *f*, -en 12G 17T 위험, 위기
gefahren 분II 19G → fahren
gefallen 11T 12T 17D (누구의) 마음에 들다
   Der gefällt mir besser. 12D
   그것이 더 내 마음에 든다.
gefällt 11T 12T 13G 17D → gefallen
Gefühl *n*, -e 19T 감정
gefunden 분II 12D 14Ü 17D → finden
gegeben 분II 20T→ geben
gegen 전 17T ...에 반대하여
Gegensatz *m*, -sätze 15T 대립
gehen 11D 12T 13T 14G 15T 16D 18G 가다
   einkaufen gehen 14Ü 장보러 가다
   es geht um ... 19D ...이 문제이다, 문제는 ...이다
   Worum geht es denn? 19D 무엇에 관한 일인데?
geholfen 분II 14G 15G 16Ü 17G → helfen
gehören 12Ü 14T 20Ü (누구의) 것이다, ...의 소유다
   Einige südliche Länder gehören zu den beliebtesten Urlaubszielen der deutschen Touristen. 14T 몇몇의 남쪽 나라들은 독일 여행객들이 가장 애호하는 휴가목적지에 속한다.
gekommen 분II 15D 19G → kommen
gelang 13G → gelingen의 과거형
gelaufen 분II 14G → laufen
gelb 11D 12T 18T 노란
   der Gelbe Sack / die Gelbe Tonne 18T
   재활용 포장물 수거용 노란색 자루/통
Geld *n*, -er 11Ü 12T 16D 17Ü 19D 20Ü 돈
Geldautomat *m*, -en 12T 현금인출기
Gelehrte, *der/die* 14W 학자
gelingen 13D ...이 되다, ...하는 데 성공하다
   Aber es gelingt ihm nicht. 13D
   하지만 그는 성공하지 못했다.
gemütlich 11T 안락하게
genau 12D 16D 정확한, 자세한 *Genau!* 12D
   맞아요!(바로 그것입니다!)
Genaues 16D 정확한 것
genauso 12D [동등비교를 나타내는 말] 정확히, 그렇게

   Dieser grüne Teppich ist genauso groß wie der rote. 12D 이 녹색 카펫은 붉은 색 카펫과 크기가 똑같다.
genießen 15Ü 즐기다, 향유하다, 누리다
genug 12Ü 충분한
Gepäck *n*, -e 15Ü 짐, (수)하물
Gepäckschein *m*, -e 15D 수하물 접수증
gerade 16Ü 17T 18Ü 바로, 막, 지금 막
Germanistik *f* 16Ü 독어독문학
gern(e) 11D 12D 14D 15Ü 16D 17G 19D 즐겨, 기꺼이
Geschäft *n*, -e 15G 16G 18Ü 가게, 상점
Geschenk *n*, -e 12T 13T 17Ü 선물
Geschiedene, *der/die* 14W 이혼자
geschlossen 분II 18Ü → schließen
geschrieben 분II 15D → schreiben
Geschwister *Pl* 12T [형제, 자매, 남매를 통틀어 일컫는 말]
gesehen 분II 14Ü 17D → sehen
gesellig 20Gw 사교성이 좋은, 잘 어울리는
Gesetz *n*, -e 20D 법, 법률
Gesicht *n*, -er 11Ü 얼굴
gesprochen 분II 16G 19Ü 20D → sprechen
gestern 11Ü 12D 14D 16D 17G 19G 어제
gestritten 분II 18D → streiten
gesund 13Ü 17Ü 건강한, 건강에 좋은
gesünder 17D → gesund의 비교급
Gesundheit *f*, -en 13G 건강
getan 분II 15G 17D 19Ü 20Ü→ tun
Getränk *n*, -e 11D 14G 음료(수)
getroffen 분II 11Ü 15Ü → treffen
getrunken 분II 19Ü → trinken
gewesen 분II 19Ü 20Ü → sein
gewinnen 12Ü 19T 얻다, 이기다
   im Lotto gewinnen 12Ü 로토 복권에 당첨되다
   Herzen gewinnen 19T 마음/사랑을 얻다
gewollt 분II 17D→ wollen
geworden 분II 15D → werden
gewonnen 분II 12Ü→ gewinnen
geworfen 분II 18D → werfen
gewusst 분II 13G 19D → wisssen
gezogen 분II 11T → ziehen
gibt 11T 12G 14Gw 19T 20G → geben
gießen 13Ü (화초 따위에) 물을 주다
gilt 17T → gelten
ging 15T 19Ü → gehen의 과거형

Girokonto *n*, -konten 19D 20Ü 일반이체계좌, 당좌계좌
glänzen 17G 반짝이다
Glas *n*, **Gläser** 17G 18Ü 유리, 유리잔
glauben 17G 20T 믿다, 생각하다
gleich 12G 13D 똑같이, 똑같은; 지금 당장, 즉각
  Max ist gleich alt wie Moritz. 12G
  막스는 모리츠와 나이가 같다.
  Ich rufe gleich an. 13D 내가 바로 전화할게.
gleichfalls 14D 같이
  Schönen Abend noch! - Danke gleichfalls.
  Tschüs! 14D 좋은 저녁이 되길 바래 - 고마워, 너도
  (좋은 저녁이 되길 바래). 안녕!
glücklich 11G 행복한, 기쁜
Goethe-Institut *n*, -e 16Ü 괴테 인스티투트, 독일문화원
Gold *n* 17G 금
golden 12G 금으로 된
Gott *m*, **Götter** 19D 20G 신, 하느님
  Mein Gott! 19D 아 이런!
  Gott sei Dank! 20G 다행이다!
Gramm *n*, -e 16D 그램(무게의 단위)
grau 11Ü 회색의, 칙칙한 색의
Grenze *f*, -n 18T 경계, 한계
Griechenland *n* 14T 그리스
Grillfest *n*, -e 14Gw 그릴축제
Grillparty *f*, -s 14D 그릴파티
Grippe *f*, -n 20G 유행성 감기
groß 11T 12T 14T 16T 큰, 대단한, 위대한
Großbritannien *pl* 15T 영국
Größe *f*, -n 11D 15D 크기, 치수
Großeltern *pl* 14Ü 16Ü 조부모
größer 12D → **groß**의 비교급
größt 12G → **groß**의 최상급
Großvater *m*, -väter 11Ü 할아버지
grün 12D 13Ü 녹색의
Grund *m*, **Gründe** 15T 근거, 이유
  Auf Grund der verschiedenen Systeme 15T
  다양한 체제 때문에
Grundgesetz *n*, -e 17T 기본법
Grundschule *f*, -n 16Ü 초등학교
Grundstufe *f*, -n 16Ü 초급 과정
Grüne *n* 17Ü 야외
  Die Leute fahren gern ins Grüne. 17Ü
  사람들은 야외로 나가는 것을 좋아한다.

günstig 11D 12T 저렴한, 이익을 주는, (값이) 더 싼
gut 11T 12D 13D 14T 15D 16D 17D 18D 19D
  20D 좋은, 잘, 착한, 훌륭한
  Guten Tag! 14D (낮에 하는 인사)
  Alles Gute! 14G 모든 일이 잘 되기를!

H

Haar *n*, -e 11Ü 18G 머리, 머리카락
haben 11T 12T 14D 16T 17D 20D
  (무엇이) 있다, 갖고 있다
half 15Ü 17Ü → **helfen**의 과거형
hallo 12D 14D 17D 20D [만날 때 하는 인사말]
  Hallo! 12D 안녕!
hält 14Gw → **halten**
halten 14D 유지하다
  Am Montag muss ich doch ein Referat über Kafka halten. 14D 월요일에 나는 카프카에 대하여 발표해야 돼.
halten 18Gw 멈추다
halten 20D *etw. für ... halten* 무엇을 ...라 생각하다, ...로 간주하다
Haltestelle *f*, -n 18Gw 정류소
Hand *f*, **Hände** 16D 손
Handeln *n* 17T 행동
Handschrift *f*, -en 글씨, 필체
Handschuh *m*, -e 11Ü 장갑
Handtasche *f*, -n 12T 손가방, 핸드백
hängen 13T 15Ü 걸려 있다, 걸다, 걸어 놓다
hassen 13D (무엇을) 싫어하다
hässlich 12Ü 흉한, 보기 싫은
hast ... an 12D → *an***haben**
hast ... vor 12G → *vor***haben**
hast 11Ü 14Ü 16G 17Ü 18D 19Ü → **haben**
hat 11T 12T 13G 14G 15G 16D 17D 18G 19T
  → **haben**
hat ...an 11Ü → *an***haben**
hatte 13G 14D 15D 15T 16T 17D 18D
  → **haben**의 과거형
hätte 19D 20T → **haben**의 접속법 Ⅱ식
Haus *n*, **Häuser** 11T 12D 14G 18Ü 19G 가옥, 집, 주택, 건물
Hausaufgaben *pl* 19Ü 20Ü 과제, 숙제
Hause 12D → **Haus**
Hausfrau *f*, -en 20T 주부

Haushalt *m* 18Ü 살림, 가사
Haushaltsroboter *m*, - 19T 가사용 로보트
heilen 15Ü 치유하다, 고치다, 낫다
Heimatstadt *f*, -städte 16G 고향도시
heiß 15Ü 17G 더운, 뜨거운
heißen 11G 14Ü 이름이 …이다
helfen 13D 15D 16Ü 17G 19Ü 돕다
hell 11T 밝은, 색이 옅은
hellbraun 11T 연한 갈색
hellgrün 11Ü 연두색
Hemd *n*, -en 11G 18D 셔츠
*herauf*kommen 18Ü 올라오다
heraus- 분리 15Ü
*heraus*nehmen 15Ü 집어내다, 끄집어내다
herein- 분리 18Ü
*herein*kommen 18Ü 들어오다
Herr *m*, -en 11T 13T 14G 15D 16G 17D 18D 19D 남자 분, 신사, …씨(남자의 성씨 앞에 붙이는 호칭)
 Herr Lee 19D 이 선생님
Hersteller *m*, -15D 제조회사
herrschen 17Ü …이 지배하다
Herz *n*, -en 18G 19T 심장, 마음
heute 11Ü 12Ü 14Ü 16D 17T 18T 19T 오늘, 오늘날
hielten 20D → halten의 과거형
hier 11D 12T 13D 14D 15D 16D 17D 18D 19D 20T 여기, 여기에, 이곳에
hierher 11T 여기로, 이곳으로
Hilfe *f*, -n 14G 18Ü 도움
hilflos 14Ü 의지할 데 없는, 어쩔할 바를 모르는
hilfst 17Ü → helfen
hilft 13D 14Ü 17G → helfen
hinaus- 분리 13D
*hinaus*fahren 13D (차, 배 등을) 타고 나가다
hinter 전 12T … 뒤에
 Gisela hat ihr Studium in Korea hinter sich. 12T 기젤라는 한국에서의 공부를 다 마쳤다.
hm 감탄 11D 12D 흠!
Hobby *n*, -s 14T 취미
hoch 11T 12G 14G 높은, 비싼
 Das Regal ist ein/einen Meter achtzig hoch. 14G 이 책장은 높이가 1미터이다.
 Wie hoch darf die Miete sein? 11Ü 집세는 어느 정도까지 가능합니까?
hochentwickeln 20T 고도로 발달하다
hochentwickelt 20T 매우 발달한
 ein hochentwickeltes Land 20T 선진국

Hochschule *f*, -n 20T 대학
höchst 12G → hoch의 최상급
höchstens 20T 기껏해야
hoffen 13T 17G 바라다
Hoffnung *f*, -en 15T 17G 희망
höher 12G → hoch의 비교급
holen 13T 가져오다
hören 13G 14Ü 16T 17G 18D 19Ü 20D 듣다, 들리다
 Du hast nicht auf mich gehört. 19Ü 너는 내 말에 귀를 기울이지 않았어.
Hörsaal *m*, -säle 16Gw 강의실
Hose *f*, -n 11Ü 12Ü 18D 바지
Hotel *n*, -s 13T 14Ü 15D 16Ü 호텔
Hoteldirektion *f*, -en 13T 호텔관리부
Hotelzimmer *n*, - 13T 19D 호텔 방
hübsch 11T 예쁜, 아담한
Hund *m*, -e 13Ü 14G 18G 개

ICE (= *I*nter*c*ity*e*xpress*z*ug) *m*, -züge 14G 고속열차
ich 대 [인칭. 1격] 11D 12T 13T 14D 16D 17D 18D 19D 20D 나, 나는
Idee *f*, -n 12Ü 13D 생각, 아이디어
Identität *f* 17Ü 정체, 동질성
ihm 대 [인칭. 남성 3격] 12Gw 13D 14D 16T 19G 그에게, 그것에게
 Ich hätte gern mit ihm gesprochen. 19G 그 분과 통화 좀 하고 싶은데요.
 Ihm gefällt der grüne Teppich am besten. 12Gw 그에게는 녹색 양탄자가 가장 마음에 든다.
ihn 대 [인칭. 4격] 11G 14D 18D 19Ü 20G 그를/그 사람을, 그것을
 Ich konnte ihn nicht besuchen. 19Ü 나는 그를 방문할 수 없었어.
ihnen 대 [인칭. 복수 3격] 16Ü
Ihnen 대 [인칭. 존칭 3격] 11D 12Ü 13T 14Ü 15D 16D 17D 18D 20G 당신에게
 Na, wie geht es Ihnen denn heute? 12Ü 오늘 (컨디션이) 어떠세요?
ihr 대 [여성 3격] 12T 13Ü 17D 20D 그녀에게
 Ihr gefällt die braune am besten. 12T

그녀에게는 갈색(양탄자가) 가장 마음에 들었다.
ihr 때 [인칭. 복수 1격] 12Ü 20D
Könnt ihr nicht länger bleiben? 12Ü
너희들 더 오래 머무를 수 없니?
Ihr- 때 [소유. 존칭] 11Ü 13T 15D 16D 18Ü 19D
당신의
Ich finde Ihre Idee am geeignetesten. 12Ü
저는 당신의 의견이 가장 합당하다고 생각해요.
ihr- 때 [소유. 3인칭 단수] 11T 12T 13T 17D 18T
그 여자의, 그것의
Gisela muss noch Geschenke für ihre Geschwister kaufen. 12T 기젤라는 형제를 위해 선물을 사야한다.
ihr- 때 [소유. 3인칭 복수] 13T 14T 16G 19Ü 그들의
Zwei Drittel der deutschen Reisenden wollen ihren Urlaub im sonnigen Süden verbringen. 14T
여행객 중 2/3가 휴가를 따뜻한 남쪽나라에서 보내려고 한다.
im (= in+dem) 11T 12T 13T 14T 15T 16T 18D 20T → in
immer 12G 13D 16Ü 17T 늘, 언제나, 항상
Die Tage werden immer kürzer. 12G
날이 점점 짧아진다.
in 전 11T 12T 13T 14T 15T 16T 17T 18D 19T 20T ...안에, 안으로
Sie geht in ein großes Kaufhaus im Stadtzentrum. 12T 그녀는 시내 중심가에 있는 대형 백화점에 간다.
Eigentlich wollte ich ins Kino gehen. 12Gw
나는 영화 보러 가려고 했는데.
im November 16T 11월에
in der nahen Zukunft 19T 가까운 장래에
Information *f*, -en 19D 정보
informieren, sich 19D 조회하다, 조사하다
Inlineskate *m/n*, -s 14T 인라인스케이트
inner- 15T 내적인
die innere Einheit Deutschlands 15T
독일의 내적인 통일
innerhalb 13T ...안에, ... 내부에
ins (= in+das) 12Gw 13T 14G 15Ü 16Ü 17Ü 19G → in
intelligent 12Gw 20Gw 똑똑한, 지적인
intensiv 16T 집중적으로
interessant 11Ü 20D 흥미로운, 재미있는
interessieren, sich 14G 17D 흥미를 일으키다, 관심을 불러 일으키다, (흥미를 갖다, 관심을 갖다)
Dort gibt es vieles, was mich interessiert. 17D
그 곳에는 내가 관심 있는 것이 많아.

Wofür interessierst du dich? 14G
너는 무엇에 관심 있니?
international 15D 국제적인
Interview *n*, -s 20Ü 인터뷰
intolerant 17T 관용이 없는, 냉담한
isst → essen 13G
ist 11D 12T 13T 14T 15T 16D 17T 18T 19T 20G → sein
Italien *n* 14T 17D 이탈리아
Italienerin *f*, -nen 20Ü 이탈리아 사람 (여자)

J

ja 11D 12D 13D 14D 15D 16D 17D 18D 19D 20D [대답] 예, 네, 그래, 그래요
ja 첩 12T 17D 18D [주지의 사실 확인]
Dort kann man ja auch günstiger einkaufen. 12T
그곳에서는 물건을 저렴하게 구입할 수 있다.
Du wirst ja ganz nass! 18D 너 흠뻑 젖고 있어!
Wir haben uns ja lange nicht mehr gesehen. 17D
우리 정말 오래 동안 보지 못했어.
Jacke *f*, -n 12D 13Ü 재킷
Jahr *n*, -e 14G 15T 16T 17T 18T 19T 20D
해, 년(年), (나이)...살
jedes Jahr 14G 매년 *nächstes Jahr* 14Ü 내년에
Jahresurlaub *m*, -e 14T 연휴가
jährig 15T ...살의, ...년의
die 40-jährige Staatsgründung der DDR 동독 건국 40주년
jedoch 15T 그렇지만
je 12G [비교급과 함께] ...일수록, ...할수록
Je schneller der Wagen, umso größer die Gefahr.
12G 차가 빠를수록 위험도 크다.
jed- 때 13Ü 14G 18T 19T
매, 각, 모든, ...마다
Es ist nicht nötig, dass man bei jedem Besuch Geschenke mitbringt. 13Ü 방문할 때마다 선물을 가져갈 필요는 없어.
jeden Morgen 14G 매일 아침
jedes Jahr 14G 매년
jede Familie 19T 각 가정마다
jed- 때 [지시] 17T 각자, 누구나
Was dieser Satz ausdrückt, versteht jeder. 17T
이 문장이 무엇을 나타내는지는 누구나 알고 있다.

Das weiß doch jeder. 19D 그것은 모두가 안다.
jederzeit 13T 16D 19D 언제나, 언제든지, 항상, 수시로
jedoch 13T 15T 16T 그렇지만, 그러나, 그래도
jemand 대 [불특정 1격] 12G 15T 16Ü 17G 18G 누군가
  Ist jemand dort? 12G 거기 누구 있어요?
jemandem 대 [불특정 3격] 12G 누군가에게
  Ich habe noch nie jemandem einen Pfennig weggenommen. 12G 나는 여태 다른 사람의 돈을 한 푼도 빼앗아 본 적이 없다.
jemanden 대 [불특정 4격] 12G 누군가를
  Kennen Sie hier jemanden? 12G 여기 누구 아세요?
jen- 관 [지시] 11G
jetzt 11T 12T 13D 14Ü 15G 17D 18G 19D 지금, 이제
Job *m*, -s 17D 일, 일자리
Jogging *n*, -s 14G 조깅
  Jeden Morgen macht Daniel Jogging. 14G 다니엘은 매일 아침 조깅을 한다.
Journalist *m*, -en 20Ü 기자, 저널리스트
Jude *m*, -n 17T 유대인
Judenpogrom *n*, -e 17T 유대인대학살
Jugendliche, *der/die* 14T 17T 젊은이, 청소년
jung 12G 14T 16Ü 젊은, 어린
Junge *m*, -n 11Ü 14W 15Ü 남자아이
jünger 12G 14Ü → jung의 비교급
Junges *n*, - 14W (짐승의) 새끼
jüngst 12G → jung의 최상급

K

Kaffee *m*, -s 11Ü 12Gw 14G 커피
kalt 12Ü 15G 추운, 찬
kam 11G 14G 16T 19G → kommen의 과거형
käme 19G → kommen의 접속법 II 식
Kamera *f*, -s 14G 카메라, 사진기
Kamerad *m*, -en 19T 동료, 동무
kämpfen 16G 싸우다
kann 11D 12T 14D 15D 16D 17T 18T 19D → können
Kanne *f*, -e 15Ü 주전자
kannst 11D 13D 14D → können
kaputt 18Ü 고장난

kaputtgegangen 분II 18D → *kaputt*gehen
***kaputt*gehen** 18D 고장나다
Käse *m*, - 11D 치즈
Katze *f*, -n 13T 고양이
kaufen 12T 13D 14D 16Ü 18T 19G
Kaufhaus *n*, -häuser 12T 15Ü 백화점
kaum 15Ü 17Ü 거의 ... 않다
kein- 관 11T 12D 13T 14D 15Ü 18Ü 19G 20T
  Ich bin kein Vogel. 19G 나는 새가 아니다.
  Ich habe heute keine Zeit. 19G 나는 오늘 시간이 없다.
kein- 대 [불특정] 17G 19D 어느 누구도 ...안 하다
  Das hat mir keiner gesagt. 19D 아무도 나에게 그것을 말해주지 않았다.
Keller *m*, - 17Gw 지하실
kennen 11Ü 12G 14Ü 16G 17Ü 19T 알다
kennenlernen 20D (누구를/무엇을) 알게 되다
Kilo *n*, -(s) 14D 킬로그램
Kilometer *m* 14G 킬로미터
Kind *n*, -er 11T 16G 18Ü 19T 아이, 자식, 자녀
Kinderzimmer *n*, - 11T 아이들 방, 자녀들 방
Kino *n*, -s 12Gw 16Gw 18Ü 19G 영화관
klar 15Gw 17T 분명한, 명백한, 당연한
klären 17Ü 밝히다
Klavier *n*, -e 18Ü 피아노
Klavierunterricht *m*, -e 16T 피아노 수업
Kleid *n*, -er 17T 18Ü 20Ü 원피스, 드레스
  Kleider machen Leute. 12 옷이 날개다
Kleidungsstück *n*, -e 18Gw (낱낱의) 옷, 옷가지
klein 11T 12T 13Ü 14D 15Ü 작은
klingeln 18Ü (초인종, 전화, 자명종 등이) 울리다, 벨을 울리다
Kochen *n* 19T 요리하기
kochen 15Ü 요리하다, 끓이다
kochend 15Ü 끓는
  kochendes Wasser 15Ü 끓는 물
Koffer *m*, - 13T 15D 트렁크, 큰 가방
Kollege *m*, -n 14G 16Ü 동료
kommen 12G 13G 14D 15D 16T 18D 19G 20G 오다
  zur Welt kommen 16T 세상에 나오다, 태어나다
Kommode *f*, -n 11T 서랍장
komponieren 16T 작곡하다
Komponist *m*, -en 16T 17G 작곡가
könne 20T → können 접속법 I 식
können 11D 13D 14G 16D 17D 18T 20T

할 수 있다
Kann ich mit Gisela sprechen? 14Gw
기젤라와 통화할 수 있을까요?
Kann ich Gisela sprechen? 14Gw
기젤라와 통화할 수 있을까요?
konnte 16T 18D → können의 과거형
könnte 19T → können의 접속법 Ⅱ식
Konto *n*, -s 19D 계좌
  ein Konto eröffnen 19D 은행구좌를 개설하다
Konzert *n*, -e 13Gw 16T 음악회, 컨서트
Konzertsaal *m*, -säle 16Gw 연주홀
Kopf *m*, Köpfe 14D 머리, 통(단위)
  Und noch einen Kopf Salat bitte! 14D
  양상치도 한 통(포기) 주세요!
Kopfschmerzen *pl* 12Ü 두통
kopieren 14Ü 복사하다
Korb *m*, Körbe 18T 바구니, 광주리
Korea *n* 12T 대한민국
Koreaner *m*, - 20D 한국사람 (남자)
koreanisch 11D 16Ü 한국(어)의
kosten 11D 12D 14D 16D 17D 18D (값이) ...이다
Kragen *m*, - 11D 깃
krank 12G 13D 16Ü 아픈
Kranke, *der/die* 14W 환자
Krankenhaus *n*, -häuser 14G 16G 병원
Krawatte *f*, -n 11Ü 12T 넥타이
Krawattenstand *m*, -stände 12T 넥타이 판매대
Kriminalpolizei *f*, -en 17Ü 범죄수사대
Kristallnacht *f* 17T 유대인 대학살의 밤
Küche *f*, -n 11T 17D 부엌
Kuchen *m*, - 14G 17Ü 케이크, 과자
kümmern, sich 14G 18Ü 돌보다
  Für die Party kümmert sich Brigitte um die Getränke.
  14G 파티를 위해 브리기테는 음료수를 준비한다.
  sich um den Haushalt kümmern 18Ü
  가사를 돌보다
Kunde *m*, -n 12D 고객, 손님
Kundenservice *m*, - 19D 고객서비스 부서
künftig 19T 장차, 앞으로
Kur *f*, -en 14Gw 치료, 요양, 휴양
kurz 11G 12G 13D 15D 16T 짧은
kürzer → kurz의 비교급 12G
kürzest → kurz의 최상급 12G
küssen 20G 입맞춤하다, 키스하다

L

lächeln 14G 미소짓다
lachen 17G 웃다, 17Ü
Lage *f*, -n 20T 상황
  in der Lage sein ... (zu + Inf. ...) 20T
  ...할 수 있는 상황이다, 형편이다
Land *n*, Länder 13T 14T 15Gw 17T 20T
  국가, 나라, 땅, 시골
landen 18T 착륙하다
Landschaft *f*, -en 16G 경치, 경관
lang(e) 11G 12G 14G 16Ü 17D 19Ü 긴,
  (시간이) 오랜, 오래동안
länger 12G → lang의 비교급
längst 12G → lang의 최상급
las 19G → lesen의 과거형
läse 19G → lesen의 접속법 Ⅱ식
lassen 13T 16D 18T 19D 내버려 두다, 시키다, ...하
  게 하다
  Ich habe ein Hotelzimmer reservieren lassen. 19D
  나는 호텔방 하나를 예약하게 했다.
lässt 18T → lassen
laufen 14T 15Ü 18G 달리다, 뛰다
  auf Inlineskates laufen 14T 인라인스케이트를 타다
leben 11G 16T 17T 20D 살다
Leben *n*, - 12Ü 19T 삶, 생애, 생명, 생활
Lebenslauf *m* 16Ü 이력서
Lebensmittel *n*, - 11D 식료품
legen 11D 두다, 놓다
Lehrer *m*, - 14Ü 16G 18Ü
  교사, (고등학교 이하) 선생님 (남자)
Lehrerin *f*, -nen 14G 20G
  교사, (고등학교 이하) 선생님 (여자)
leicht 11G 18Ü 가벼운, 쉬운
leid *n* 12D 17Ü 18G 슬픔, 고뇌, 마음 아픔
  Tut mir leid! 12D 17Ü 미안합니다, 죄송합니다!
leider 11T 14Ü 15Ü 16D 17T 유감스럽게
Lektion *f*, -en 11T 12T 13T 14T 15T 16T 17T
  18T 19T 20T 과
lernen 13G 18Gw 배우다, 공부하다
lesen 13T 14D 18Ü 19G 읽다
letzt 14G 19D 마지막의, 최근의, 지난
  letzte Woche 19D 지난 주
Leute *pl* 11G 16G 14T 17Ü 20D 사람들

Wörterverzeichnis 177

lieb 12G 13T 사랑스러운, 귀여운
 Liebe Gäste! 13T 손님 여러분!
lieben 16G 19T 사랑하다
lieber 12D → gern의 비교급(차라리)
 Ich möchte lieber einen braunen oder einen grünen. 12D 나는 차라리 갈색이나 녹색(카펫)으로 하겠습니다.
liebsten 12D → gern의 최상급
 Was möchtest du am liebsten aus Korea mitnehmen? 12D 한국에서 무엇을 가장 가져가고 싶니?
liefern 16G 인도하다, 공급하다, 배달하다
liegen 11T 12Ü 14T 16Ü (누워) 있다 …에 놓여 있다. …에 위치하다
 Die schlechte Qualität des Bildes liegt an der Kamera. 14G 사진의 질이 좋지 않은 것은 카메라 때문이다.
link- 11Ü 왼쪽의
lohnen, sich 18D 보람 있다, …할 만하다
los 14Ü 18D
 Was ist los mit ihm? 14Ü 그에게 무슨 일이 있니?
lösbar 18G 풀(릴) 수 있는, 해결될 수 있는
lösen 18G 풀다, 해결하다
Lösung *f*, -en 14Ü 해결
Lotto *n*, -s 12Ü 로또 복권
Love-Parade *f*, -n 17G 러브 퍼레이드
lud ... ein 14Ü → *ein*laden의 과거형
Luftpost *f* 16D 항공우편
Luftpostpäckchen *n*, - 16D 항공우편 소포
Luftpostporto *n*, -s/-porti 16D 항공우편 요금
lügen 17Ü 거짓말하다
Lügner *m*, - 20G 거짓말하는 사람, 거짓말쟁이
Lufthansa 15D 루프트한자(항공회사 이름)
Lust *f* 13D 19G 흥미, 어떤 일을 하고 싶은 마음
 Hast du Lust, eine Stadtrundfahrt zu machen? 13D 시내구경하고 싶니?
lustig 11Ü 재미있는

M

machen 12G 13D 14T 16T 17D 18D 19D
 …을 하다, 만들다
 eine Reise machen 16D 여행하다
 berühmt machen 16T 유명하게 만들다
 Was muss ich da machen? 19D
 제가 무엇을 해야 하지요?
 Wie viel macht das zusammen? 14D
 모두 얼마예요?
 Jeden Morgen macht Daniel Jogging. 14G
 다니엘은 매일 아침 조깅을 한다.
Mädchen *n*, - 11G 14G 16G 17Ü 20G 소녀, 여자아이, 아가씨
mag 11G → mögen
Magen *m*, - 13D 위(胃)
Mai *m* 15Ü 5월
mal 12T 图 [공손한 요구, 제안] 11D 14D 16D 17D 18G 19G 자, 좀
 Lass mal sehen! 18G 어디 좀 보자!
 Darf ich mal durch? 19G 제가 좀 지나가도 될까요?
 Vielleicht probiere ich es mal auf dem Markt. 12T 제가 시장에서 한번 찾아볼게요.
 Probieren Sie mal! 14D 맛 한번 보세요!
Mal *n*, -e 16T 때, 번
 zum ersten Mal 16T 처음으로
man 대 [불특정] 12T 14T 15G 17T 16D 18T 19T 20D 사람들 누군가, 누구든지
 Hier darf man nicht rauchen. 12G
 이곳에서 담배피우면 안 된다.
manch- 관 14G 20D 어떤, 몇몇 14G
 Manche deutsche(n) Studierende(n) machen oft sehr preiswert Urlaub. 14G 몇몇 독일 대학생들은 종종 저렴하게 여행을 하기도 한다.
Mann *m*, Männer 11D 12G 14Ü 16G 17Ü 18G 19T 20G 남자, 남편
Mantel *m*, Mäntel 17Ü 외투, 가운
Märchen *n*, - 11G 동화
Markt *m*, Märkte 12T 시장
Marktfrau *f*, -en 14D 시장아줌마
Marktplatz *m*, -plätze 15Ü 시장, (장이 서는 광장)
Mars *m*, - 20G 화성
Maschine *f*, -n 15D 19T 기계, 비행기
 Mit welcher Maschine sind Sie denn gekommen? 15G 어느 비행기로 오셨습니까?
Massenflucht *f*, -en 15T (외국으로) 집단탈출
Maßnahme *f*, -n 17T 조치
Mathe *f* 12G Mathematik(수학)을 줄여서 쓰는 말
Matterhorn *n* 12G 마테호른 산
Mauer *f*, -n 15T 벽, 장벽
 die Berliner Mauer 15T 베를린 장벽

maximal 11Ü 최대한
Medium *n*, Medien 20T 매체, 대중매체
Meer *n*, -e 12Ü 13D 바다
mehr 12G 16T 17D 18T 19D → viel의 비교급
　Karin hat viel Geld. Renate hat mehr Geld. 12G 카린은 돈이 많다. 레나테는 더 많다.
mehrer- 14G 몇몇의
　Mehrere ausländische Studenten haben an der Exkursion teilgenommen. 14G 몇몇의 외국대학생들이 연수여행에 참가하였다.
mehrmals 13D 여러 번
mein- 관 [소유] 11G 12D 14Ü 15D 16D 17D 8G 19D 나의
　mein Gott 19D 맙소사
meinen 11Ü 13D 19T 20Ü 생각하다 …라는 의견이다, …라는 뜻으로 말하다
Meinung *f*, -en 20T 의견
meist 11T 12G 15T → viel의 최상급
　Karin hat viel Geld. Renate hat mehr Geld. Michael hat am meisten Geld. 12G 카린은 돈이 많다. 레나테는 더 많다. 미하엘이 가장 돈이 많다.
melden 15D 신고하다
　einen Verlust melden 15D 분실신고를 하다
melden, sich 17Ü 신고하다, 알리다
Mensa *f*, Mensen 18G 대학의 학생식당
Mensch *m*, -en 12G 17T 18G 19T 20D 인간, 사람
menschengroß 19T 사람 크기의, 사람만한
menschenwürdig 17T 인간의 존엄을 위하는, 인간의 존엄성에 맞는
menschlich 17T 19T 인간의, 인간적인, 인간다운
Merkmal *n*, -e 15D 특징
Meter *m/n*, - 14G 미터
mich 대 [인칭. 4격] 14Ü 16D 17D 19Ü 20G
mich 대 [재귀. 4격] 14G 18D
Miete *f*, -n 11T 18Ü 집세, 방세, 임대료
mieten 15D 17G 세를 얻다, 세를 들다
Milch *f* 14Ü 18Ü 우유
Million *f*, -en 18T 20T 백만
Millionär *m*, -e 12Ü 백만장자, 부자
Ministerin *f*, -nen 20G 장관 (여자)
Minute *f*, -n 15Ü 17D 분
mir 대 [인칭. 3격] 11D 12D 14D 16D 17D 18G 19D 나에게
　Aber es hat mir hier auch ganz gut gefallen. 12D 하지만 여기가 아주 내 마음에 들어요.
missbrauchen 19T 남용하다, 악용하다

missbraucht 분II 19T → missbrauchen
mit 전 11T 12T 14T 15T 16T 17T 19T
　…와 함께 (…을) 타고, …이 있는
　Sie wählt eine Krawatte mit gelben Streifen aus. 12T 그녀는 노란색 줄무늬가 있는 넥타이를 고른다.
　sich mit etw.³ beschäftigen 14T …에 종사하다
　mit acht Jahren 16T 16살에
mit- 분리 12D 18T
Mitarbeiter *m*, - 19D 직원, 협력자, 함께 일하는 사람
mitbenutzen 17D 함께 사용하다
mitbringen 13Ü 14G 16Ü 17T 가지고 가다, 가져오다
Mitbürger *m*, - 17T 시민
mitgebracht 분II 14Ü 16Ü 17Ü → *mit*bringen
mitgekommen 분II 19G → *mit*kommen
mitgenommen 11T → *mit*nehmen
mitkommen 19G 20Ü 같이 오다, 같이 가다, 함께 하다
mitnehmen 11T 12T 13T 18T (사람을) 데리고 가다, (물건을) 가지고 가다
　Ich möchte am liebsten euch mitnehmen. 12D 나는 너희들을 제일 데리고 가고 싶어.
mitnimmt 13Ü → *mit*nehmen
Mittelschule *f*, -n 16Ü 중학교
Möbelstück *n*, -e 11T 가구
möbliert 17D 가구가 딸린
möchte 11D 12T 13D 14D 15D 16D 17G 18D 19D → mögen의 접속법 II 식
Mode *f*, -n 12Ü 유행, 패션
modern 11T 12Ü 현대(식)의
Modesalon *m*, -s 18Ü 여성의류 전문점
mödisch 11Ü 유행감각이 있는
mögen 11D 14G 16D 18D 좋아하다
möglich 12G 13T 14Ü 19Ü 가능한, 할 수 있는
Möglichkeit *f*, -en 14G 가능성
Moment *m*, -e 11D 14D 19D 순간
　Moment mal… 11D 잠깐만…
momentan 16D 지금
Monat *m*, -e 11T 14T 16Gw 19D 달, 월
　jeden Monat 14D 매달
Montag *m*, -e 14D 월요일
　am Montag 14D 월요일에
morgen 12Gw 14Ü 16G 17D 18D 19D 내일
Morgen *m*, - 14G 18D 아침
　jeden Morgen 14G 매일 아침
Mountainbike *n*, -s 14T 산악자전거
müde 13D 19G 피곤한, 피로한, 고단한
　Ich bin zu müde. 19Ü 나 너무 피곤해.

Müll *m* 18T 쓰레기, 폐기물
Müllaufkommen *n* 18T 쓰레기 발생량
Mülltonne *f*, -n 대형 쓰레기통
Mund *m*, Münder 11Ü 입
Museum *n*, Museen 20Ü 박물관
Musik *f* 12G 13Ü 16T 음악
Müsli *n*, - 14D 뮈슬리 (날 귀리, 말린 과일을 우유에 타서 대개 아침에 먹음)
muss 11D 12D 14D 18T → müssen
müssen 11D 12T 15T 16T 17T 18T ...해야 한다
musst 12Ü 13D 20G → müssen
müsste 13Ü 16T → müssen의 과거형
Mutter *f*, Mütter 11Ü 12T 13D 16T 어머니, 엄마

N

na 감탄 12D 13D 그렇다면, 그럼, 자
 Na ja. Ich versuche es besser woanders. 12D 할 수 없지요. 다른 곳에서 알아볼게요.
 Na, was machen wir? 13D 자, 이제 뭐하지?
nach 전 12T 13D 14G 15T 16T 19G 20T ..로, ...후에
 Du fliegst nächste Woche nach Hause. 12D 너는 다음주에 집에 간다.
 Nach dem Abendessen wollen die Müllers noch etwas unternehmen. 13D 식사 후에 뮐러 부부는 계획을 세우려고 한다.
 Die Müllers kommen vom Strand zurück. Danach gehen sie essen. 13G 뮐러 부부는 바닷가에서 돌아왔다. 그리고 나서 그들은 식사하러 간다.
 Danach seien funktionale Analphabeten zwar in der Lage, einfache Sätze zu lesen. ... 20T 보도에 따르면 기능적인 문맹자들은 단순한 문장을 읽을 수 있는 능력은 있지만 ...
nach- 분리 13T 15D 16D 18T 19Ü
Nachbar *m*, -n 11T 이웃
Nachbardorf *n*, -dörfer 11G 이웃마을
nachdem 접 13T ...한 후에
 Nachdem sie vom Strand zurückgekommen sind, gehen sie mit Niki essen. 13T 그들은 해변에서 돌아온 후에 니키와 함께 식사하러 간다.
nachfragen 16D 문의하다
nachfüllbar 18T 다시 채워 넣을 수 있는
nachprüfen 15D 검토하다

nachsitzen 19Ü 남아 있게 되다
 zwei Stunden lang nachsitzen 19Ü 두 시간 동안이나 남아 있다
nächst 12D 13D 14G 16D 17G
 → nah의 최상급
Nacht *f*, Nächte 12G 12T 밤
nah 12G 19T 가까운
 in der nahen Zukunft 19T 가까운 장래에
Nähe *f*, - 11T 근처
näher 12G → nah의 비교급
nahm 16T → nehmen
Name *m*, -n 16D 19T 20T 이름
nämlich 14D 17D 20D [이유를 나타내며] 즉, 말하자면
Nase *f* -n 11Ü 코
nass 18D 젖은
natürlich 12D 15D 16D 17D 19D 물론, 당연히; 자연적인, 자연스러운
 Ja, natürlich. 19D 예, 물론이지요.
Nazivergangenheit *f*, -en 17T 나치가 지배하던 시대
Neapel 13T 나폴리
neben 전 14D ...옆에
Nebenkosten *pl* 17D 부대비용
nehmen 11D 12Ü 13G 14D 16D 18D 19D 받다, 취하다, 사다, 여기다, 이용하다
 Je ruhiger die Wohnung ist, umso lieber nehmen wir sie. 12Ü 방이 조용하면 조용할수록 우리들은 그러한 방을 구한다.
 Unterricht nehmen 16T 수업을 받다
 Nimm das nicht so tragisch! 18D 너무 심각하게 생각하지 마!
nein 11D 12D 14Ü 16T 17D 18D [대답] 아니오
Nein *n* 17T 아니라고 하기
nervös 12G 불안한, 초조한
nett 11T 12Ü 14Ü 16G 17Ü 20D 친절한, 싹싹한
neu 11T 12D 16G 20Ü 새로운
Neue das 14G 새것
neulich 17G 최근
neunt- 17T 아홉 번째, 제 9일
nicht 11T 12T 13T 14T 15T 16T 18T 19D 20T [부정어] ... 않다, ...아니다
 Nicht schlecht! 14D 괜찮은데!
nichts 대 12T 16D 17G 19G 20Ü [부정어] 아무것도 (...아니다)
 Nichts zu danken. 16D 천만에요.
 Sie findet aber nichts Geeignetes. 12T 그 여자는 적당한 것을 아무것도 찾지 못한다.

nie 12G 13D 17T 한번도 안..., 결코 안...
Ich habe noch nie jemandem einen Pfennig weggenommen. 12G 나는 여태 다른 사람의 돈을 한 푼도 빼앗아 본 적이 없다.
niemand 대 12G 17G 20T [부정어]
아무도 (...아니다)
Hier ist niemand. 12G 여기는 아무도 없다.
So ein Mensch gefällt niemandem. 12G 그런 사람은 누구의 마음에도 들지 않는다.
Ich kenne niemanden in dieser Stadt. 12G 나는 이 도시에 아는 사람이 아무도 없다.
nimm 18D → nehmen의 2인칭 단수(du)에 대한 명령형
nimmst 11G → nehmen
nimmt 13Ü 14Gw 18T → nehmen
noch 첨 11T 12T 13D 14D 15T 17T 18Ü 20D
아직, 더 *weder ... noch ...* (이중부정)...도 아니고 ...도 아니다
Gisela muss noch Geschenke für ihre Geschwister kaufen. 12T 기젤라는 형제들에게 줄 선물도 사야한다.
Die war noch schöner. 12D 그것(재킷)이 더 예뻤다.
Sonst noch was? 14D 또 필요하신 것 있으세요?
Mich interessiert weder Auto noch Führerschein. 17D 난 자동차도 면허증도 관심 없어.
Nordkurier *m* 20T 노르트쿠리어 신문
normalerweise 14T 16D 대개, 일반적으로
Note *f*, -n 점수 19Ü
nötig 13Ü 16D 필요한
November *m,* 15T 17T 11월
Novembernacht *f* 17G 11월 밤
nur 첨 12T 14Ü 17T 18Ü 19D
단지, 다만, 오직. ...뿐, [접속법 Ⅱ 식의 희망문에서] ...하기만 한다면
Die Verkäuferin empfiehlt nur die teuren Krawatten. 13D 그 여점원은 비싼 넥타이들만 권한다.
Wenn ich nur Zeit hätte! 19G 내가 시간만 있다면!

O

ob 접 14D 16D 20G ...인지 아닌지
Obdachlose, *der/die* 16G 노숙자
oben 13T 위에
Oberkörper *m,* - 13D 상체
Oberschule *f,* -n 16Ü 고등학교
obwohl 접 13G 비록 ...하더라도
Herr Müller erreicht die Rezeption nicht, obwohl er sie mehrmals anruft. 13G 뮐러씨는 여러번 안내 데스크에 전화를 하였지만 통화할 수 없었다.
oder 접 11D 12D 14T 17T 18T 19D 20T
또는, 아니면, 혹은
offen 13D 열린
öffnen 15G 16G 18Ü 열다
oft 14G 16Ü 18D 종종
oh! 18D 감탄 으!, 아!
Oktober *m* 15T 19D 10월
Oktoberfest *n,* -e 19D 옥토버페스트(뮌헨에서 열리는 맥주 축제)
Onkel *m,* -s 11Ü 20Ü 아저씨(삼촌, 큰아버지 등등)
Opel *m* 17Ü 오펠(자동차 회사이름)
operieren 15G 16G 수술하다
Orange *f,* -n 17Ü 오렌지
Ordnung *f,* -en 15D 질서, 정돈
In Ordnung. 15D 좋습니다.

P

packen 12T 짐을 싸다
Päckchen *n,* - 16D 작은 소포
Pädagoge *m,* -n 20T 교육자, 교육학자
parken 15Ü 주차하다
Parkhaus *n,* -häuser 15G 주차건물
Party *f,* -s 13G 14G 19G 파티
Pass *m,* Pässe 15D 여권
passen 11D 맞다, 어울리다
Passfoto *n,* -s 18Ü 여권사진
passieren 12G (어떤 일이) 일어나다, 발생하다
Patient *m,* -en 13D 14Ü 15G 환자
per 전 16D ...으로
per Luftpost 16D 항공우편으로
Person *f,* -en 11T 사람, 인물
Personalabteilung *f,* -en 16D 인사과
persönlich 16Ü 개인적인
Pfennig *m* 12G 페니히(옛 독일의 화폐 단위)
pflegeleicht 11D 손질하기 쉬운
Pianist *m,* -en 16Ü 피아니스트
piepsen 18D (동물, 기계 등이) 높고 가는 소리를 내다, 삐삐 하는 소리를 내다

Pilz *m*, -e 18Ü 버섯
Plan *m*, Pläne 14T 계획
Plastiktüte *f*, -n 18T 비닐 쇼핑백
Platz *m*, Plätze 18T 장소, 자리
　am falschen Platz 18T 있을 곳이 아닌 데 있는
plötzlich 18D 갑자기
plus 17D 추가로
Pogrom *n*, -e 17T (특히 유대인에 대한) 대박해
Polen *n* 14Ü 폴란드
Politik *f*, -en 18Ü 정치, 정책
Politiker *m*, - 16Ü 정치가 (남자)
Polizei *f* -en 16Ü 17Ü 경찰(서)
Polizeimeldung *f*, -en 17Ü 경찰 보도문
Post *f*, -en 12Ü 16D 19Ü 우체국
Postangestellte, *der/die* 16D 우체국 직원
praktisch 11Ü 실용적인
Präsident *m*, -en 15Ü 대통령
Preis *m*, -e 11D 15D 가격
Preisliste *f*, -n 15D 가격목록, 가격표
　eine Preisliste geben 15D 가격표를 주다
preiswert 14G 저렴한, 비싸지 않은
prima 14D 훌륭한
Priorität *f*, -en 18T 우선 순위
pro 전 14G …마다
　Die Trauben kosten drei Euro pro Kilo. 14G
　포도는 킬로 당 3유로입니다.
probieren 12T 14D 시험적으로 해 보다
Problem *n*, -e 14D 17D 18G 19D 문제
　Kein Problem. 14D 문제없어.
Produkt *n*, -e 18T 제품, 상품
Produktname *m*, -n 15D 제품명
produzieren 18T 생산하다, 발생시키다
Professor *m*, -en 16Ü 17G 18G 19Ü 20T
　대학교수 (남자)
Protest *m*, -e 15T 항의
Protestaktion *f*, -en 15T 데모, 시위
Prüfung *f*, -en 14Ü 18G 시험
Publikum *n* 16T 관객, 청중
pünktlich 17G 18Ü 19Ü 20Gw 시간을 엄수하는, 정확한
Putzen *n* 19T 청소하기

Q

Quadratmeter *m/n*, - 11T 17D 제곱미터(=qm)

Qualität *f*, -en 14G 질, 품질

R

Radfahren *n* 17D 자전거 타기
rasch 19T 신속하게
rasten 17Ü 쉬다, 놀다
Rathaus *n*, -häuser 19Ü 시청
rauchen 12G 13Gw 15G 담배 피우다
Reaktion *f*, -en 20T 반응
Rechnung *f*, -en 15D 계산, 계산서
Recht *n*, -e 12Ü 13Ü 권리
　Da haben Sie Recht. 12Ü 당신 말이 맞습니다.
recht- 11Ü 오른쪽의
Redaktion *f*, -en 20T 편집부
Rede *f*, -n 14Gw 연설
reden 19Ü 말하다, 이야기하다
reduzieren 18T 줄이다
Referat *n*, -e 14D 발표
　Am Montag muss ich ein Referat über Kafka halten. 14D 월요일에 나는 카프카에 대하여 발표해야 돼.
Reform *f*, -en 15T 개혁
Regal *n*, -e 14G 선반, 책장
Regel *f*, -n 19T 규정, 규칙
regelmäßig 13D 19D 규칙적으로, 정기적으로
Regenschirm *m*, -e 11Ü 우산
Regierung *f*, -en 15T 정부
regnen 12Ü 18D [비인칭] 비가 오다
　Es regnet. 18D 비가 온다.
reich 12Ü 16G 부유한, 풍족한
Reiche, *der/die* 12Ü 부자
reichen 18D 충분하다
　Reicht das? 18D 충분하십니까?(괜찮으시겠습니까?)
reichen 19G 건네주다, 건네다, 내밀다
　Reichen Sie mir das Salz! 19G
　저에게 소금을 건네주세요!
reinigen 18D 세탁하다(드라이 클리닝하다)
Reinigung *f*, -en 18D 세탁소
Reise *f*, -n 14T 16T 여행
Reisebüro *n*, -s 19D 여행사
reisen 14G 여행하다
Reisende, *der/die* 14T 여행자
Reisetasche *f*, -n 17G 여행 가방

Religion *f*, -en 17T 종교
Religionszugehörigkeit *f*, -en 16Ü 종교
reparieren 15Ü 18D 고치다, 수리하다
Reparieren *n* 19T 수리하기
Reporter *m*, - 20T 기자
Republik *f*, -en 15T 공화국
reservieren 19D 예약하다
respektieren 13T 존중하다
Restaurant *n*, -s 12D 14D 음식점, 식당
Rezeption *f*, -en 13D 프론트, 안내 데스크
Riesenapplaus *m*, -e 16G 우레와 같은 박수
riesig 18T 엄청난, 아주 큰/많은
Ring *m*, -e 12G 반지, 고리
Roboter *m*, - 19T 로봇
Rock *m*, Röcke 11D 12Gw 치마, 스커트
Rohstoff *m*, -e 18T 원료
Rollbrett *n*, -er 14T 롤러블레이드
Rolle *f*, -n 14T 역할
  eine Rolle spielen 14T 역할을 담당하다
Rose *f*, -n 14Ü 장미
rosig 16D 장밋빛의, 낙관적인
rosten 17Ü 녹슬다
rot 11Ü 12D 붉은, 빨간 색의
Rotwein *m*, -e 11D 14G 적포도주
Rückfahrkarte *f*, -n 19D 왕복표
Rücktritt *m* 15T 20G 퇴임, 퇴진
rufen 18Ü 부르다, 외치다
  um Hilfe rufen 18Ü 도와달라고 소리치다
ruhig 11T 12Ü 17G 조용한, 한적한
rund 11D 14T 둥근, 대략
russisch 12Ü 러시아의

S

Sache *f*, -n 11D 15D 16D 17Ü 물건, 용건, 일
Sack *m*, Säcke 18T 자루, 주머니
sagen 13G 14D 16D 17D 18D 19D 말하다
  Das hätten Sie mir sagen müssen. 19D
  그것을 저에게 말씀해 주셨어야 했는데.
sah 10G → *sehen*의 과거형
Salat *m*, -e 14D 양상치
  Und noch einen Kopf Salat. 14G 양상치도 한 통 주세요.
Salz *n*, -e 19G 소금

Samstag *m*, -e 14D 토요일
  am Samstag 14D 토요일에
saßen 13Ü → *sitzen*의 과거형
Satz *m*, Sätze 17T 20T 문장, 문구
sauber machen 18Ü 깨끗이 하다, 청소하다
sauer 18Ü (맛이) 신, 시어진
schade 13G 유감인, 안타까운
schaden 13G ...을 해치다
  Herr Meier isst immer vor dem Schlafen, obwohl das der Gesundheit schadet. 13G 마이어씨는 건강에 해로운데도 불구하고 항상 자기 전에 먹는다.
schaden *m*, Schäden 19T 손상, 손해, 해
Schalter *m*, - 14G 매표창구
Schatz *m*, Schätze 13D 보물, 사랑하는 사람을 부르는 말
schauen 11Ü 보다, 쳐다보다
Scheck *m*, -s 15Gw 수표
Scheckkarte *f*, -n 19D 수표카드
scheiden, sich 18G 이혼시키다
  sich scheiden lassen 18G 재판으로 이혼하다
scheinen 13G 17Ü [zu+Inf.와 함께] ...인 것 같다
  Herr Meier scheint krank zu sein. 13G
  마이어씨가 편찮으신 것 같다.
schenken 11Ü 12G 선물하다, 주다
schick 11D 세련된
schicken 16D 보내다
Schild *n*, -er 13T 팻말, 안내판
Schildchen *n* 13T 팻말, 안내판
schlafen 13D 14G 15G 19Ü 자다
Schlafzimmer *n*, - 11T 침실
schlagen 18G 고동치다
  Das Herz schlägt. 18G 심장이 뛴다.
schlank 11Ü 날씬한
schlecht 13D 14D 19Ü 좋지 않은, 나쁜
  Nicht schlecht! 14D 괜찮은데!
schließen 15Ü 16G 18Ü 19G 닫다, 잠그다
  Schließen Sie das Fenster! 19G 창문을 닫으세요!
schließlich 15T 17T 20T 결국, [앞 문장의 내용에 대한 이유나 근거] ...이므로, ...인 것을
  Sabine Walper aus Frankfurt meinte, das sei unmöglich; die Bundesrepublik sei schließlich ein hochentwickeltes Land. 20T 프랑크푸르트에서 온 자비네 발퍼는 독일이 선진국가이기 때문에 그것이 사실일 수가 없다고 말했다.
schlimm 12Ü 나쁜
Schlimmste, *das* 17G 최악의 것, 가장 나쁜 것

schmal 11Ü 좁은, 가느다란
schmecken 11D 12Gw 14D 20G 맛이 있다.
 (어떤) 맛을 내다
schneiden 18G 자르다
schnell 12G 빨리, 빠른
schon 12G 13G 14T 16T 17D 이미, 벌써
 Kevin, hast du schon ein Zimmer gefunden? 12G
 케빈, 방 벌써 구했니?
schön 11T 12T 14D 16G 17D 19D 20D
 멋진, 예쁜, 아름다운
 Danke schon. Schönen Abend noch! 14D
 감사합니다. 좋은 저녁 되시기를 바랍니다.
 Bitte schön. 19D (상대방의 말에 대해) 그렇게 하시
 지요.
Schöneres 12Gw 더 아름다운 것
Schrank *m*, Schränke 12Ü 장롱
schrecklich 17T 18D 끔찍한
schreiben 16D 18Ü 20T (글을) 쓰다
schrieb 13Ü → schreiben의 과거형
schrieben 20Ü → schreiben의 과거형
Schuh *m*, -e 11Ü 12Ü 신, 구두
Schulausbildung *f*, -en 16Ü 학력
Schuld *f*, -en 19D 책임
Schule *f*, -n 14Ü 16Ü (초, 중, 고등)학교
Schüler *m*, - 14G 17Ü 18Ü 20G (초, 중, 고등)학생
 (남자)
Schülerin *f*, -nen 14G (초, 중, 고등)학생 (여자)
schwarz 11G 12T 검은, 검정색의
schweigen 17G 침묵하다
Schweiz *f* 15Gw 스위스
schwer 12Ü 14G 15Ü 18T 어려운, 무거운
 Der Schüler ist fünfzig Kilo schwer. 14G
 그 학생은 몸무게가 50킬로이다.
Schwerbehinderte, der/die 14W 중증장애인
Schwierigkeit *f*, -en 20T 어려움, 곤란
Schwimmbecken *n*, - 13T 수영장, 풀
schwimmen 12Ü 수영하다
sechs 14T 여섯, 6
sechzehn 16T 열여섯
sehen 13G 14Ü 15D 16D 18D 보다, 보이다
sehr 11T 13D 14G 16G 17G 19Ü 20GW
 매우, 몹시, 대단히
sei 19Ü 20T → sein의 접속법 I 식
seid 16G → sein
seien 20T → sein의 접속법 I 식
sein- [소유] 11D 14T 16T 18G 19T 20T

그의, 그것의
 Alexander fragt seinen Freund. 14Ü
 알렉산더가 친구에게 묻는다.
 *Am Wochenende beschäftigt man sich mit
 seinen Hobbys.* 14T 사람들은 주말에 자신의 취미
 생활을 한다.
 an seiner Stelle 19G 그의 입장에서
sein 12T 14D ...이다, ...이 있다
 Ich bin's, Brigitte. 14D (전화통화 할 때) 나 브리기
 테야.
seit [전] 16D ...이래
 seit zwei Wochen 16D 이 주일 전부터
seitdem 15T 그때부터
Seite *f*, -n 15T 측면
 auf der einen Seite, auf der anderen Seite 15T 한
 편으로는 ... , 다른 한편으로는 ...
Sekretärin *f*, -nen 18G 20Ü 비서 (여자)
selber 17D 스스로
selbst 17Ü 18Ü 자신, 스스로, 혼자 힘으로
selbstverständlich 11D 당연히
selten 17Ü 드물게
Semester *n*, - 17D 학기
Sensor *m*, -en 15G 센서
September *m* 9월
Sessel *m*, 11T 안락의자
setzen 18T 설정하다
sich [재귀. 3인칭 단수 3격] 12T 15T
 Gisela hat ihr Studium in Korea hinter sich.
 12T 기젤라는 한국에서의 학업을 마쳤다.
sich [재귀. 3인칭 단수 4격] 12T 14T 16D 18T
 *Am Wochenende beschäftigt man sich mit seinen
 Hobbys.* 14T 사람들은 주말에 자신의 취미생활을 한다.
sicher 13D 15D 분명히, 틀림없는, 확실한
 Ja, sicher 15D 예, 그럼요.
sicherlich 16Ü 분명히, 확실히
Sie [인칭. 존칭 1격] 11D 12D 14D 17D 18D
 19T 20D 당신(들)은, 댁은
 Was möchten Sie? 14D 무엇을 원하세요?
 Wie finden Sie den braunen? 12D 갈색(카펫)은 어
 떻게 생각하세요?
sie [인칭. 여성 1격] 11D 12T 14D 16D
 17D 18D 19Ü 20D 그 여자, 그것
 Sie ruft Gisela an. 14D 그 여자는 기젤라에게 전화
 한다.
sie [인칭. 여성 4격] 14D 그 여자를, 그것을
 Brigitte ruft Gisela an, um sie zu fragen, ob sie

kommen kann. 14D 브리기테는 기젤라가 올 수 있는지 물어보기 위하여 전화한다.

sie 団 [3인칭. 복수 1격] 12T 14D 18T 19T 20D 그들은, 그것들은
Herr und Frau Müller wollen in Neapel Urlaub machen. Sie nehmen ihre Katze Niki mit. 13T 뮐러부부는 나폴리에서 휴가를 보내려고 한다. 그들은 고양이 니키를 함께 데려간다.

sie 団 [3인칭. 복수 4격] 16Ü 그들을, 그것들을
Die Verkäuferin empfiehlt nur die teuren Krawatten. Gisela findet sie aber nicht schöner als die billigeren. 12T 여점원은 비싼 넥타이만 권하지만 기젤라는 저렴한 넥타이보다 근사하다고 생각하지 않는다.

sieben 20D 일곱, 7
Siebensachen *pl* 12T 소지품, 도구 일체
Siegermächte *pl* 15T 승전국들
siehst 18D → sehen
sieht 18D → sehen
Siemens 20Ü 지멘스 사(社)
sind 13T 14D 16D 18T → sein
Sinfonie *f*, -n 16T 교향곡
singen 18G 노래하다
Sitte *f*, -n 13T 풍습, 관습
Ski *m*, -/ -er 12Ü 13Ü 스키
Ski fahren 12Ü 스키 타다
so 12T 13D 14T 16D 17T 18D 19G 20T 그렇게, 그러한 *so ~ wie... ...*만큼 ...한, *so ~, dass ... ...*할 정도로 ~하다
so ein Mensch 12G 그런 사람
so etwas 20T 그런 것 ...
Und die schwarze ist etwa so groß wie die weiße. 12T 검은 색(가방)은 대략 흰 색만 하다.
sofort 15D 17Ü 18G 즉시, 곧, 당장
Sohn *m*, Söhne 16T 18Ü 아들
solch- 団 [지시] 19T 그러한
Könnte es solche Roboter geben? 19T 그런 로봇이 있을 수 있을까?
soll 13G 14G 15G 18G 19D → sollen
sollen 17Ü 18G ...해야 한다 (도덕, 의무)
Sommerferien *pl* 14G 여름휴가, 여름방학
sondern 접 17G [nicht와 함께] (...가 아니라) ...이다
Markus war nicht in Spanien, sondern in Italien. 17G 마르쿠스는 스페인이 아니라 이탈리아에 갔었다.
Martina spricht nicht nur Englisch, sondern auch Französisch. 17G 마르티나는 영어뿐만 아니라 프랑스어도 한다.

Sonnenbad *n*, -bäder 13T 일광욕
sonnig 14T 햇볕이 잘 드는, 날씨가 좋은
Sonntag *m*, -e 14G 일요일
sonntags 15G 일요일에
sonst 14D 그밖에
Sonst noch was? 14D 그 밖에 더 필요한 것 있으세요?
Sorge *f*, -n 12Ü 15T 19Ü 걱정, 근심
Anne macht sich Sorgen. 19Ü 안네는 걱정을 한다.
sowohl 접 17T sowohl ... als auch ... 17G ...뿐만 아니라 ...도
Spanien 15Gw 스페인
Sparkonto *n*, -s 19D 저축예금 구좌
sparsam 14G 절약하는
Spaß *m*, Späße 17Gw 재미
Dort gibt es vieles, was mir Spaß macht. 17Gw 거긴 재미있는 게 많이 있어.
spät 13G 늦은, 늦게
später 15T 나중에
Speisesaal *m*, -säle 13T (호텔 등에 딸린) 식당
spenden 16T 기증하다, 바치다
spielen 12Ü 13Ü 14T 18Ü 19T 놀다, (놀이, 경기를) 하다
eine Rolle spielen 14T 역할을 담당하다
Spielplatz *m*, -plätze 17Ü 놀이터
Sport *m*, -e 12G 13D 14T 스포츠, 운동
Sprache *f*, -n 17T 18Ü 언어
sprechen 14D 15Ü 16G 17G 19T 말하다
Hier spricht Brigitte. 14D (전화통화 할 때) 저는 브리기테입니다.
Kann ich mit Gisela sprechen? 14Gw 기젤라하고 통화할 수 있습니까?
Kann ich Gisela sprechen? 14Gw 기젤라하고 통화할 수 있습니까?
Sprecher *m*, - 19G 화자
spricht 13Ü 14Gw 15Ü 17G 19G → sprechen
Staat *m*, -en 15T 국가
staatlich 17T 국가적, 국가에 관계되는
Staatsangehörigkeit *f*, -en 16Ü 국적
Stadt *f*, Städte 11Ü 12G 13G 17D 시, 도시
Stadtmitte *f*, -n 18D 시내 중심가
Stadtrundfahrt *f*, -en 13D (버스를 타고 둘러보는) 시내 관광, 시티투어
Staatschef *m*, -s 15T 국가원수
Staatsgründung *f*, -en 15T 국가건설, 국가창건

Stadt *f*, Städte 15G 도시
Stadtzentrum *n*, -zentren 12T 시내 중심지
starb 16T → sterben의 과거형
statt 전 18T ... 대신에
stattfand 16T → stattfinden의 과거형
*statt*finden 16T 17G 19D 개최되다, 열리다
stehen 12D 13D 18D (서) 있다
stehen bleiben 18D 멈춰서다, 고장나다
steigen 18Ü 내리다, 타다
Stelle *f*, -n 16G 19G 일자리, 입장
   an seiner Stelle 19G 그의 입장에서
sterben 16T 죽다, 사망하다
*still*legen 16Ü 멈추게 하다, 중단시키다
stimmen 20Ü 맞다, 일치하다
   Stimmt das? 20D 맞아요?
Stipendium *n*, Stipendien 14G 장학금
Stoff *m*, -e 18G 천, 직물, 물질
stolz 16Ü 자랑스런
Strand *m*, Strände 13T 해변
Straße *f*, -n 18Ü 19Ü 거리, 길, 도로
   auf der Straße 19Ü 거리에서
Straßenbahn *f* -en 17D 전차
streichen 18Ü 칠하다, 페인트칠하다
Streifen *m*, - 12T 줄, 줄무늬
Streit *m*, -e 18D 말다툼, 싸움
streiten 18D 싸우다
streng 16G 엄격한, 엄한
   Herr Meier ist streng mit seinen Kindern.
   16G 마이어 씨는 자기 자식들에게 엄하다.
Strom *m*, Ströme 17Gw 전기
Stück *n*, Stücke 14D 17Ü 낱개
   Drei Stück davon, bitte. 14D 그 중에서 3개 주세요.
Student *m*, -en 14G 16D 17D 18G 대학생 (남자)
Studentin *f*, -nen 14G 대학생 (여자)
studieren 14G 16G (대학에서 ...을) 전공하다, 대학에 다니다
Studierende, *der/die* 14G 대학생
Studium *n*, Studien 12T 17D 16Ü 학업, (대학에서의) 공부
Stuhl *m*, Stühle 11Gw 의자
Stunde *f*, -n 14Gw 19Ü 20Ü 시간
Sturm *m*, Stürme 15G 폭풍
Suche *f*, -n 16D 찾기
suchen 11T 12T 14Ü 16D 17D 찾다
Süden *m* 14T 남, 남쪽
südlich 14T 남쪽에 속하는

Supermarkt *m*, -märkte 13Ü 수퍼마켓
Surfbrett *n*, -er 14T 서핑보드
süß *n*, -er 11Ü 단, 달콤한, 귀여운
System *n*, -e 15T 체제, 체계, 제도

T

tabellarisch 16Ü 도표로 만든, 개관적인
Tablette *f*, -n 20G 알약
Tag m -e 12D 14D 15T 16D 18D 19D 날
   Guten Tag! 14D (낮 인사)
tagelang 12G 며칠 동안
täglich 20G 매일
tagsüber 13D 낮 동안
Talent *n*, -e 16T 재능
Tante *f*, -n 11Ü 14G 16Ü 아주머니(이모, 고모)
tanzen 13D 15G 춤추다
Tasche *f*, -n 11Ü 12G 18T 가방, 주머니
Tasse *f*, -n 14G (찻)잔
täten 20G → tun의 접속법 Ⅱ 식
Täter *m*, - 17Ü 범인
tatsächlich 11D 18T 실제로, 사실은
taub 16T 귀가 먹은
Tee *m*, -s 12Gw 14Ü 15Ü 차(茶)
Teekanne *f*, -n 15Ü 차주전자
Teenetz *n*, -e 15Ü 차 거르는 망
teilgenommen 분Ⅱ 14G → *teil*nehmen
*teil*nehmen 14G 참가하다
   Mehrere ausländische Studenten haben an der Exkursion teilgenommen. 14G
   몇몇의 외국대학생들이 연수여행에 참가하였다.
teils 12D 부분적으로는
   Tja! Teils, teils. 12D 글쎄, 그렇기도 하고 안 그렇기도 해.
Teilung *f*, -en 15T 분단
Telefax *n*, -e 16Ü 팩시밀리
Telefon *n*, -e 14D 16Ü 18Ü 전화
   Gisela, Telefon für dich! 14D 기젤라, (너에게) 전화왔어!
Telefonbuch *n*, -bücher 20T 전화번호부
telefonieren 14D 전화하다
telefonisch 16D 전화로
Telefonnummer *f*, -n 17D 전화번호
Tempo *n*, -s 15G 속도

Tennis *n* 12Ü 테니스
Teppich *m*, -e 12D 카펫, 양탄자
Terrasse *f*, -n 13T 테라스
teuer 11T 12D 14D 16D 17G 값비싼
Text *m*, -e 17Ü 텍스트
Theater *n*, - (연극) 극장
Thema *n*, Themen 17Ü 주제
tief 14G 깊은
　Das Regal ist 80 Zentimeter tief. 14G
　그 책장은 깊이가 80센티이다.
tippen 18Ü 타이핑하다
tja 12D 감탄 이것 참! 글세!
Tochter *f*, Töchter 11G 딸
toll 20D 멋진, 근사한
Tonne *f*, -n 큰 통, 컨테이너; 1톤(무게 단위)
Tote, *der/die* 14W 사망자
Tourist *m*, -en 12Ü 14T 관광객
tragisch 18D 비극적인
trägt 11Ü → *tragen*
trat ... auf 16T → *auf*treten의 과거형
Traube *f*, -n 14D 포도
träumen 11Ü 꿈꾸다
treiben 12Ü 13D 14T ...을 하다
　Sport treiben 12Ü 운동을 하다
trennen 18T 분리하다
Treppe *f*, -n 18Ü 계단
trifft 17D → *treffen*
trinken 11D 12G 14Ü 15Ü 18Ü 마시다
trotzdem 13G 15T ...인데도, ...이지만 그래도
tschüs 14D (헤어질 때) 안녕
tun 12D 17Ü 19D 하다
Tür *f*, -en 13T 15G 18Ü 문
Türkei *f* 15Gw 터키
Türkin *f*, -nen 20D 터키 사람 (여자)
Turnschuh *m*, -schuhe 11G 운동화

U

über 전 14D 17G 20D ...위에, ...에 대해, ...이상
　über die Deutschen 20D 독일 사람들에 대하여
　In Deutschland gebe es über eine Million funktionale Analphabeten. 20T 독일에는 백만 명이 넘는 기능성 문맹자가 있다고 한다.
　Am Montag muss ich doch ein Referat über Kafka halten. 14D 월요일에 나는 카프카에 대하여 발표해야 돼.
überall 17T 20D 어디에나, 도처에
überfallen 분Ⅱ 15Ü → *überfallen*
überfallen 15Ü 습격하다
überhaupt 20T 전혀
Überlebende, *der/die* 14W 생존자
überlegen, sich 14T 18Gw 숙고하다
　Lass mich mal überlegen! 18Gw 잠시 생각 좀 하게 해 줘.
übersetzen 15Ü 18Ü 번역하다
überweisen 19D 20Ü 이체하다
　Geld überweisen 19D 돈을 이체시키다
übrigens 12D 14D 17D
　[화제를 바꿀 때] 그건 그렇고, 그런데
UdSSR *pl* (=*Union der Sozialistischen Sowjetrepubliken*) 15T 구소련
Uhr *f* -en 13D 18D 19Ü [시간의 단위] 시(시각), 시계
Uhrengeschäft *n*, -e 18D 시계 상점
um 전 14G 18Ü
　Für die Party kümmert sich Brigitte um Getränke. 14G 파티를 위해 브리기테는 음료수를 준비한다.
　Minho hat die Marktfrau um Hilfe gebeten. 14G 민호는 시장아주머니에게 도움을 청했다.
um 접 [um+zu 동사원형] 13T 14D 16D 18T ...하기 위해
　Frau Müller geht ins Bad, um ein Badehandtuch zu holen. 13T 뮐러 부인은 목욕타올을 가져오기 위하여 욕실로 간다.
　Worum geht es denn? 19D 무엇에 관한 것인데?
umgezogen 분Ⅱ 17G → *umziehen*
umso 12G [비교급과 함께] 더욱 더
　Je schneller der Wagen, umso größer die Gefahr. 12G 차가 빠르면 빠를수록 위험도 더 크다.
umweltfreundlich 17D 친환경적인
Umzug *m*, Umzüge 17G 이사
unantastbar 17T 18G 침해될 수 없는, 불가침의
unbedingt 15Ü 17D 무조건
und 접 12T 13T 14T 16T 17T 18T 19T 20T
　그리고, 그리고 나서, ...한 후
UNESCO *f* 20T 유네스코
Unfall *m*, Unfälle 15Ü 사고
ungesellig 20D 여럿이 함께 어울리는 것을 좋아하지 않는, 비사교적인
Universität *f*, -en 16Ü 20T 대학교

unmöglich 12G 20T 불가능한
unnötig 14Ü 불필요한
uns 대 [인칭 3격] 13D 16D18D 우리들에게
uns 대 [인칭 4격] 17D 18G 19Ü 20D 우리들을
  Sie hat nicht auf uns gewartet. 19Ü 그녀는 우리를 기다리지 않았다.
  Was sagen die Koreaner denn noch über uns? 20D 한국인들은 우리들에 관하여 어떻다고 이야기하든?
uns 대 [재귀 4격] 14Ü 20D
  Wir haben uns ganz gut unterhalten. 20D 우리는 아주 재미있게 이야기를 나누었다.
unser- 관 [소유] 11D 13T 14Ü 15G 17D 19D 20T 우리의
  Das ist doch nicht unsere Schuld. 19D 그것은 우리 잘못이 아니야.
unten 19D 아래에
unter- 분리 19D
unterhalten, sich 16Ü 17D 20D 대화를 나누다, 즐거운 시간을 보내다
  Wir haben uns ganz gut unterhalten. 20D 우리는 아주 재미있게 이야기 나누었다.
unternahm 16T → unternehmen
unternehmen 13D 16T (무엇을, 어떤 일을) 하다, 시도하다
Unterricht m, -e 16T 수업
Unterschied m, -e 19D 차이
unterschiedlich 15T 다르게
unterschreiben 19D 서명하다
Unterstützung f, -en 14Ü 지원, 협조
unverständlich 20D 이해할 수 없는
Uraufführung f, -en 16T 최초공연, 초연
Urlaub m, -e 13T 14Ü 16Ü 17G 20D 휴가
  Urlaub machen 13T 휴가를 갖다
Urlaubsziel n, -e 14T 휴가목적지
ursprünglich 16T 원래
USA pl 15T 미국
usw. (= und so weiter) 18T, 19T 기타, 등등

V

Vater m, Väter 11Ü 16T 17Ü 20Ü 아버지
Vaterland n 16G 조국
verbieten 13G 금지하다

verboten 13T 금지된
verbrannt 문Ⅱ 18G → verbrennen
verbrennen 18G 태우다, 소각하다
verbringen 14T 보내다
verdauen 13D 소화하다
verdienen 16G (돈을) 벌다
vereinigt 15T 통일된
  ein vereinigtes Deutschland 15T
Vereinigung f, -en 15T
Verfügung f, -en 18T 처리, 처분
  zur Verfügung stehen 18T 이용될 수 있다
vergessen 13Ü 14D 16G 17T 잊다
vergiss 13G → vergessen의 du에 대한 명령형
Verhalten n 18Ü 태도, 행동
verheiratet 16G 20Ü 결혼한
  Sabine ist mit einem reichen Mann verheiratet. 16G 자비네는 어떤 부유한 사람과 결혼했다.
Verheiratete, der/die 14W 기혼자
verkaufen 15Ü 20Ü 팔다
Verkäufer m, - 12D 18D 판매원 (남자)
Verkäuferin f, -nen 11D 12T 판매원 (여자)
Verkehrsregel f, -n 18G 교통규칙
verlassen 12D 떠나다
verletzt 15Ü 16G 상처 입은, 부상당한
Verletzte, der/die 14G 15Ü 부상자
verliebt 16G 사랑에 빠진
  Stefan ist in eine schöne Frau verliebt. 16G 슈테판은 어떤 아름다운 여인과 사랑에 빠졌다.
verlieren 17D 잃다
Verlobte, der/die 14W 약혼자
Verlust m, -e 15D 분실
  einen Verlust melden 15D 분실신고 하다
Verlustmeldung f, -en 15D 17G 분실신고
vermeidbar 18T 방지될 수 있는, 피할 수 있는
vermeiden 18T 방지하다
vermieten 15D 17D 세를 놓다
vermuten 20T 추측하다
vernünftig 19Ü 합리적인
Verpackung f, -en 18T 포장, 포장재료
verpackungsarm 18T 포장재가 (거의) 사용되지 않은
verschicken 16D (여러 가지를) 보내다
verschieben 17Ü 연기하다, 뒤로 미루다
verschieden 15T 18G 여럿의, 몇몇의
Versicherung f, -en 15D 보험, 보험료
versichern 15D 보험에 가입하다
  Ist der Wagen versichert? 15D 이 자동차 보험에

들었습니까?
versprechen 18D 약속하다
versprochen 분Ⅱ 13Ü → versprechen
Verständnis *n*, -se 13T 이해, 양해
verstehen 13D 17T 18Ü 20D 이해하다
versterben 14Ü 사망하다
verstorben 분Ⅱ 14Ü → versterben
Verstorbene, *der/die* 14W 사망자, 고인
versuchen 12D 13D 14D 18D 해 보다
  Ich versuche es besser woanders. 12D
  차라리 다른데서 찾아보고 싶어.
verteidigen 17T 방어하다, 지키다
vertrauen 16Ü 믿다, 신뢰하다
verüben 17G (범죄행위 따위를) 저지르다
verwandt 16G 친척관계인
  Jürgen ist mit mir verwandt. 16G 위르겐은 나와
  친척관계다.
Verwandte, *der/die* 14W 친척
verwerten 18T (재)활용하다
viel 11D 12G 13T 14D 16D 17D 19D 20Ü 많이
  Vielen Dank! 16D 대단히 감사합니다!
  Viele aktive Jugendliche machen in ihrer Freizeit
  Bungee-Springen. 14T 많은 활동적인 젊은이들이
  여가시간에 번지점프를 한다.
viel 대 [불특정] 17D 많은 것
  Dort gibt es vieles, was mich interessiert. 17D 그
  곳에는 내가 관심 있는 것이 많아.
vielleicht 12T 14D 18D 19T 20T 아마도, 혹시,
  어쩌면
vier 14D 15T 16Gw 넷, 4
viert- 11Ü 네 번째의
Violinunterricht *m*, -e 16T 바이올린 수업
Vogel *m*, **Vögel** 18G 19G 새
voll 16T 가득, 꽉
vollenden 15T 완성하다, 완결하다
völlig 14D 15T 완전히
Vollreinigung *f* 18D (얼룩 제거와 손 다림질이 포함
  된) 드라이클리닝
vom (von+dem) 11Ü 13T 19D → von
von 전 11Ü 12G 14T 15T 16T 17T 18U 19D 20T
  …으로 부터 …부터 …의, …에서
  Drei Stück davon bitte. 14D 그 중에서 3개 주세요.
  Bürgermeisterin von München 19D. 뮌헨시장 (여자)
  Von Ihrem Sparkonto können Sie Geld abheben.
  19D 저축예금구좌에서 돈을 인출할 수 있습니다.
  Wer von euch ist der älteste?

너희들 가운데 누가 가장 나이가 많으냐?
  von außen 18Ü 바깥으로부터
vor 전 11T 13D 14T 15T 18D …앞에 … 전에
  vor allem 14T 특히
  vor dem Schlafen 13D 잠자기 전에
Vorankommen *n* 14D 발전, 성공
  Dann gutes Vorankommen fürs Referat! 14D
  발표준비 잘해!
vor- 분리 15D
vorbei- 분리 17O
*vorbei*gehen 18Ü 지나가다
vorbeigekommen 분Ⅱ 17G → vorbeikommen
*vorbei*kommen 17D 19D 지나가다
  bei Peter vorbeikommen 페터에게 들르다
vorgestern 20D 그저께
*vor*haben 12G 16D (무엇을 할) 계획이다, 계획이 있다
  Hast du am Wochenende etwas vor? 12G
  주말에 무슨 계획 있니?
vorher 13G 14T 16D 19D 먼저, 그 전에, 이미
vorlegen 15D 지출하다
Vorlesung *f*, -en 14Ü (교수가 원고를 읽는) 강의
Vorname *m*, -n 16Ü 이름
Vorschlag *m*, **Vorschläge** 16G 제안
*vor*schlagen 13D 제안하다
Vorsitzende, *der/die* 14W 의장
*vor*stellen, sich 12G 상상하다, 예상하다
  Hast du dir etwas Schöneres vorgestellt? 12G
  너 이쁜것 기대했니?
Vortrag *m*, **Vorträge** 14Gw 강연
VW (= Volks**w**agen) *m* 15D 17Ü 폭스바겐(자동차)

W

Wagen *m*, - 11Ü 12G 15D 16Ü 17Ü 18G 자동차,
  수레, 마차
wählen 15Ü 뽑다, 선거하다
wahr 12Ü 17D 진실의, 참인
  Sie suchen eine ruhige Wohnung, nicht wahr?
  12Ü 조용한 집을 구하시는 거 맞지요?
wahr- 분리 19T
während 접 13D …하는 동안, …하는 반면
  Dann muss Ihr Magen noch verdauen, während
  Sie schlafen. 13D 주무시는 동안에 위는 소화를 해야
  합니다.

Wörterverzeichnis **189**

*wahr*nehmen 19T 인지하다
  Der Roboter nimmt wahr wie ein Mensch.
  19T 로봇은 인간처럼 인지한다.
Wand *f*, Wände 11T 13T 18D 벽
wann 14T 15Ü 16D 18D 20D 언제
war 11T 12D 13Ü 14G 15T 16T 17T 20D
  → sein의 과거형
wäre 19D → sein의 접속법 II식
Ware *f*, -n 11D 물건, 상품
waren 11T 17G → sein의 과거형
warm 12Ü 따뜻한
wärmer 12G → warm의 비교급
warst 12Ü 17D → sein의 과거형
warten 18G 20Ü 기다리다
warum 12D 13G 14Ü 16Ü 18D 20D 왜,
  무엇 때문에, 어째서
was 대 [의문. 1격] 12D 13T 14D 18D 19D 20D
  무엇이
  Was kosten die da? 14D 저기에 있는 것들은 얼마입
  니까?
was 감탄 11D 14D
  Was? Drei Euro das Kilo? Das ist aber teuer!
  14D 뭐라구요? 킬로 당 3유로라구요. 너무 비싸요!
was 대 [의문. 4격] 12D 14D 무엇을
  Was möchten Sie? 14D 무엇을 원하세요?
was 대 [부정] 13D 14D 17D 18Gw → etwas
was 대 [관계] 17T 18T (…하는) 것
was für ein- 11D 19D 어떤 종류의
  was für ein Konto 19D 어떤 종류의 구좌
waschen 18Ü 씻다, 세척하다
Wasser *n* 15Ü 20G 물, 수도물
wechseln 20Ü 바꾸다, 교환하다
wecken 14G 18Ü 깨우다
Wecker *m*, - 18D 자명종시계
weder 접 17D [noch와 함께] 17D …도 아니고
  …도 아니다
  Mich interessiert weder Auto noch Führerschein.
  17D 난 자동차도 면허증도 관심 없어.
weg 12Ü 사라지고 없는
  Meine Kopfschmerzen sind jetzt weg. 12Ü
  이제는 두통이 없어졌어요.
weg- 분리 12G
Weg *m*, -e 12Ü 14G 길, 도로, 방법
wegen 전 16T …때문에
  wegen der Erkrankung seiner Mutter 16T
  그의 어머니가 병이 나셨기 때문에 (발병 때문에)

*weg*fahren 17Ü 떠나다
weggenommen 분II 12G → *weg*nehmen
*weg*nehmen 12G 빼앗다
Wegwerfartikel *m*, - 18T (한번 쓰고 버리는) 1회용 제품
weil 접 13Ü 왜냐하면
Wein *m*, -e 11D 12D 15Ü 16Ü 19G 포도주
weinen 14G 울다
Weise *f*, -n 18G 방식, 방법
weiß 13D 14D 17G 19Ü → wissen
weiß 11G 12T 흰색의, 하얀
weißt 13D → wissen
Weißwein *m*, -e 11D 백포도주
weiter 15T 계속
welch- [의문] 11D 17G
welch- 대 [불특정] 17G
  Nein, ich habe keine mehr. Aber Markus hat
  noch welche. 17G 아니, 나는 더 이상 없고 마르쿠스
  가 [담배] 몇 개 피 가지고 있어.
Welt *f*, -en 12Ü 16T 세상, 세계
Weltkrieg *m*, -e 15T 세계대전
wem 대 [의문. 3격] 14T 누구에게
wen 대 [의문. 4격] 14Ü 누구를
wenig 12Ü 14G 16D 적은, 별로 없는,
  거의 …하지 않은
wenn 접 13G 16D 18T 19T [auch와 함께] 비록…
  하더라도
  Wenn Roboter Herzen gewinnen könnten. 19T
  로봇이 인간의 마음을 갖게 된다면.
  Wenn auch du es mir verbietest, werde ich zu der
  Party gehen. 13G 네가 나에게 파티에 못 가게 하더
  라도 나는 갈거야.
wer 대 [의문 1격] 11Ü 12G 15Ü 누구, 누가
  Wer von euch ist der älteste? 12G 너희들 중 누가
  제일 나이 많니?
wer 대 [관계] 17T
werden 12G 15D 17T 18T 19T …이 되다
  Die Tage werden immer kürzer. 12G
  낮이 점점 짧아진다.
werfen 18D 던지다
Wertstoff *m*, -e 18T 재활용될 수 있는 폐품
Wesen *n*, - 19T 존재, 실체
Wetter *n*, - 12G 14T 20D 날씨
wichtig 13G 14D 20D 중요한
widmen 16T 바치다, 헌정하다
wie [의문] 11D 12D 14D 15Ü 16D 17T 18T 20T
  어떻게

Wie finden Sie den braunen? 12D 갈색(카펫)을 어떻게 생각하십니까?
Wie viel macht das zusammen? 14D 모두 얼마입니까?
wie 12T [동등비교를 나타내는 말]
Etwa so groß wie der rote? 12D 대략 붉은 색(카펫)만 한 거요?
wie 쩝 14T 16T 18T 19T …처럼 …같은
wie Mozart 16T 모차르트처럼
wieder 13T 14D 18G 다시
Wiederhören 16D (라디오에서나 전화 통화에서 끝나고 하는 인사말) 안녕히 계세요.
Auf Wiederhören! 16D 안녕히 계세요!
*wieder*sehen 12D 13D 14G 17D (헤어질 때 하는 인사) 다시 보다, 다시 만나다
Wiedersehen! 12D 안녕!
Wiedervereinigung *f*, -en 15T 17G (재)통일
*wieder*verwerten 18T 재활용하다
wiegen 16D 무게가 나가다, 무게를 달다
will 12T 14T 15G 16D 17T 18G 19D → wollen
Winter *m* 12Ü 13Ü 겨울
Wintersemesterferien *pl* 16D 겨울방학
wir 대 [인칭 1격] 11D 12Ü 14G 16G 17T 18T 19T 우리는
wird 12Ü 15T 17G 18D 20G → werden
wirklich 17G 정말로, 실제로
wirst 18D → werden
wissen 13D 14D 16Gw 18G 19G 알다
wo 11Ü 14T 17D 18Gw 19D
wo [관계부사] 17T 18D
…, in Hamburg, wo Gisela wohnt. 16D 기젤라가 사는 함부르크에
woanders 12D 다른 어떤 곳에서
Woche *f*, -n 12D 14T 16D 19D 주(週), 1주일
letzte Woche 19D 지난 주에
Wochenende *n* 11D 12G 13Ü 14T 19D 주말
Schönes Wochenende! 14D 주말 잘 보내세요!
Wochenmarkt *m*, -märkte 14D 매주 (정기적으로) 서는 장
wofür 14G 17G → für
woher [의문사] 13D 14G 20D 어디에서 어디로부터
Woher weißt du das? 13D 그걸 어떻게 알았니?
wohin 14Ü 어디로
wohl 13T 좋게, 좋은
wohnen 11Ü 15D 16D 17D 살다
Wohngebiet *n*, -e 11T 거주지역

Wohnung *f*, -en 11T 12Ü 16G 18Ü 집, 주택, 아파트
Wohnzimmer *n*, - 11T 거실
Wolga *f* 12Ü 볼가 강
Wolle *f*, -n 11Ü 양모, 모
wollen 12T 13T 14T 16D 18D 19D 20T …하고자 하다, 원하다
woran 17G → an
worauf 17G → auf
worden 15T 16G 20G → werden
worüber 20D → über
worum 19G → um
wozu 19D → zu
Wunderkind *n*, -kinder 16T 천재 소년, 신동(神童)
wünschen, (sich) 12G 13T 14Gw 15D 원하다, 기원해 주다
Die Hoteldirektion wünscht Ihnen einen angenehmen Aufenthalt. 13T 저희 호텔 관리부는 손님여러분께서 안락하게 지내시기를 기원합니다.
Ich wünsche mir nichts Schöneres. 12G 나는 (그것보다) 더 예쁜(좋은) 걸 원하지 않아.
Wunsch *m*, Wünsche 18Ü 소원, 소망
wurde 15T 16T 17T 20Ü → werden의 과거형
würde 19D → werden의 접속법 II식
Würde *f*, -n 17T 18G 존엄(성), 위엄, 품위
würden 19T 20T → werden의 접속법 II식
Wurst *f*, Würste 11D 소시지
wusste 19G → wissen의 과거형
wüsste 19G → wissen의 접속법 II식

Z

Zahl *f*, -en 20T 수, 숫자
z.B. (= *z*um *B*eispiel) 20T 예를 들면
zehn 12Ü 열, 10
zeigen 11D 13T 14G 16G 19T 보여주다
Zeit *f*, -en 13D 14G 18Ü 19G 시간
Zeitung *f*, -en 12G 13Ü 17D 신문
Zentimeter *m/n* 14G 센티미터
zerstören 15G 파괴하다
ziehen 18T 19G (선을) 긋다, 당기다, 끌다
ziemlich 14G 상당히
Zigarette *f*, -n 17G 담배
Zimmer *n*, - 11T 12G 13Gw 15Ü 17D 19Ü 20Ü 방

Zins *m*, -en 19D 이자
zog 19G → ziehen의 과거형
zöge 19G → ziehen의 접속법 II식
zu 전 11G 12T 14G 15D 17T 19G ...에 ...(으)로
   Brigitte hat alle Kollegen zu ihrer Geburtstagsparty eingeladen. 14G 브리기테는 모든 동료들을 자신의 생일파티에 초대하였다.
   Können Sie mir sagen, wie man zum Bahnhof kommt? 14Ü 역에 어떻게 가는지 말씀해주실 수 있으세요?
   Einige südliche Länder wie Spanien, Italien und Griechenland gehören zu den beliebtesten Urlaubszielen der deutschen Touristen. 14T 스페인, 이탈리아, 그리스와 같이 남쪽에 위치한 나라들은 독일여행자들이 가장 애호하는 휴가목적지에 속한다.
   zur Welt kommen 16T 태어나다
   Wozu brauchen Sie das Konto? 19D 무엇 때문에 그 구좌가 필요하시지요?
   Was sagen Sie dazu? 20Ü 거기에 대해 어떻게 생각하십니까?
zu- 분리 19G
zu → um ... zu
zu 11T 12D 13T 16D 16Ü 17G 19G 너무[부정의 의미]
   Ist das nicht zu teuer? 11D 그거 너무 비싸지 않아?
   War sie zu teuer? 12D 그것이 너무 비쌌니?
   zu spät 16D 너무 늦은
zu 접 13T 14G 16D 18T [동사원형과 함께] ...하기, ...하는 것
   Aber kurz vor dem Schlafen zu essen ist schlecht. 13D 잠자기 바로 직전에 식사하는 것은 좋지 않다.
   Ich freue mich darauf, dich wiederzusehen. 14G 너를 다시 보게 되기를 고대하고 있다.
zubereitet 분II 15Ü → zubereiten
zubereiten 15Ü 마련하다, 준비하다
zuerst 12T 13Ü 15Ü 우선, 일단
zufällig 12D 14Ü 17D 우연히
zufrieden 11Ü 16G 만족하는, 만족스러운
   Frau Stern ist mit ihrer neuen Wohnung zufrieden. 16G 슈테른 부인은 새집에 만족한다.
Zufügen 19T 가하다, 끼치다, 주다
   jm. Schaden zufügen. ...에게 피해를 입히다
Zug *m*, Züge 12Gw 기차
Zugspitze *f* 12G 추크슈피체 산
Zuhause *n*, - 12D 내 집, 가정, 고향

Zukunft *f* 19T 미래, 장래
   in der nahen Zukunft 19T 가까운 장래에
zuletzt 17G 마지막으로
zum (zu+dem) 12T 14G 15D 16T 17T 18T 19D → zu
zumachen 19G 닫다, 잠그다
zunächst 18T 맨 먼저
Zuname *m*, -n 16Ü 성(姓)
zur (zu+der) 14D 16T 18T → zu
zurück 14D 16D 다시, 뒤로
zurück- 분리 12T 15T
zurückgeben 16Ü 돌려주다
zurückgekommen 분II 13T → zurückkommen
zurückkehren 12T 되돌아가다
zurückkommen 13T 돌아오다
zurücktrat 15T → zurücktreten의 과거형
zurücktreten 15T 물러나다, 퇴임하다
zurzeit 16D 요즘
zusammen 11G 14D 16D 17D 19Ü 함께, 같이
zwanzig 18D 20T 스물, 20
zwar 접 17D 20T [aber와 더불어] ...이긴 하지만...
   Es war zwar schön, aber zu teuer. 17G 좋긴 하지만 너무 비쌌다.
zwei 11G 14T 15T 16D 18D 둘, 2
zweit- 15T 16T 17T 두 번째
zwischen 전 15T 17D 18T 19Gw ...사이에서, ...사이로
zwölf 12T 18D 열둘, 12

문법 용어 색인

간접의문문 14G
간접화법 20G
과거 20G
과거분사 14G → 분사 II
관계대명사 16G 17G
관계대명사와 관계문 16G 17G
능동태 20G
동등 비교 12G
동사원형 13G
동사원형 구문(4격+동사원형) 18G
동사원형 구문(zu + 동사원형) 13G
무게, 길이, 시간, 수량의 표현 14G
미래 20G
복합등위접속사 17G
부가어 12G
부문장 13G 14G
분사 I (= 현재분사) 14G
분사 II (= 과거분사) 14G 16G
불특정대명사 I 12G 17G
비교급 12G
비인칭 수동문 15G
상태수동(sein동사 + Partizip II) 16G
상황어 13G
선행사 16G
소유관사어미변화 14G
수동형과 수동문 15G 18G
수량관사 14G
술어적 형용사 16G
어미 12G
원급 12G
유사 수동문 18G
의문관사 11G
이중모음 12G
전치사 + 관계대명사 16G
접속법 I 식 20G
접속법 II 식 19G
주문장 13G
주어 없는 수동문(비인칭 수동문) 15G
지각동사 구문 18G
직설법 20G
직접의문문 14G
최상급 12G
특정 전치사를 요구하는 형용사들 16G
현재 20G
현재분사 14G → 분사 I

현재완료 20G
현재완료 수동 16G
형용사의 명사화 14G
형용사의 비교변화 12G
형용사의 어미변화: 강변화, 약변화, 혼합변화 11G
화법조동사 문장의 현재완료 17G
화법조동사가 있는 수동문 15G
da(r)+전치사 .. *dass*/[*zu* + 동사원형] 14G
etwas + 형용사 12G
lassen + *sich* +...+ 동사원형 18G
lassen-구문 18G
nichts + 형용사 12G
ob-부문장 14G
sein +...+*zu* + 동사원형 18G
was für ein- 11G
welch- 11G
zu + *Inf.* 14G

Aktiv 20G → 능동문
Bezugswort 16G → 선행사
Deklination des attributiven Adjektives
 11G 14G → 형용사의 어미변화
Futur 20G → 미래
Hauptsatz 13G → 주문장
Indikativ 20G → 직설법
indirekte Fragesätze 14G → 간접의문문
indirekte Rede 20G → 간접화법
Infinitiv 13G → 동사원형
Infinitivkonstruktion: zu + Inf. 13G
→ 동사원형 구문
Komparativ 12G → 비교급
Konjunktiv I 20G → 접속법 I 식
Konjunktiv II 19G → 접속법 II 식
Nebensätze 13G 14G → 부문장
Partizip I 14G → 분사 I
Partizip II 14G → 분사 II
Passiv 15G 16G 18G 20G → 수동문, 수동형
Perfekt 20G → 현재완료
Positiv 12G → 원급
Possessivartikel 12G 14G → 소유관사
Präteritum 20G → 과거
Relativpronomen 16G → 관계대명사
Relativsätze 16G → 관계문
Steigerung des Adjektivs 12G → 형용사의 비교변화
Superlativ 12G → 최상급
Umstandsbestimmung 13G → 상황어
unbestimmtes Pronomen 12G 17G

→ 불특정대명사
W-Artikel 11G → 의문관사
W-Nebensätze 14G → 부문장

인명 색인

이름 (Vornamen)

(*m*=남자, *f*=여자)
Alex *m* 13Ü
Alexander *m* 14Ü
Andrea *f* 13Ü 18D
Anke *f* 17G
Anna *f* 11G 14Ü
Anne *f* 14Ü 19Ü
Antonio *m* 16T
Astrid *f* 20Ü
Bernhard *m* 13Ü
Brigitte *f* 14D
Christian *m* 13Ü
Claudia *f* 17G 18D 20Ü
Daniel *m* 14G
Emil *m* 13G
Erika *f* 14Ü
Ernst *m* 20Ü
Eva *f* 13G
Felix *m* 14Ü
Gabi(=Gabriele) *f* 17D
Gerd *m* 20Ü
Gisela *f* 14D 16D 20T
Gülbanu *f* 20D
Günther *m* 13D
Harald *m* 11Ü
Helmut *m* 11D
Inge *f* 11Ü
Ingrid *f* 15Ü
Joachim *m* 19Ü
Jochen *m* 14G
Johannes *m* 16Ü
Joseph *m* 16T
Julia *f* 11Ü 14G 17Ü 20D
Jürgen *m* 16G 17D
Kai *m* 19Ü
Karin *f* 12G
Kevin *m* 16Ü 17D 20Ü
Klaus *m* 11D 18Ü

Lea *f* 14G
Lena *f* 14Ü
Lisa *f* 14G
Ludwig *m* 16T
Manfred *m* 12Ü
Maria *f* 14G 20G
Marie *f* 14Ü
Mario *m* 11Ü
Markus *m* 14D 17D
Märtens *m* 19D
Martin *m* 17Ü
Martina *f* 17G
Max *m* 11Ü 12G 18G 20Ü
Michael *m* 19Ü
Monika *f* 16Ü 18G 19G
Moritz *m* 12G
Nina *f* 17Ü
Otto *m* 20G
Paul *m* 14Ü
Paula *f* 12Gw
Peter *m* 16Ü 17Ü 18Ü 19Ü
Petra *f* 11Ü 16Ü
Ralf *m* 11Ü
Renate *f* 12G 17Ü
Sabine *f* 11D 16G 17D
Sandra *f* 17Ü
Sebastian *m* 14Ü
Stefan *m* 16G
Sylvia *f* 12Gw
Thomas *m* 16Ü 18D
Tim *m* 14Ü
Udo *m* 11Ü 16Gw

성 (Familienname)

Beethoven, van 16T 17G
Eckert 16Ü
Goethe, von 17G
Gräber 20T
Haydn 16T
Jäger 18Ü
Keller 11T
Kohlhaas 20Ü
Koller 14G
Kröner 19D
Krüger 20Ü
Lieberwein 20T
Lohmann 15Ü
Meier 13G 16G
Müller 13D 16Ü
Napoleon 16T
Neumann 14D
Riedl 20Ü
Salieri 16T
Schmidt 14G 16G 17Ü 18D 20Ü
Schönberg 20Ü
Schröder 20Ü
Schulz 11G 14G 19Ü
Stern 16G
Walper 20T
Weber 19Ü 20Ü
Wickert 17D
Wieland 16D

지명 색인 (Ortsnamen)

Auschwitz 17T
Bayern 20T
Berlin 14G 15T 16Ü 17G
Bonn 16T
Dortmund 20T
Eppelsheim 17D
Frankfurt 15D 20T
Hamburg 16D 17Gw 19G
Istanbul 20D
Köln 17D
Konstanz 17Ü
München 14G 17Gw 19D
Neapel 13T
Paris 12G
Wien 12G 16T

Lebendiges Deutsch für Studenten II

대학생을 위한 활용 독일어 II

연습문제 모범 답안

Lektion 11

① 1. moderne 2. schönes 3. bequemer 4. teurer 5. praktische 6. nette

② 1. Petra hat mir schwarze Handschuhe geschenkt.

2. Udo hat mir ein interessantes Buch geschenkt.

3. Ralf hat mir eine modische Krawatte geschenkt.

4. Max hat mir einen roten Regenschirm geschenkt.

5. Inge hat mir *eine Flasche guten Wein* geschenkt.

6. Julia hat mir ein schönes Bild geschenkt.

③ 1. neuen 2. alten 3. hohe 4. starken 5. teuren 6. kleinen 7. dunkle

④ 1. A: -e, -e, -en, -e, -en B: -e, -er 2. A: -es, -en, -e, -e B: -e, -e, -en, -en

3. B: -en A: -en, -en, -en 4. B: -e A: -e, -en, -en 5. B: -en A: -em, -en, -en

⑤ 1. -en 2. -en 3. -en 4. -er 5. -en 6. -en

⑥ 1. A: Was für B: -e B: Welche A: -en 2. A: Was für ein B: -es A: -e

3. A: Was für eine B: -e, -e A: -en

⑦ 1. Kennst du die Studentin da? - Welche (Studentin) meinst du?

2. In diesem Supermarkt gibt es keine teuren Waren.

3. Ich mag keinen starken Kaffee. / Starken Kaffee mag ich nicht.

4. Das Ehepaar Keller wohnt im dritten Stock. /

Die Kellers wohnen im dritten Stock.

(독일에서는 우리식 1층을 das Erdgeschoss 라고 한다. 따라서 2층

⟨der erste Stock⟩ 부터 층수를 세게 된다.)

5. Was für eine Bluse möchtest du (kaufen)? - Eine helle, aber pflegeleichte.

6. Gestern habe ich in der Stadt einen alten Freund getroffen.

7. Zu deiner grauen Hose passt dieses dunkle Hemd gut.

8. Ist das hier deutscher Wein?

9. Unsere Wohnung hat zwei große Zimmer, eine moderne Küche und ein schönes Bad.

10. Helmut und sein koreanischer Freund Dong-gyu gehen einkaufen.

Lektion 12

(1) 1. billiger 2. günstiger 3. schöner 4. weniger 5. ruhiger 6. freundlicher

(2) 1. näher 2. höher 3. länger 4. wärmer 5. größer 6. kürzere

(3) besser, schwerer, älter, älter, mehr

(4) 1. bessere 2. größeren 3. billigere 4. Schöneres 5. breiteren

(5) 1. kältesten 2. geeignetsten 3. schlimmste 4. meisten 5. modernsten
6. kürzeste 7. neueste 8. netteste

(6) 1. liebsten 2. länger 3. reicher, ärmer 4. ruhiger 5. nett

(7) 1. Daniel ist jünger als Manfred. 2. Ich habe keinen älteren Bruder.
3. Der Everest ist der höchste Berg der Welt.
4. Ich trinke gern Milch, (aber) lieber Kaffee.
5. Das Wetter wird immer kälter. / Das Wetter wird kälter und kälter.
6. Das Hemd ist etwas zu teuer. *Haben Sie/Gibt es* kein billigeres?
7. Auf dem Markt kann man (noch) günstiger einkaufen als im Kaufhaus.
8. Je teurer das Benzin wird, desto mehr Menschen fahren mit der U-Bahn.
9. Wer von euch ist am größten? / Wer von euch ist *der/die* Größte?
10. Die schwarze Tasche ist genauso schön wie die weiße.

Lektion 13

(1) 1. Meinen Sie etwa, dass ich krank bin?
2. Auf dem Schild steht, dass die Bootsfahrt verboten ist.
3. Frau Müller meint, dass die Rezeption sicher etwas empfehlen kann.
4. Der Arzt hat mir gesagt, dass ich schlechte Essgewohnheiten habe.
5. Herr Meier hat gesagt, dass er sehr schlecht schläft.
6. Gisela schrieb, dass sie im Winter nach Hause zurückkommt.

(2) 1. Es steht auf dem Schild, dass die Bootsfahrt verboten ist.
2. *Es gefällt Herrn Meier nicht/Herrn Meier gefällt nicht,* dass er viel Sport treiben soll.
3. (Es ist) Schade, dass du nicht kommen kannst!

4. Der Arzt meint, dass Herr Meier nicht krank ist.

5. Ich freue mich schon darauf, dass mich meine Mutter am Wochenende besucht.

③ 1. Bernhard behauptet, keine Zeit zu haben.

2. Vergiss nicht, die Blumen zu gießen.

3. Christian behauptet, Recht zu haben.

4. Gisela hat versprochen, im Winter zurückzukommen.

5. Sandra lernt fleißig, um das Examen zu bestehen.

6. Es ist verboten, hier zu fotografieren.

7. Es ist nicht erlaubt, Hunde in den Supermarkt mitzunehmen.

8. Es ist jederzeit möglich, ein Sonnenbad auf der Terrasse zu nehmen.

9. Es ist nicht nötig, bei jedem Besuch Geschenke mitzubringen.

④ 1. Herr Meier weiß auch, dass er nicht krank ist.

2. Günther versucht mehrmals, die Rezeption zu erreichen.

3. Eva hat keine Zeit, zur Party zu kommen.

4. Alex hat versprochen, mich nach Paris mitzunehmen.

⑤ ins Kino zu gehen, zu Hause bleiben (이하 생략)

⑥ 1. weil 2. damit, weil 3. bevor, nachdem 4. obwohl 5. während 6. obwohl

⑦ 1. Ich habe keine Lust, ins Kino zu gehen.

2. Wir haben keine Zeit zu essen.

3. Seid ihr bereit *loszufahren/abzufahren*?

4. Es ist verboten, im *Speisesaal/Restaurant* zu rauchen.

5. (Es ist) Schön/Gut, dich zu sehen!

6. Gisela ist ins Kaufhaus gegangen, um Geschenke zu kaufen.

7. Sie brauchen nicht wiederzukommen.

8. Das Kind scheint krank zu sein.

9. Es ist nicht gut, vor dem Schlafen zu essen.
 / Vor dem Schlafen zu essen ist nicht gut.

10. Andrea hat vorgeschlagen, an der Rezeption zu fragen.

Lektion 14

1 1. wann die Vorlesung beginnt.   2. wohin sie morgen fährt.
3. wen er jetzt anruft.   4. woher ich das weiß.
5. woher sie das wissen.   6. ob sie zur Party kommen kann.
7. ob er gut schläft.   8. ob das möglich ist.

2 1. warum *Daniel/er* heute in der Schule fehlt.
2. ob *Gisela/sie* zur Grillparty kommt.   3. wo der Bioladen ist.
4. wie sich der Autounfall ereignet hat.   5. was mit ihm los ist.

3 1. -en   2. -en   3. -en   4. -en   5. -e   6. -e   7. -e   8. -e   9. -en   10. -e

4 1. -en   2. -en   3. -e   4. -er, -en   5. -e   6. -er   7. -e   8. -er

5 1. darauf   2. auf   3. an   4. daran   5. dafür   6. für   7. um   8. um   9. um

6 1. nächstes Jahr   2. einen Monat   3. einen halben Tag   4. Einen Moment
5. jeden Morgen   6. jedes Wochenende   7. Letzte Woche

7 1. Tasse, Tassen   2. Meter   3. Flaschen   4. Flasche   5. Stück   6. Kilometer

8 1. Wie viel/Was macht das zusammen?
2. Anna, sag mal, warum du nicht gekommen bist.
3. Man kann Müsli im Bioladen *bekommen*.
4. Viele aktive Jugendliche laufen in ihrer Freizeit auf Inlineskates.
5. (Ich wünsche Ihnen ein) Schönes Wochenende!
6. Können Sie mir sagen, *wie ich zum Bahnhof komme?/wie man zum Bahnhof kommt?*
7. Denk daran, dass wir am Wochenende ins Kino gehen!
8. Wisst ihr, ob Marie auch mitkommt?
9. Viele Deutsche wollen ihren Urlaub im sonnigen Süden verbringen.
10. Ich muss nächste Woche ein Referat halten.

Lektion 15

1 1. Der Flug wird von der Sekretärin gebucht.

연습문제 모범 답안   **199**

2. Die Sache wird von dem Angestellten* sofort nachgeprüft.(*der Deutsche와 der Angestellte는 형용사와 같이 어미 변화를 한다. 따라서 형용사 어미변화와 같이 단수 2,3,4격에서는 어미가 -(e)n으로 변한다.)

3. Wird der Wagen (von Ihnen) zum Hotel gebracht?

4. Wann wird der defekte Wagen abgeschleppt?

5. Die Tür wird durch den Sensor geöffnet.

②　1. geworden   2. wird   3. worden   4. werden   5. worden

③　1. Manchmal wird auf dem Marktplatz getanzt.

2. In Deutschland wird viel Bier getrunken.

3. Über diese Sache wird nicht gern gesprochen.

4. Die Bohnensuppe wird etwa fünf Minuten gekocht.

④　1. Hier kann geparkt werden.   2. Hier soll ein Kaufhaus gebaut werden.

3. Der Brief muss heute noch abgeschickt werden!

4. Das Buch kann kaum übersetzt werden.

5. Die Tür kann nicht von außen geöffnet werden.

6. Leider konnte der Wagen nicht mehr repariert werden.

7. Die Hoffnung auf die Wiedervereinigung musste (von den Deutschen) aufgegeben werden.

⑤　2.wird, ausgespült   3. wird, gehängt   4. wird, gegeben   5. wird, draufgegossen

6. wird, herausgenommen

⑥　1. Im Winter wird hier Eis gelaufen.   2. Wird der defekte Wagen abgeschleppt?

3. Im letzten Monat ist der neue Präsident gewählt worden. (der Präsident는 약변화 명사이다.)   4. Die Sache war erledigt worden.

5. Der Verletzte musste ins Krankenhaus gebracht werden.
(der Verletzte는 형용사와 같이 어미변화를 한다.)

6. Die Sache hat unbedingt nachgeprüft werden müssen.

⑦　1. Von wem wird das behauptet?   2. Der alten Dame wurde von dem kleinen Jungen* geholfen. (*der Junge는 약변화명사, helfen은 3격지배 동사)

3. Wann ist diese Entscheidung getroffen worden?

4. Herr Lohmann fragt, wann der Wagen repariert wird.

5. Er erklärte uns, wie die Digitalkamera bedient wird.

⑧　1. Der dritte Oktober wird in Deutschland als „Tag der Einheit" gefeiert.

2. Deutschland wurde 1949 in zwei Staaten aufgeteilt.

3. Die innere Einheit Deutschlands ist noch nicht vollendet worden.

4. Die Sache wird sofort nachgeprüft.

5. *Das/Dieses* Buch muss bis morgen zurückgegeben werden.

6. Dieser Wagen kann in unserer Filiale in Berlin abgegeben werden.

7. Wo kann man eine Verlustmeldung machen? / Wo kann man einen Verlust melden?

8. Mit welcher Maschine sind Sie gekommen?

9. Darf ich mal Ihren Gepäckschein sehen? / Können Sie mir Ihren Gepäckschein zeigen?

10. Ich *hatte/habe* den Koffer kurz vor dem Abflug aufgegeben.

Lektion 16

(1) 1. der 2. der 3. die 4. den 5. denen 6. dessen 7. auf das
   8. mit denen

(2) 1. Heute feiern wir den 60. Geburtstag meines Vaters, **der** noch wie ein junger Mann **aussieht**.

2. Die Leute, **denen** ich **geholfen hatte**, haben mir einen Dankesbrief geschrieben.

3. Die Studenten, **von denen** wir **gesprochen haben**, kommen aus Deutschland.

4. Kannst du mir die E-Mail-Adresse des Hotels geben*, **dessen** Zimmer nicht teuer **sind**?

5. Ich will meinen Freund besuchen, **von dem** ich lange nichts **gehört habe.**

6. Kevin geht heute Abend zu seinen Großeltern, **für die** er eine Flasche Wein **gekauft hat**.

7. Haben Sie das Kind gesehen, **dessen** kranker Vater noch im Krankenhaus **liegt**?

(3) 1. die gut Französisch spricht 2. dem man vertrauen kann
   3. die ich lieben kann

(4) 1. der 2. den 3. mit dem 4. dessen 5. von dem

(5) 1. geöffnet 2. zurückgegeben 3. verletzten 4. begonnene 5. bezahlte

(6) 1. begeistert 2. auf 3. in 4. zufrieden 5. mit 6. befreundet/verwandt

7. mit   8. besorgt   9. auf   10. mit

(7) 1. Ich möchte diesen Brief als Einschreiben nach Korea schicken.

2. *Das/Es* ist nicht so teuer, wie ich gedacht habe.

3. Sie ist eine der schönsten Frauen, die ich je gesehen habe.

4. Herr Schmidt, dessen Auto kaputt ist, fährt mit der U-Bahn ins Büro.

5. Die Mutter, die das große Talent ihrer Tochter früh erkannt hatte, gab ihr Klavierunterricht./Die Mutter gab ihrer Tochter, deren großes Talent sie früh erkannt hatte, Klavierunterricht.

6. Das Publikum, das von der Aufführung begeistert war, *hat einen Riesenapplaus gespendet/spendete einen Riesenapplaus*.

7. Die Leute, die von der Firma entlassen worden sind, müssen *eine neue Stelle/einen neuen Job* suchen.

8. Das Restaurant ist voll von Gästen besetzt.

9. Wir waren mit seinem Vorschlag einverstanden.

10. Der Komponist war *nicht zufrieden mit seinem neuen Werk /mit seinem neuen Werk nicht zufrieden*.

Lektion 17

(1) 3. *Wer* seine Aufgaben gemacht hat, darf nach Hause gehen.

4. *Was* viel Geld kostet, das mag ich nicht gern.

5. *Wer* in der Stadt wohnt, fährt gern ins Grüne.

6. *Was* es selten gibt, das ist meistens teuer.

(2) 1. was   2. Was   3. Wer, der   4. Wer, der   5. Wer, dem   6. Wer

(3) 1. Siehst du das Haus dort, *wo* der berühmte Komponist Beethoven geboren wurde? 2. Kennst du die St.-Viktus-Gasse nicht, *wo* Professor Schmidt wohnt?

3. Peter hat mir Geschenke mitgebracht, *was* ich gar nicht erwartet hatte.

4. Julia ist gekommen, *worüber* wir uns gefreut haben.

5. Es war eine Novembernacht, *wo* das Pogrom gegen die Juden begann.

(4) 1. dessen   2. wo   3. dessen   4. deren   5. was   6. Wer

(5) 1. gewollt   2. wegfahren müssen   3. gekonnt   4. bleiben dürfen   5. müssen

⑥ 1. worauf 2. von dem 3. mit dem 4. woran 5. worüber 6. über das

⑦ 1. eine 2. eins 3. welche, keine 4. einen, keinen

⑧ 1. Entweder - oder 2. Weder - noch 3. zwar - aber 4. Sowohl - als auch
   5. nicht nur - sondern auch

⑨ 1. Die Würde des Menschen ist unantastbar.

2. Hier gibt es nichts, *was mich interessiert/wofür ich mich interessiere*.

3. *Wer seine Aufgaben fertig gemacht hat/Wer mit seinen Aufgaben fertig ist*, darf nach Hause gehen.

4. Nicht alles, was glänzt, ist Gold. / Es ist nicht alles Gold, was glänzt.

5. Wer sich selbst nicht hilft, dem wird nicht geholfen.

6. Einer von uns muss hier bleiben. Entweder du oder ich!

7. Hier ist die Bahnhofstraße, wo/in der Martin ein Zimmer gemietet hat.

8. Mein Freund wollte in den Ferien den Führerschein machen. / Mein Freund hat in den Ferien den Führerschein machen wollen.

9. Ich habe zwar keine Zeit, aber ich helfe dir.

10. Gestern hat mich Kevin angerufen, *was mich sehr gefreut hat/worüber ich mich sehr gefreut habe*.

Lektion 18

① 1. Abfallpolitik 2. Mülltonne 3. Altpapiercontainer 4. Wegwerfartikel
   5. Rohstoff 6. Altglas

② 1. Nein, ich lasse es aufräumen. 2. Nein, er lässt sie schreiben.
   3. Nein, ich lasse es streichen. 4. Nein, sie lässt ihn waschen.
   5. Nein, ich lasse sie bügeln.

③ 1. lässt ihn reparieren 2. lässt ihn übersetzen
   3. lässt die Wohnung sauber machen
   4. lässt sich, wecken (그녀는 자기 [sich]를 깨우게 한다.)
   5. lässt sich (3격) ein(e)s (*ein Kleid*의 불특정대명사) machen

④ 1. Siehst du deinen Freund aus dem Wagen steigen?
   2. Hörst du einen Mann um Hilfe rufen?

3. Seht ihr eure Kinder auf der Straße spielen?

4. Hörst du das Telefon klingeln?

5. Siehst du Andrea vor dem Geschäft stehen?

5 1. Monika hat den Wecker fallen lassen.

2. Der Lehrer hat die Schüler aufstehen lassen.

3. Klaus hat seine Freundin vor dem Kino stehen sehen.

4. Ich habe den Besucher *die Treppe heraufkommen* (계단을 올라오다) sehen.

5. Wir haben ihn oft Klavier spielen hören.

6. Hast du ihn gesehen? - Ja, ich habe ihn gerade vorbeigehen sehen.

6 1. Der Brief ist heute noch abzuschicken.

2. Der Wagen ist nicht mehr zu reparieren.

3. Was ist zu ändern?   4. Diese Sprache ist leicht zu erlernen.

5. Die Miete ist pünktlich zu bezahlen.

7 1. Müll lässt sich vermeiden.   2. Das Problem lässt sich lösen.

3. Die Tür lässt sich nicht von außen öffnen.

4. Das Buch lässt sich nur schwer übersetzen.

5. Diese Frage lässt sich noch nicht beantworten.

8 1. Diese Pilze sind nicht essbar.   2. Saure Milch ist nicht mehr trinkbar.

3. Sind Verpackungen vermeidbar?   4. Ist dieser Stoff verwertbar?

5. Seine Handschrift ist nicht lesbar.   6. Dieser Stoff ist leicht waschbar.

7. Der Wunsch ist erfüllbar.

9 1. Altpapier ist leicht wiederzuverwerten.

2. Abfälle sind in die Behälter zu werfen.

3. Diese Uhr ist nicht mehr zu reparieren.

4. Sein Verhalten ist nicht zu verstehen.

5. Sind diese Batterien wieder aufzuladen?

10 1. Er hat sich Passfotos/Passbilder machen lassen.

2. Der Lehrer hat den Schüler aufstehen lassen.

3. Hast du *das Auto/den Wagen* reparieren lassen?

4. Hast du dir die Haare schneiden lassen?

5. Hast du heute Kai gesehen?

- Ja, ich habe ihn gerade hier vorbeigehen sehen.

6. Hast du den Wecker nicht *läuten/piepsen/klingeln* hören?
   / Hast du den Wecker nicht gehört?
7. Diese Hausaufgaben sind bis morgen zu machen.
8. Latein ist schwer zu *lernen/erlernen*.
9. Papier lässt sich wiederverwerten.
10. Autofahrer haben die Verkehrsregeln zu beachten.

Lektion 19

(1) 1. reden würde / Würde, reden   2. gewusst hätte   3. könnte / würde
    4. Wär(e)st, gekommen

(2) 1. Ich wäre heute (doch) nicht ins Büro gegangen.
    2. Ich würde mir (doch) keine Sorgen machen.
    3. Ich hätte (doch) nicht auf der Straße gespielt.
    4. gehabt hätte, wäre, gekommen.

(3) 1. wär(e)st   2. hättest   3. hättest, gehört.(문제의 ich wünschte는 바람을 나타낼 때 주로 쓰는 공손한 표현이다.)   4. dürfte   5. gäbe

(4) 1. Hättest   2. Dürfte   3. Würden, helfen   4. Würden, ausfüllen   5. Wäre
    6. Könnten

(5) 1. Wenn ich doch ein anderes Zimmer bekommen könnte!
    2. Wenn ich doch nicht so viel Wein getrunken hätte!
    3. Wenn er doch nicht so viel Geld ausgegeben hätte!
    4. Wenn ich das doch gestern gewusst hätte!

(6) 1. hätte, hätte, ausgehen dürfen   2. hätte, hätte, besuchen können
    3. hätte, hätte, nachsitzen müssen

(7) 1. Wenn du *doch/nur* gekommen wär(e)st! / Wär(e)st du *doch/nur* gekommen!
    2. Wenn er *doch/nur* vernünftig gewesen wäre! / Wäre er *doch/nur* vernünftig gewesen!
    3. Wenn sie *doch/nur* auf uns gewartet hätte! / Hätte sie *doch/nur* auf uns gewartet!
    4. Wenn wir das *doch/nur* gewusst hätten! / Hätten wir das *doch/nur* gewusst!
    5. Wenn du das *doch/nur* getan hättest! / Hättest du das *doch/nur* getan!

(8) 1. Wenn Roboter Herzen gewinnen könnten, würden sie Menschen lieben.

2. Könnten Sie mir sagen, wie man zum Rathaus kommt?

3. Würden Sie das Formular hier unterschreiben?

4. Wenn sie mich doch angerufen hätte!

5. Wenn ich nach München kommen würde, würde ich Sie besuchen.
/ Wenn ich nach München käme, würde ich Sie besuchen.

6. Dann wäre ich Ihnen sehr dankbar!
/ Dann würde ich Ihnen danken!

7. Das hätten Sie mir vorher sagen *müssen / sollen*.

8. Michael spricht so gut Englisch, als ob er ein Amerikaner wäre.
/ Michael spricht so gut Englisch, als wäre er ein Amerikaner.

9. Dürfte ich mal durch(gehen)? / Dürfte ich mal vorbei(gehen)?

10. Hätte ich das nur gewusst! / Wenn ich das doch gewusst hätte!

Lektion 20

① 1. Julia sagt, sie brauche ein neues Kleid.

2. Mein Vater sagt, er fühle sich noch jung.

3. Thomas sagt, er wisse nicht, was er tun solle.

4. Herr Schröder sagte, wir sollten ihn besuchen.

5. Manfred hat gesagt, er habe eine Stunde warten müssen.

② 1. Herr Schmidt hat gesagt, er nehme seine Frau mit nach Amerika.

2. Thomas behauptet, das sei sein Buch.

3. Die Mädchen sagten, ihr Haus sei verkauft worden.

4. Frau Schönberg hat dem Chef gesagt, sie hole seinen Gast am Flughafen ab.

5. Eva behauptet, diese Firma gehöre ihrem Onkel.

6. Ernst fragte, ob meine Freunde auch mitkämen.

7. Claudia fragte uns, ob unser Vater bei Siemens gearbeitet habe.

8. Herr Riedl fragte Maria, ob er sie einladen dürfe.

9. Die Angestellte sagte mir, wenn ich Geld überweisen wolle, *brauchte/bräuchte* ich ein Girokonto. (*bräuchte* 는 주로 입말에서 사용된다.)

③ 1. seien 2. habe 3. habe 4. hätte 5. hätten 6. sei 7. sei(e)st 8. hätten

9. hätten

(4) 1. gebe 2. glaube, sei 3. seien 4. gebe 5. sei

6. seien, hätten, könnten, könne

(5) 1. Die Koreaner sagen, die Deutschen seien zu ernst.

2. Professor Gräber behauptet, in Deutschland gebe es über eine Million funktionale Analphabeten.

3. Die Frau *sagte/hat gesagt*, ihre Tochter *tue/mache* so etwas nicht.

4. Der Ober *fragte/hat gefragt*, ob das Essen geschmeckt habe.

5. Gerd *sagte/hat gesagt*, er sei gestern nicht dort gewesen.

6. Der Zeuge *behauptete/hat behauptet*, er habe alles gesehen.

7. Die Zeitung berichtete, der Täter sei ein sechzehnjähriger Junge.

LEBENDIGES DEUTSCH FÜR STUDENTEN 2

대학생을 위한 활용 독일어 2 - 별책부록

- 독일어 문법 정리
- 간추린 독일어 새 정서법
- 기본수와 차례수 읽기

문예림

Lebendiges Deutsch für Studenten [부록]

- 독일어 문법 정리
- 간추린 독일어 새 정서법
- 기본수와 차례수

독일어 문법 정리 - 차례

1 명사(Substantiv)와 관사(Artikel) ... 214
1.1 어형변화의 결정 요소: 성(Genus), 수(Numerus), 격(Kasus) ... 214
   1.1.1 명사의 성(Genus)에 따른 관사(Artikel)의 형태 ... 214
   1.1.2 수(Numerus)에 따른 명사와 관사의 형태 ... 214
   1.1.3 격(Kasus)에 따른 명사와 관사의 형태 ... 216
1.2 특정관사(bestimmter Artikel)와 불특정관사(unbestimmter Artikel) ... 216
   1.2.1 특정관사의 어형변화 ... 217
   1.2.2 불특정관사의 어형변화 ... 217
1.3 명사의 어형변화 ... 217
   1.3.1 규칙 변화 ... 217
   1.3.2 불규칙 변화 ... 219
1.4 그 밖의 관사 ... 220
   1.4.1 특정관사처럼 변화하는 관사 부류 ... 220
   1.4.2 단수에서 불특정관사, 복수에서 특정관사처럼 변화하는 관사 부류 ... 220
   1.4.2.1 부정(Negation)의 불특정관사 *kein-* ... 220
   1.4.2.2 소유 관사(Possessivartikel) ... 221
   1.4.3 의문 관사(*w*-Artikel) *welch-* 와 *was für (ein-)* ... 222
   1.4.3.1 *welch-* 의 어형변화 ... 222
   1.4.3.2 *was für (ein-)* 의 어형변화 ... 223

2 대명사(Pronomen) ... 224
2.1 인칭대명사(Personalpronomen) ... 224
   2.1.1 인칭대명사의 어형변화 ... 224
   2.1.2 *es*의 여러 가지 쓰임새 ... 225
2.2 재귀대명사(Reflexivpronomen) ... 226
   2.2.1 재귀대명사의 형태 ... 227
   2.2.2 '어휘적' 재귀대명사와 재귀동사(reflexives Verb) ... 227
   2.2.3 '상호관계'의 재귀대명사 ... 228
2.3 지시대명사(Demonstrativpronomen) ... 229
   2.3.1 *der, das, die* ... 229
   2.3.2 *dies-, jen-* ... 230
2.4 불특정대명사(unbestimmtes Pronomen) ... 230
   2.4.1 *ein-, kein-* ... 231
   2.4.2 *man* ... 232

2.4.3 *jemand, niemand*	232
2.4.4 *etwas, nichts*	232
2.5 수량대명사(Quantifikativpronomen)	233
2.6 소유대명사(Possessivpronomen)	233
2.7 의문대명사(w-Pronomen)	234
2.7.1 *wer*와 *was*	234
2.7.2 *welch-*와 *was für ein-* / *was für welch-*	234

3 동사(Verb)의 어형변화(Konjugation) — 235

3.1 독일어의 동사의 어형변화 특징	235
3.2 인칭변화형(finite Formen)	236
3.2.1 현재(Präsens) 인칭변화 Ⅰ	236
3.2.2 현재 인칭변화 Ⅱ: 2, 3인칭 단수에서 어간모음이 바뀌는 일부 불규칙동사	236
3.2.3 현재 인칭변화 Ⅲ: 그 밖의 불규칙 동사	238
3.2.4 과거(Präteritum) 인칭변화 Ⅰ	239
3.2.5 과거 인칭변화 Ⅱ: *sein, haben, werden*	240
3.3 인칭불변화형(infinite Formen): 동사원형(Infintiv)과 분사(Partizip)	240
3.3.1 동사원형(Infinitiv)	240
3.3.2 분사(Partizip)	241
3.4 분리 동사(trennbares Verb)와 비분리 동사(untrennbares Verb)	245
3.4.1 분리 동사	246
3.4.2 비분리 동사	247
3.4.3 분리-비분리 동사	247
3.4.4 그 밖의 합성동사: 동사, 명사, 형용사를 첫째요소로 하는 합성동사	248

4 동사의 복합 시칭형(zusammengesetzte Tempusformen) — 249

4.1 동사의 시칭체계(Tempus-System)와 형태	249
4.2 현재완료형(Perfekt)	250
4.3 과거완료(Plusquamperfekt)	252
4.4 미래(Futur Ⅰ)	252
4.5 미래완료(Futur Ⅱ)	253

5 화법조동사(Modalverb) — 254

5.1 화법조동사의 특징	254
5.2 화법조동사의 어형변화	254
5.3 화법조동사의 쓰임새	256

6 동사의 수동형(Passivform) ... 259
  6.1 동사의 태(Genus verbi): 능동태(Aktiv)과 수동태(Passiv) ... 259
  6.2 *werden*-수동형: 진행 수동형(Vorgangspassiv) ... 259
  6.3 *sein*-수동형: 상태 수동형(Zustandspassiv) ... 261
  6.4 유사 수동문 ... 262
    6.4.1 *sein ... zu* + 동사원형 ... 262
    6.4.2 *lassen sich ...* 동사원형 ... 262
    6.4.3 *sein ...* 동사어간 + *bar* ... 263

7 동사의 화법(Modus): 명령법(Imperativ)과 접속법(Konjunktiv) ... 264
  7.1 동사의 화법 ... 264
  7.2 명령법(Imperativ) ... 264
  7.3 접속법(Konjunktiv) ... 266
    7.3.1 접속법의 형태 ... 266
    7.3.2 직설법 시칭형과 접속법 형태의 대응관계 ... 269
    7.3.3 접속법 I 식의 쓰임새 ... 269
    7.3.4 접속법 II 식의 쓰임새 ... 271

8 형용사(Adjektiv) ... 274
  8.1 형용사의 특성과 기능 ... 274
  8.2 형용사의 어미변화(Deklination) ... 274
    8.2.1 약변화 ... 275
    8.2.2 강변화 ... 276
    8.2.3 '혼합변화' ... 277
  8.3 형용사의 명사화 ... 278
  8.4 형용사의 비교변화(Steigerung) ... 279
    8.4.1 비교형의 종류 ... 279
    8.4.2 비교의 형식 ... 281
    8.4.3 부사의 비교변화 ... 282

9 전치사(Präposition) ... 283
  9.1 전치사의 종류 ... 283
    9.1.1 2격 지배 전치사 ... 283
    9.1.2 3격 지배 전치사 ... 283
    9.1.3 4격 지배 전치사 ... 285
    9.1.4 3격 또는 4격 지배 전치사: 장소 ... 286

9.2 전치사 + 대명사   287

10 복합 문장(zusammengesetzter Satz)   288
  10.1 등위 결합과 종속 결합   288
  10.2 종속접속사, 의문사가 이끄는 부문장   288
    10.2.1 주어(Subjekt) 기능: *dass-*, *ob*-문장   288
    10.2.2 목적어(Objekt) 기능: *dass-*, *ob*-, *w*-문장   289
    10.2.3 부가어(Attribut) 기능: *dass*-문장   289
    10.2.4 상황어(Adverbialbestimmung) 기능   289
  10.3 관계문(Relativsatz)   291
    10.3.1 관계대명사(Relativpronomen)가 이끄는 관계문   291
    10.3.2 *wer*, *was*, *wo(r)*+전치사가 이끄는 관계문   292
    10.3.3 관계부사 *wo* 가 이끄는 관계문: 시간과 장소   293

11 동사원형(Infinitiv) 구문   294
  11.1 〈*zu* + 동사원형〉 구문   294
    11.1.1 문장성분 기능   294
    11.1.2 그 밖의 용법   295
  11.2 〈4격 + 동사원형〉 구문   295
    11.2.1 *lassen* 사역 구문: '시킴' 또는 '일으킴'   295
    11.2.2 지각동사 구문   295

12 어순(Wortstellung)   296
  12.1 독립 문장의 어순   296
    12.1.1 동사-둘째 문장(Verb-Zweit-Satz)   296
    12.1.2. 동사-첫째 문장(Verb-Erst-Satz)   297
    12.1.3 분리동사가 있는 문장의 어순   298
    12.1.4 화법조동사가 있는 문장의 어순   298
    12.1.5 현재완료 문장의 어순   298
    12.1.6 수동문의 어순   298
    12.1.7 채움말(Ergänzung) 자리가 두 군데인 경우   299
    12.1.8 인칭대명사와 명사구가 함께 나타날 때의 어순   299
  12.2 부문장의 어순: 동사-맨끝 문장(Verb-Letzt-Satz)   299

간추린 독일어 새 정서법   300

기본수와 차례수   308

독일어 문법 정리

1 명사(Substantiv)와 관사(Artikel)

1.1 어형변화의 결정 요소: 성(Genus), 수(Numerus), 격(Kasus)

> - 명사는 사물의 성격을 규정하거나 어떤 대상을 가리키는 데 쓰이는데, 이때 관사의 도움을 받는다.
> - 〈관사 + 명사〉 결합체를 명사구라 하며, 이 명사구에서 관사의 형태는 명사 자체의 성(Genus) 그리고 명사구 전체가 부여받은 수(Numerus) 및 격(Kasus)에 따라서 결정된다.
> - 명사 자체도 수와 격에 따라 어형이 달라질 수 있다.

1.1.1 명사의 성(Genus)에 따른 관사(Artikel)의 형태

1) 독일어에서 모든 명사는 **성**(性: Genus)을 띤다. 독일어의 성은 세 가지로 구분되어 **남성**(maskulin), **중성**(neutrum), **여성**(feminin)이 있다. 이것은 '문법적 성'(Genus)이며 '생물학적 성'(Sexus)과 반드시 일치하는 것은 아니다.

2) 관사(冠詞: Artikel)에는 여러 가지가 있지만, 대표적인 것은 **특정 관사**(bestimmter Artikel)와 **불특정 관사**(unbestimmter Artikel)이다(☞ 1.2). 특정 관사와 불특정 관사는 명사의 성에 따라 서로 다른 형태를 취한다.

	남 성	중 성	여 성
특정관사(bestimmter Artikel)	der Mann (그 남자) Löffel	das Kind (그 아이) Messer	die Frau (그 여자) Gabel
불특정관사(unbestimmter Artikel)	ein Mann (한/어느 남자) Löffel	ein Kind (한/어느 아이) Messer	eine Frau (한/어느 여자) Gabel

1.1.2 수(Numerus)에 따른 명사와 관사의 형태

1) 독일어 명사에는 수(Numerus)에 따른 형태 구분이 있다. 이러한 수에는 **단수**(Singular)와 **복**

수(Plural)가 있다.
2) 명사의 복수형은 단수형(기본형)에 어미나 변모음을 첨가하여 만든다.
3) 독일어 명사의 복수형에는 다음 다섯 가지 유형이 있다.

		남성명사		중성명사		여성명사	
		단수형	복수형	단수형	복수형	단수형	복수형
유형 I	(¨)	(der) Bruder Apfel Wagen ⋮	(die) Brüder Äpfel Wagen ⋮	(das) Zimmer Mädchen Gebäude ⋮	(die) Zimmer Mädchen Gebäude ⋮	(die) Mutter Tochter	(die) Mütter Töchter [이 둘밖에 없음]
유형 II	(¨)e	Freund Tag Sohn ⋮	Freunde Tage Söhne ⋮	Heft Jahr Schaf ⋮	Hefte Jahre Schafe ⋮	Hand Frucht Stadt ⋮	Hände Früchte Städte ⋮
유형 III	¨er	Mann Wald Geist ⋮	Männer Wälder Geister ⋮	Kind Buch Haus ⋮	Kinder Bücher Häuser ⋮	[없음]	
유형 IV	_(e)n	Mensch Student Junge ⋮	Menschen Studenten Jungen ⋮	Auge Bett Interesse ⋮	Augen Betten Interessen ⋮	Frau Schule Arbeit ⋮	Frauen Schulen Arbeiten ⋮
유형 V	_s	Park Kuli PKW ⋮	Parks Kulis PKWs ⋮	Auto Handy Hotel ⋮	Autos Handys Hotels ⋮	Oma Party Uni ⋮	Omas Partys Unis ⋮

• **복수형 어미를 붙일 때 단수형의 끝자음이 중복되는 경우**

남성명사에 -*in*을 붙여 만든 여성명사 (예 der Student ➡ die Student*in*)처럼, [짧은 모음 + 자음]으로 끝나는 명사에서 복수형 어미가 -*e*, -*en*일 경우에는 자음을 한 번 더 쓰고 복수어미를 붙인다:

die Student*in* ➡ die Student*in***nen**, der B*u*s ➡ die B*u**s**se*,
die Kenntn*is* ➡ die Kenntn*is**se* (앎, 지식)

- **복수형 어미 -s가 사용되는 경우**

ⓐ 영어나 프랑스어에서 들여온 현대어 대부분:

der Chef ➡ die Chef*s* (그러나: der Computer ➡ die Computer)

ⓑ 줄임말:

der Kuli ➡ die Kuli*s*; der Profi(전문가, 프로선수) ➡ die Profi*s*, der LKW(화물차) ➡ die LKW*s*

ⓒ 고유명사(가족/부부 이름 등): die Müller*s*, die zwei Korea*s*

- **주로 복수형으로 쓰이는 명사**

Eltern, Geschwister, Leute, Ferien, Lebensmittel, Möbel ...

4) 관사는 명사의 수에 따라서도 변화를 한다. 단수에서는 성에 따른 관사 형태의 구분이 있지만, 복수에서는 그러한 구분이 없고 관사의 형태가 단일화된다. 곧 복수에서 특정관사의 기본형(1격)은 ***die***이고, 불특정관사는 형태가 없다.

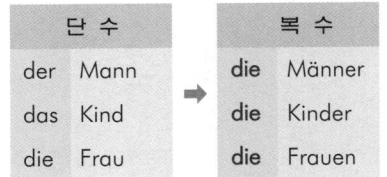
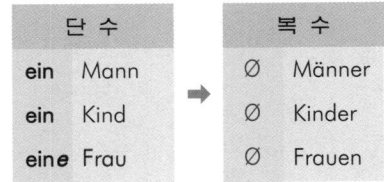

1.1.3 격(Kasus)에 따른 명사와 관사의 형태

1) **격**(格, Kasus)은 명사구나 대명사에 부여되는 '자격'과 같은 것이다. 이러한 격은 주어(Subjekt), 목적어(Objekt)와 같은 문법상의 기능을 나타내는 것으로서 동사나 전치사가 부여한다.

2) 독일어에는 4개의 격, 곧 **1격**(主格: Nominativ), **2격**(所有格: Genitiv), **3격**(與格: Dativ), **4격**(對格: Akkusativ)이 있고, 관사, 명사, 대명사의 어형변화를 통해 표시된다.

3) 일반적으로 주어는 1격으로, 목적어는 3격 또는 4격으로 표시한다.

1.2 특정관사(bestimmter Artikel)와 불특정관사(unbestimmter Artikel)

일반적으로 특정관사는 상황을 통해 이미 알고 있는 특정 대상을 거론할 때나, 대화/텍스트에 새로 도입된 대상을 다시 받을 때 사용한다. 반면에 불특정 관사는 대화/텍스트에 새로운 대상을 끌어들일 때 사용한다.

Da kommt **der** Bus! (저기 버스가 온다 – 아무 버스가 아니라 말하는 이가 타고 갈 버스)

Da kommt *eine* Frau mit **einem** Kind. Frag mal **die** *Frau*!

(저기 어떤 여자가 아이 하나를 데리고 온다. 저 여자한테 물어 봐라.)

1.2.1 특정관사의 어형변화

	단수			복수
	남성	중성	여성	
1격 (Nominativ = N.)	der (Mann)	das (Kind)	die (Frau)	die (Leute)
2격 (Genitiv = G.)	des (Mannes)	des (Kindes)	der (Frau)	der (Leute)
3격 (Dativ = D.)	dem (Mann)	dem (Kind)	der (Frau)	den (Leuten)
4격 (Akkusativ = A.)	den (Mann)	das (Kind)	die (Frau)	die (Leute)

[**Der** Mann]¹ liebt [**die** Frau]⁴.　　　　[**Die** Frau]¹ liebt [**den** Mann]⁴.
(그 남자**가** 그 여자**를** 사랑한다.)　　(그 여자**가** 그 남자**를** 사랑한다.)
[**Die** Eltern]¹ lieben [**das** Kind]⁴.　　　[**Das** Kind]¹ liebt [**die** Eltern]⁴.

1.2.2 불특정관사의 어형 변화

	단수			복수
	남성	중성	여성	
1격	ein (Mann)	ein (Kind)	eine (Frau)	∅ (Leute)
2격	eines (Mannes)	eines (Kindes)	einer (Frau)	∅ (Leute)
3격	einem (Mann)	einem (Kind)	einer (Frau)	∅ (Leuten)
4격	einen (Mann)	ein (Kind)	eine (Frau)	∅ (Leute)

[**Der** Mann]¹ hat [**ein** Kind]⁴.　　　　　[**Das** Kind]¹ liebt [**einen** Hund]⁴.
(그 남자는 아이가 하나 있다.)　　　　(그 아이는 어떤 개를 좋아한다.)
[**Den** Hund]⁴ lieben [**alle** Leute]¹.　　　[**Der** Hund]¹ hat [**ein** Häuschen]⁴.
(그 개는 모든 사람들이 좋아한다.)　　(그 개는 조그만 집이 있다.)

1.3 명사의 어형변화

1.3.1 규칙 변화

	남성명사		중성명사		여성명사	
	단수	복수	단수	복수	단수	복수
1격	der Mann	die Männer	das Kind	die Kinder	die Frau	die Frauen
2격	des Mann(e)s	der Männer	des Kind(e)s	der Kinder	der Frau	der Frauen
3격	dem Mann	den Männern	dem Kind	den Kindern	der Frau	den Frauen
4격	den Mann	die Männer	das Kind	die Kinder	die Frau	die Frauen

[**Der** Sohn]¹ bringt [**dem** Vater]³ [**die** Zeitung]⁴. (아들이 아버지에게 신문을 갖다드린다.)

[**Die** Tante]¹ schenkt [**den** Kinder*n*]³ [**die** Bucher]⁴. (고모/이모가 아이들에게 책을 선물한다.)

{[**Die** Arbeit]¹ [**der** Mütter]²}¹ ist nicht einfach. (어머니들이 하는 일은 단순하지 않다.)

Kennen Sie {[**den** Vater]⁴ [**des** Kind*es*]²}⁴? (아이의 아버지를 아십니까?)

1) 규칙변화를 하는 남성명사와 중성명사에는 격어미 *-es* 또는 *-s*가 붙어 단수 2격임을 표시해 준다. 여성명사에는 단수 2격을 표시하는 어미가 없다.

> 🎤 언제 *-es, -s*가 붙는가?
>
> ■ *-es* 붙이기
> • 반드시 : *-s, -ß, -x, -z*로 끝나는 (그러니까 [s] 소리로 끝나는) 명사
>   des Haus*es*, des Fuß*es*, des Reflex*es*, des Kreuz*es*; des Buss*es*,
>   des Zeugnis*es*,
> • 일반적으로 : *-s*를 추가했을 때 발음이 힘든 여러 자음(*-sch, -st, -zt*)으로 끝나는 명사
>   des Tisch*es*, des Dienst*es*, des Arzt*es*
> • 그 밖의 경우에는 기본꼴인 *-s*가 올 수 있다.
>   하지만 **1음절 명사**와 **끝에 강세가 있는 2음절 이상 명사**에는 대체로 *-es*가 붙는다 :
>   des Kind*(e)s*, des Buch*(e)s*, des Getränk*(e)s*
>
> ■ *-s* 붙이기
> • 끝에 강세가 없는 2음절 명사: des Sessel*s*, des Lehrer*s*, des König*s*
> • 단순 모음(+h)으로 끝나는 명사: des Schnee*s*, des Schuh*s*, des Uhu*s*

2) 복수형이 *-n*이나 *-s*로 끝나지 않으면 복수 3격형에 *-n*이 붙는다:

den Fenster*n*, den Hunde*n*, den Kinder*n*,

(그러나: den Frau*en*, den Auto*s*, den Müller*s*)

3) 규칙변화하는 남성명사와 중성명사는 옛날에 단수 3격 어미 *-e*가 있었으나 현대 독일어에 와서는 소실되었다. 다만 입에 익은 표현들에서는 아직도 그 흔적이 남아있다:

zu Haus(e), nach Haus(e), im Jahr(e) 2000, in diesem Sinn(e), in gewissem Maß(e), ...

1.3.2 불규칙 변화

(1) 유형 A : 사람과 동물을 나타내는 일부 남성명사 ('약변화' 남성명사)

	단 수	복 수	단 수	복 수	단 수	복 수
1격	der Junge	die Jungen	der Mensch	die Menschen	der Herr	die Herren
2격	des Jungen	der Jungen	des Menschen	der Menschen	des Herrn	der Herren
3격	dem Jungen	den Jungen	dem Menschen	den Menschen	dem Herrn	den Herren
4격	den Jungen	die Jungen	den Menschen	die Menschen	den Herrn	die Herren

Kennen Sie die Mutter *des Jungen*? (저 소년의 어머니를 알고 있습니까?)
Die Frau hat *einen Jungen* und ein Mädchen.
Sprechen Sie mit *Herrn* Kim!
die Würde *des Menschen*

1) 유형 A에 속하는 명사:

   (a) -e로 끝나는 것 (+n):

   der Junge, der Kollege, der Kunde, der Zeuge, der Chinese, der Franzose, ...
   der Affe, der Hase, der Löwe, der Rabe, ...

   (b) 자음으로 끝나는 것 (+en):
   der Mensch, der Fürst, der Held, der Prinz, der Bär, der Ochs, ...
   der Student, der Komponist, der Polizist, der Präsident, ...
   ※ der Bauer, der Herr, der Nachbar에서는 격어미 -n이 부가됨

2) 유형 A에 속하는 명사는 복수형 어미와 격 어미의 형태가 동일하지만, der Herr의 경우는 예외다 (위의 도표 참조).

(2) 유형 B : '혼합변화'

1) -e로 끝나는 몇몇 남성명사

	단 수	복 수
1격	der Name	die Namen
2격	des Name**ns**	der Namen
3격	dem Name**n**	den Namen
4격	den Name**n**	die Namen

2) 불규칙 중성명사 *das Herz*

	단 수	복 수
1격	das Herz	die Herzen
2격	des Herz**ens**	der Herzen
3격	dem Herz**en**	den Herzen
4격	das Herz	die Herzen

例) der Buchstabe, der Glaube, der Gedanke, der Wille, ...

Kennst du die Herkunft *des Namens*? (그 이름의 유래를 아니?)
Das ist eine Frage *des Willens*! (그것은 의지의 문제이다.)
Was steht hinter *dem Gedanken*? (무슨 꿍꿍이 속이 있을까?)
Die Sängerin singt mit *dem Herzen*. (그 여가수는 마음으로 노래를 부른다.)

1.4 그 밖의 관사

1.4.1 특정관사처럼 변화하는 관사 부류

1) 지시관사 (Demonstrativartikel) ***dies-, jen-, solch-*** ☞ 2.3
2) 수량관사 (Quantifikativartikel) ***jed-, all-, manch-*** ☞ 2.6
3) 의문관사 (w-Artikel) ***welch-*** ☞ 1.4.3.1

1.4.2 단수에서 불특정관사, 복수에서 특정관사처럼 변화하는 관사 부류

1.4.2.1 부정(Negation)의 불특정관사 *kein-*

	단 수			복 수
	남 성	중 성	여 성	
1격	ein kein Mann	ein kein Kind	eine keine Frau	die keine Leute
2격	ein**es** kein**es** Mann(e)s	ein**es** kein**es** Kind(e)s	einer keiner Frau	der keiner Leute
3격	einem keinem Mann	einem keinem Kind	einer keiner Frau	den keinen Leut**en**
4격	einen keinen Mann	ein kein Kind	eine keine Frau	die keine Leute

Hast du **ein**en Bruder? (남자 형제가 있니?)	- Nein, ich habe (아니, 없어.)	**kein**en	Bruder.
Hast du **ein**e Schwester?	- Nein, ich habe	**kein**e	Schwester.
Haben Sie **ein** Auto?	- Nein, ich habe	**kein**	Auto.
Haben Sie Kinder?	- Nein, wir haben	**kein**e	Kinder.
Hast du Zeit?	- Nein, ich habe	**kein**e	Zeit

1.4.2.2 소유 관사 (Possessiv-Artikel)

1) 인칭(Person)과 수에 따른 소유관사들:

	단 수	
1인칭	ich	➡ mein-
2인칭	du	➡ dein-
	Sie	➡ Ihr-
3인칭	er / der Mann	sein-
	es / das Kind	➡ sein-
	sie / die Frau	ihr-

	복 수	
1인칭	wir	➡ unser-
2인칭	ihr	➡ euer-
	Sie	➡ Ihr-
3인칭	sie / die Leute	➡ ihr-

2) 소유관사 *mein-* 의 격변화

	단 수			복 수	
	남 성	중 성	여 성		
1격	ein **mein** Mann	ein **mein** Kind	eine **meine** Frau	die **meine** Leute	
2격	eines **meines** Mann(e)s	eines **meines** Kind(e)s	einer **meiner** Frau	der **meiner** Leute	
3격	einem **meinem** Mann	einem **meinem** Kind	einer **meiner** Frau	den **meinen** Leuten	
4격	einen **meinen** Mann	ein **mein** Kind	eine **meine** Frau	die **meine** Leute	

Ich suche **meinen** Sohn.
(저는 제 아들을 찾고 있습니다.)

Suchst *du* **dein** Buch?
(네 책을 찾고 있니?)

Suchen *Sie* **Ihre** Brille?

Er / Der Mann sucht **seinen** Hut.

Wir suchen **uns(e)re** Kinder.

Sucht *ihr* **eu(e)re** Kinder?

Suchen Sie **Ihre** Kinder?

Sie / Die Leute suchen **ihre** Kinder.

Es / Das Kind sucht **sein** Spielzeug.
Sie / Die Frau sucht **ihre** Handtasche.

* unser-, euer-처럼 -er로 끝나는 소유관사 어간에 어미가 붙는 경우에는 어간 끝 음절의 *e*가 흔히 탈락한다. 이중모음+*er*로 끝나는 *euer-*의 경우에는 *e*가 탈락한 형태가 일반적이다: eure, eurer, euren, ...

1.4.3 의문 관사 (*w-Artilel*) *welch-*와 *was für (ein-)*

> **welch-**는 주어진 것 가운데서 특정한 대상을 선택을 할 때 사용하고 ('어느 ...?').
> ***was für (ein-)***은 종류/성격을 물을 때 사용한다 ('어떤, 무슨 ....?')
>
> *Welcher* Rock gefällt Ihnen, der schwarze oder der braune?
> (어느 치마가 마음에 드십니까? 검은 것이 낫습니까 아니면 갈색이 좋습니까?)
> - Der schwarze. (검은 치마요.)
> *Was für einen* Rock möchten Sie? (어떤 치마를 원하세요?)
> - Einen Faltenrock. (주름 치마요.)
> *Welches* Datum haben wir heute? (오늘이 며칠입니까?)
> - Den 15. Juli. (7월 15일 입니다.)
> *Was für ein* Wochentag ist heute? / *Welcher* Wochentag ist heute?
> (오늘은 무슨 요일입니까?)
>
> * *was für ein-*에서 *ein-*은 4격 지배 전치사 *für*로부터 격을 받지 않고 동사로부터 받는다.

1.4.3.1 welch-의 어형변화

		남성		중성		여성	
단수	1격	welch**er**	Rock	welch**es**	Hemd	welch**e**	Bluse
	2격	welch**es/en**	Rock(e)s	welch**es/en**	Hemd(e)s	welch**er**	Bluse
	3격	welch**em**	Rock	welch**em**	Hemd	welch**er**	Bluse
	4격	welch**en**	Rock	welch**es**	Hemd	welch**e**	Bluse
복수	1격			welch**e**	Röcke/Hemden/Blusen		
	2격			welch**er**	Röcke/Hemden/Blusen		
	3격			welch**en**	Röck**en**/Hemden/Blusen		
	4격			welch**e**	Röcke/Hemden/Blusen		

1) 특정관사처럼 변화한다.
2) 단수 2격에서 *-(e)s*가 붙는 남성명사, 중성명사와 쓰일 때는 *welches* 대신에 *welchen*이 사

용될 수도 있다:

> Die Mutter *welchen Kindes* ist nicht gekommen?
> (어느 아이의 어머니가 오시지 않았나요?)

3) 단수 2격에서 *-(e)n*이 붙는 약변화 남성명사의 경우에는 그대로 *welches*가 쓰인다: *welches* Studenten

1.4.3.2 was für (ein-)의 어형변화

		남성	중성	여성
단수	1격	was für ein Rock	was für ein Hemd	was für ein*e* Bluse
	2격	was für ein*es* Rock(e)s	was für ein*es* Hemd(e)s	was für ein*er* Bluse
	3격	was für ein*em* Rock	was für ein*em* Hemd	was für ein*er* Bluse
	4격	was für ein*en* Rock	was für ein Hemd	was für ein*e* Bluse
복수	1격	was für Röcke/Hemden/Blusen		
	2격	was für Röcke/Hemden/Blusen		
	3격	was für Röcken/Hemden/Blusen		
	4격	was für Röcke/Hemde/Blusen		

1) 셀 수 있는 명사와 쓰이는 경우에 불특정관사 *ein-*과 함께 쓰이고, 물질/추상 명사와 복수에서는 *ein-* 없이 쓰인다:

> *Was für Käse* soll ich kaufen? (어떤 치즈를 살까?)
> *Was für Blumen* soll ich ihr mitbringen? (그녀에게 어떤 꽃을 갖다주는 게 좋겠어?)

2) *was für (ein-)* ...이 분리되어 *was* 부문만 문장 머리로 가고 나머지 부분 *für (ein-)* ...은 원래의 자리(주어, 목적어 등의 자리)에 남아있을 수 있다:

> *Was für ein Auto* hast du denn [ ] gekauft? (어떤/무슨 자동차를 샀니?)
> = *Was* hast du denn [*für ein Auto*] gekauft?
> *Was für Vögel* sind das [ ]? = *Was* sind das [*für Vögel*]?

2 대명사(Pronomen)

2.1 인칭대명사(Personalpronomen)

> - 1인칭 인칭대명사 *ich*, *wir*는 말하는이를 지칭하며, 2인칭 인칭대명사 *du/Sie*, *ihr/Sie*는 듣는이를 가리킨다.
> - 3인칭 인칭대명사 *er/es/sie//sie*는 앞서 언급된 대상을 다시 받는 기능을 하며, 특정관사처럼 단수에서는 성에 따른 구분이 있고 복수에서는 성에 따른 구분이 없이 *sie*로 단일화된다.

2.1.1 인칭대명사의 어형변화

		1인칭	2인칭		3인칭		
			친칭	존칭	남성	중	여성
단수	1격	ich	du	Sie	er	es	sie
	2격	meiner	deiner	Ihrer	seiner	seiner	ihrer
	3격	mir	dir	Ihnen	ihm	ihm	ihr
	4격	mich	dich	Sie	ihn	es	sie
복수	1격	wir	ihr	Sie	sie		
	2격	unser	euer	Ihrer	ihrer		
	3격	uns	euch	Ihnen	ihnen		
	4격	uns	euch	Sie	sie		

Ich liebe **dich**. (나는 너를 사랑한다.)
Ich habe **Ihnen** geschrieben. (나는 당신에게 편지를 썼습니다.)
Kommt **ihr** auch mit?   Haben **Sie** verstanden? (이해하셨습니까?)

Der Professor kommt heute nicht. Er ist krank.
(교수님은 오늘 오시지 않았다. 편찮으시다.)

Was macht die Frau mit **dem Messer**? - Sie benutzt **es** zum Essen.
(그 부인은 칼로 무엇을 하나요?)   (식사할 때 사용합니다.)

Schenk Monika Blumen! Sie mag sie.
(모니카에게 꽃을 선물해. 걔는 꽃을 좋아해.)

※ 2인칭 인칭대명사는 친칭(du, ihr)과 존칭 (Sie)의 구분이 있다:

„du", „ihr" (Duzen)	„Sie" (Siezen)
- 가족끼리 - 아이들, 청소년들, 대학생들, 친구끼리 - 흔히 직장 동료(특히 블루컬러)끼리 - 어른이 아이(16-18세 미만)에게	- 서로 모르는 어른들 사이에서 - 서로 아는 어른들끼리 격식을 갖출 때 　(서로 친해지면 연장자의 제의로 친칭쓰기 　[Duzen] 를 할 수 있다.

2.1.2 es의 여러 가지 쓰임새

(1) 앞말 받기

앞에 나온 중성명사를 다시 받기	Wo ist **das Buch**? - **Es** liegt auf dem Tisch. (책이 어디에 있습니까? – 탁자 위에 있습니다.) Wann bekomme ich **das Geld**? Ich brauche **es**. (언제 제가 돈을 받나요? 돈이 필요해요.) * 4격 es는 문장 머리에 오지 못한다. 이런 경우에는 es 대신에 지시대명사 das를 쓴다: (Wann bekomme ich **das Geld**?) Es brauche ich.　(×) 　　　　　　　　　　　　　　　Das brauche ich.　(○)
앞 문장에서 언급된 사태를 다시 받기	Gelegentlich **spielt** er **Schach** und er tut **es** mit großem Erfolg. (그는 가끔 체스를 두는데 그러면 크게 이긴다.) Der Vater ist **Professor** und sein Sohn ist **es** auch. (아버지는 교수이고 아들도 그렇다.)

(2) 비인칭 주어, 목적어

지시대상이 없는 (비인칭) 형식상의 주어	**Es** regnet. / **Es** schneit. / **Es** dunkelt. / **Es** ist schön heute. (비가 온다 / 눈이 내린다 / 어두워진다 / 오늘 날씨가 좋다) Wie spät ist **es**? - **Es** ist sieben Uhr. **Es** ist warm/kalt/dunkel. / **Es** wird Nacht. **Es** klingelt. **Es** gibt kein Leben ohne Tod. Wie geht **es** Ihnen? Danke, mir geht **es** gut. Wie gefällt **es** Ihnen in Korea?
지시대상이 없는 (비인칭) 형식상의 목적어	Wie geht's Gisela? - Sie hat **es** gut. (기젤라는 어떻게 지내니?-잘 지내.) Kann ich Sie kurz sprechen? - Tut mir Leid. Ich habe **es** eilig.

(3) 문장 머리의 허사

서술문의 머리에 올 성분이 없을 때 그 빈 자리 채워 주는 *es* (문장 머리를 채워 줄 요소가 나타나면 *es*가 없어진다)	**Es** hat sich gestern ein Unfall ereignet. (어제 사고가 났다.) / *Gestern* hat sich ein Unfall ereignet. / *Der Unfall* hat sich am Abend ereignet. **Es** sind drei Leute gekommen. (세 사람이 왔다.) / *Heute* sind drei Leute gekommen. / *Die drei Leute* sind heute gekommen. **Es** darf gelacht werden! / *Hier* darf wohl gelacht werden.

(4) 주어, 목적어 역할을 하는 부문장의 대리자(Korrelat) ☞ 10.2, 11.1.1

2.2 재귀대명사(Reflexivpronomen)

- 재귀대명사는 3격 또는 4격 목적어로서 같은 문장 안에서 주어를 다시 받는 대명사이다.
- 재귀대명사는 1인칭, 2인칭에서는 인칭대명사가 그대로 사용되고, 3인칭에서만 특별한 형태인 ***sich***가 마련되어 있다.
- '재귀관계'의 의미가 희박해져서 재귀대명사가 동사의 일부로 간주되는 이른바 '재귀동사'도 상당수 있다.

2.2.1 재귀대명사의 형태

		1인칭	2인칭 친칭	2인칭 존칭*	3인칭
단수	3격	mir	dir	sich	sich
단수	4격	mich	dich	sich	sich
복수	3격	uns	euch	sich	sich
복수	4격	uns	euch	sich	sich

* 존칭 **Sie**는 원래 복수 3인칭대명사 **sie**에서 가져와 2인칭으로 사용하는 것이지만, 문법적으로는 **sie**의 성질을 따른다. 따라서 존칭 **Sie**를 받는 재귀대명사는 **sich**이다.

1) 1인칭/2인칭 인칭대명사는 말하는이/듣는이를 직접 가리키는 대명사이므로 같은 문장 안에서도 1인칭/2인칭 주어를 아무 문제없이 다시 받을 수 있다. 하지만 3인칭 인칭대명사는 같은 문장 안에서 주어를 다시 받지 못하고, 앞 문장에 언급된 대상을 받는다. 따라서 3인칭의 경우에는 같은 문장 안에서 주어를 다시 받을 때 **sich**라는 특별한 형태가 따로 필요한 것이다.

> *Ich* wasche **mich**. (나는 내 몸을 씻는다.) / *Du* wäschst **dich**. (너는 네 몸을 씻는다.)

> *Hans* wäscht **ihn** oft.
> (ihn은 한스와 다른 사람을 가리키는 인칭대명사: '한스는 그를 자주 씻겨 준다.')
> *Hans* wäscht **sich** selten.
> (sich는 한스를 가리키는 재귀대명사: '한스는 자기 몸을 잘 안 씻는다.')

2) 재귀대명사의 격:
   (a) 4격 목적어 :   *Ich* wasche **mich**. / *Er* wäscht **sich**.
   (b) 3격 목적어 :   *Ich* wasche **mir** die Hände. (나는 손을 씻는다.) /
                     Du wäschst **dir** die Hände. (너는 손을 씻는다.) /
                     Sie wäscht **sich** die Hände.
   (c) 전치사구 목적어 : *Du* denkst zu sehr an **dich**. / *Er* denkt zu sehr an **sich**.

2.2.2 '어휘적' 재귀대명사와 재귀동사 (reflexives Verb)

1) 2.2.1 의 예문들에서는 재귀대명사가 동사의 목적어로 사용되어 주어의 동작이 주어와 동일한 지시대상에 미침(순수한 '재귀관계')을 나타낸다. 반면에 독일어에서는 이러한 재귀관계의 의미가 희박해진 채 재귀대명사가 사용되는 수많은 **'재귀동사'**(reflexives Verb)들이 있다. 이런 동사와 함께 사용되는 재귀대명사는 그 동사의 일부로 간주된다.

> Er wäscht *mich/sie/***sich**.   (타동사)
> Er schämt *mich/sie*. (×) Er schämt **sich**. (○)   (재귀동사)

2) 재귀동사의 종류:

a) 항상 재귀대명사와 함께 나타나는 재귀동사	$sich^4$ beeilen, $sich^4$ befinden, $sich^4$ erholen, $sich^4$ erkälten, $sich^4$ schämen, $sich^4$ verspäten, ... Wir kommen zu spät! - Ja, *ich* beeile *mich* schon. Hast *du* *dich* schon wieder erkältet?
b) 타동사에서 파생된 재귀동사	$sich^4$ beschäftigen, $sich^4$ entscheiden, $sich^4$ freuen, $sich^4$ fürchten, $sich^4$ interessieren, $sich^4$ wundern, ...; $sich^4$ ändern, $sich^4$ bewegen, $sich^4$ entwickeln, $sich^4$ häufen, ...; $sich^3$ etwas^4 merken, $sich^3$ etwas^4 vorstellen, ... Das freut mich. ➡ *Ich* freue *mich* darüber. *Die Zeiten* ändern *sich*. (시대는 변한다.) (비교: Er ändert seine Pläne. 그는 자신의 계획을 바꾸었다.) Diese Nummer kann *ich* *mir* gut merken.

2.2.3 '상호관계'의 재귀대명사

1) 일부 동사에서 주어가 복수이고 재귀대명사가 목적어로 쓰이면 '상호관계'를 나타낼 수 있다:

   a) Paul und Paula küssen **sich**. (파울과 파울라가 서로 입을 맞춘다.)
   b) Paul und Paula lieben **sich**. (파울과 파울라는 서로 사랑한다.)

2) 하지만 위의 (1b)의 문장은 문맥에 따라서는 재귀관계의 의미로 해석될 수도 있다('파울과 파울라는 각자 자기 자신을 사랑한다'). 따라서 상호관계의 의미가 분명한 동사 (예 sich treffen, sich trennen, sich verheiraten, ...)가 아닌 경우에는 재귀관계와 상호관계를 분명히 표시해 줄 수단 (부사 selbst, gegenseitig; 상호대명사 einander)가 필요하다:

   Paul und Paula kämmen *sich selbst*.
   (파울과 파울라가 각자 자기 자신의 머리를 빗는다. - 재귀)
   Paul und Paula kämmen *sich gegenseitig*. / Paul und paula kämmen *einander*.
   (파울과 파울라가 서로의 머리 빗겨 준다. - 상호)

2.3 지시대명사 (Demonstrativpronomen)

- 독일어의 입말에서 흔히 쓰이는 지시대명사는 **der**와 **dies**-이다.
- 그 밖에도 **jen**-(주로 글말에서 쓰임), **solch**- 등이 있다.
- 지시대명사는 지각범위 안에 있는 사람, 물건, 일 등을 가리킬 때 사용하거나, 대화/텍스트에 도입된 대상을 다시 받아 화제로 삼을 때 사용한다.

2.3.1 der, das, die

	단 수			복 수
	남 성	중 성	여 성	
1격	(der Mann) der	(das Kind) das	(die Frau) die	(die Leute) die
2격	(des Mannes) dess*en*	(des Kind*es*) dess*en*	(der Frau) der*en*	(der Leute) der*en*
3격	(dem Mann) dem	(dem Kind) dem	(der Frau) der	(den Leute*n*) den*en*
4격	(den Mann) den	(das Kind) das	(die Frau) die	(die Leute) die

1) 지시대명사 *der*는 특정관사 (☞ 1.2)에서 유래하지만 단수, 복수 2격과 복수 3격에서 특정관사와 어형변화에서 차이가 있다.

2) 쓰임새:

   (a) 지각범위 안에 있는 무엇을 가리킴('저것')

   Ich suche einen Pullover. - Wie finden Sie **den** da?
   (스웨터를 찾고 있는데요. - 저기 저것은 어때요?)

   Welche Bluse? - **Die** dort. (어느 블라우스 말입니까? - 저기 저거요.)

   (b) 앞서 언급된 대상을 다시 받아 화제로 삼음

   Es war einmal *ein König*, **der** hatte drei Söhne.
   (옛날에 어떤 왕이 살았습니다. 그 왕에게는 아들이 셋 있었습니다.)

   Kennst du *seine Freundin*? - Nein, **die** kenne ich nicht.

   Das Auto gefällt mir gut. **Das** will ich kaufen.

3) 성, 수 에 따른 변화가 없는 **das**: 사람을 확인하거나 소개할 때 또는 앞 문장 전체를 받을 때 쓴다.

   Wer ist **das**? - **Das** ist meine Mutter. / Herr Kim, **das** sind meine Kinder.

   Er wollte kommen. **Das** hat er versprochen.

2.3.2 *dies-, jen-*

	단 수			복 수
	남 성	중 성	여 성	
1격	dieser (Mann)	dieses (Kind)	diese (Frau)	diese (Leute)
2격	dieses (Mannes)	dieses (Kindes)	dieser (Frau)	dieser (Leute)
3격	diesem (Mann)	diesem (Kind)	dieser (Frau)	diesen (Leuten)
4격	diesen (Mann)	dieses (Kind)	diese (Frau)	diese (Leute)

1) *dies-, jen-*은 명사 앞에 와서 지시관사로도 쓰일 수 있고 홀로 나타나 지시대명사로도 쓰일 수 있다. 이것들은 위의 도표와 같이 변화하며(특정관사와 같은 변화) 관사일 경우와 대명사일 경우의 어형변화가 같다.

2) *dies-*의 경우에는 중성 1, 4격 *dieses* 형태가 *dies*로 축약되어 쓰이기도 한다.

3) *dies-*: 가까이 있는 것 가리키기 또는 받기

   (a) 지시관사로 쓰이는 경우: Ich wohne in **diesem** Haus. (나는 이 집에 산다.)
   Die DDR trat am *3. Oktober 1990* der BRD bei.
   Seitdem wird **dieser** Tag in der Bundesrepublik
   Deutschland als „Tag der Deutschen Einheit" gefeiert.

   (b) 지시대명사로 쓰이는 경우:
   Ich suche einen Pullover. - Wie finden Sie **diesen** da/hier?
   Welche Bluse? - ***Diese*** hier.

4) *jen-* : 멀리 있는 것 가리키기 또는 받기(주로 글말에서 쓰인다)

   (a) 지시관사로 쓰이는 경우: Siehst du **jenes** Haus dort drüben?
   (너는 저기 건너편에 있는 저 집 보이니?)

   (b) 지시대명사로 쓰이는 경우: Er hat zwei Söhne, Fritz und Hans.
   Dieser (=Hans) arbeitet als Schlosser, **jener** (=Fritz)
   studiert Medizin.

2.4 불특정대명사 (unbestimmtes Pronomen)

- 불특정대명사는 듣는이가 확인할 수 있는 지시대상 (불특정한 사람, 물건, 일 등)을 지시한다.

2.4.1 *ein-, kein-*

	단 수			복 수
	남 성	중 성	여 성	
1격	einer	ein(e)s	eine	*welche*
	keiner	kein(e)s	keine	keine
2격	eines	eines	einer	*welcher*
	keines	keines	keiner	keiner
3격	einem	einem	einer	*welchen*
	keinem	keinem	keiner	keinen
4격	einen	ein(e)s	eine	*welche*
	keinen	kein(e)s	keine	keine

1) 불특정대명사 *ein-, kein-*은 [불특정관사 + 명사]에서 명사가 탈락한 형태(이 명사는 문맥을 통해 복원 가능하다)로 볼 수 있다. 불특정관사일 때 단수 1, 4격에서 어미 없이 쓰이는 *ein, kein*은 대명사로 쓰일 때 어미 *-er, -(e)s*가 붙는다.

    Ist da noch *ein Wein/ein Bier/eine Cola*? (포도주/맥주/콜라 한 병 더 있나요?)
    - Ja, hier ist noch **einer/ein(e)s/eine**. (예, 여기 하나 더 있어요.)   (긍정)
    - Nein, hier ist **keiner/kein(e)s/keine** mehr. (아뇨, 여기엔 하나도 없어요.)   (부정)

    Möchtest du noch *einen Wein/ein Bier/eine Cola*?
    - Ja, ich möchte noch **einen/ein(e)s/eine**.   (긍정)
    - Nein, ich möchte **keinen/kein(e)s/keine** mehr.   (부정)

2) 관사 없이 불특정한 대상을 나타내는 복수 명사, 물질 명사의 경우 이에 대응하는 불특정대명사는 *welch-*이다.

    Sind hier noch *Zigaretten*?   - Ja, hier sind noch **welche**.   (긍정)
    (이곳에 담배 더 있나요?)   (네, 이곳에 아직 몇 개 더 있어요.)
                         - Nein, hier sind **keine** mehr.   (부정)
                          (아뇨, 이곳엔 이제 하나도 없어요.)

    Ich brauche noch *Gläser*.   - Ich hole **welche**.   (긍정)
                          - Leider gibt es hier **keine** mehr.   (부정)

    Hast du *Käse*?   - Ja, ich habe **welchen**.   (긍정)
                - Nein, ich habe **keinen**.   (부정)

2.4.2 man

1격	man	Hier darf **man** nicht rauchen. (여기서는 담배를 피우면 안 된다.)
2격	-	
3격	einem	Das wird **einem** schnell klar. (그것은 금방 알 수 있게 됩니다.)
4격	einen	Das macht ja **einen** ganz nervös. (그것은 사람을 아주 초조하게 만드는 일이죠.)

1) *man*은 확정되어 있지 않은 일반적인 사람이나 문맥을 통해 유추할 수 있는 특정 그룹의 사람들을 나타낸다.
2) *man*은 1격 주어로만 사용되고, 3격과 4격(2격은 없음) 형태는 *ein*-이 대신한다. *man*은 대명사이기 때문에 다시 인칭대명사 *er*로 받을 수 없다(대신 소유관사 *sein*-과 재귀대명사 *sich*로는 받을 수 있다.)

2.4.3 jemand, niemand

1격	jemand	Ist dort **jemand**? (거기 누구 계세요?)
2격	jemand(e)s	Das bedeutet nicht, dass ich **jemandes** Sprecher bin. (그것은 내가 누구의 대변인이라는 뜻이 아냐.)
3격	jemand(em)	Ich habe noch nie **jemand(em)** einen Pfennig weggenommen. (난 누구에게서 한 푼도 빼앗은 적이 없어.)
4격	jemand(en)	Kennen Sie hier **jemand(en)**? (여기 누구 아십니까?)

1격	niemand	Hier ist **niemand**. (이곳에는 아무도 없다.)
2격	niemand(e)s	Ich bin **niemandes** Sprecher. (나는 어느 누구의 대변인이 아니다.)
3격	niemand(em)	So ein Mensch gefällt **niemand(em)**. (그런 사람은 어느 누구의 마음에도 들지 않는다.)
4격	niemand(en)	Ich kenne **niemand(en)**. (나는 아무도 모른다.)

1) *jemand*는 우리말의 '누군가'에 해당한다. *niemand*는 상응하는 부정문에 사용된다.
2) 소유관사 *sein*-과 재귀대명사 *sich*로 받을 수 있다.

2.4.4 etwas, nichts

1격	(et)was	Ist dir **was** passiert? (무슨 일이니?)
4격	(et)was	Hast du am Wochenende **etwas** vor? (주말에 무슨 계획 있니?)

1격	nichts	**Nichts** ist unmöglich. (불가능은 없다.)
4격	nichts	Ich kaufe **nichts**. (나는 아무것도 사지 않는다.)

1) '뭔가'를 뜻하는 *etwas* (부정: *nichts*)는 어형변화가 없다. 주로 1격 주어, 4격 목적어로 쓰이며, 전치사와 함께 쓰이기도 한다:
   Sie müssen sich **mit etwas** beschäftigen. (당신은 무슨 일이라도 하셔야 합니다.)
2) *etwas*는 입말에서 *was*로 줄여 쓰기도 한다.

2.5 수량대명사(Quantifikativpronomen)

> 1) 수량대명사/수량관사 ***all-, jed-, manch-***는 *dies-*(☞ 2.3.2)와 같은 어미 변화를 한다.
> 2) *jed-*는 단수로만 쓰이고, *all-*, *manch-*는 단수, 복수 모두에서 쓰인다.

All*e* Kinder spielen gern. (아이들은 모두 놀기를 좋아한다.)
All*er* Anfang ist schwer. (시작은 항상 어렵다.)
Die Mutter gibt **jed***em* Kind einen Apfel.
So etwas sagen **manch***e* Leute.
Das fragt **manch***e* Mutter. (그것은 몇몇 엄마들이 잘 묻는 것입니다.)
Sind jetzt **all***e* da?   Ist das **all***es*?
Das kann **jed***er* sagen!   Mir ist noch **manch***es* unklar.

2.6 소유대명사(Possessivpronomen)

- 소유대명사는 [소유관사 + 명사] (☞ 1.4.2.2)에서 명사가 탈락한 형태로 볼 수 있다 (이 명사는 문맥을 통해 복원 가능하다)로 볼 수 있다.
- 다만 소유관사일 때 단수 1, 4격에서 어미 없이 쓰이는 *mein-, dein-/Ihr-, sein-, ihr-, unser-, euer-/Ihr-, ihr-*은 대명사로 쓰일 때 어미 *-er*, *-(e)s*가 붙는다. 소유대명사 2격 형태는 거의 쓰이지 않는다.

	단 수			복 수
	남 성	중 성	여 성	
1격	(mein Mann) mein***er***	(mein Kind) mein***(e)s***	(meine Frau) meine	(meine Leute) meine
2격	(meines Mann*es*) meines	(meines Kind*es*) meines	(meiner Frau) meiner	(meiner Leute) meiner
3격	(meinem Mann) meinem	(meinem Kind) meinem	(meiner Frau) meiner	(meinen Leute*n*) meinen
4격	(meinen Mann) meinen	(mein Kind) mein***(e)s***	(meine Frau) meine	(meine Leute) meine

	Wem gehört *der Regenschirm*?	- Das ist **mein*er***.
	(이 우산 누구 것입니까?)	(내 것입니다.)
	Wem gehört *das Auto*?	- Das ist **mein*(e)s***.
	Wem gehört *die Tasche*?	- Das ist **mein*e***.
	Wem gehören *die Schuhe*?	- Das sind **mein*e***.

2.7 의문대명사(*w*-Pronomen)

- 의문대명사는 주로 채움 의문문(Ergänzungsfrage)을 만드는 데 쓰인다.

2.7.1 *wer*와 *was*

	사람	사물
1격	wer	was
2격	wess*en*	wess*en*
3격	wem	-
4격	wen	was

- *wer*, *was*에서는 성과 수에 따른 형태 구분이 없고 격에 따른 형태 변화만 있다.
- *wer*는 사람을 묻는 데 쓰이고, *was*는 사물을 묻는 데 쓰인다.
- 표준독일어에서는 *was*의 3격 형태가 없다.

    Wer ist das? - Das ist meine Schwester. (이 사람은 누구입니까? – 내 여동생/누나입니다.)

    Mit **wem** hast du gesprochen?

    Wen hast du getroffen?

    Was ist denn hier los?

    Wessen Auto ist das?

2.7.2 *welch-*와 *was für ein-* / *was für welch-*

1) *welch-*와 *was für ein-*은 명사 앞에 와서 의문관사(☞ 1.4.3)로도 쓰이고 명사 없이 홀로 나타나 의문대명사로도 쓰인다. *welch-*는 의문관사(☞ 1.4.3)의 형태와 같다.
2) *was für ein-*의 *ein-*은 불특정대명사 *ein-*(☞ 2.4.1)의 변화를 한다. *was für welch-*는 무관사 명사를 가리킬 때 사용한다.

    Hier gibt es drei *Autos*. **Welches** meinst du?

    (여기 자동차가 세 대 있는데, 어느 것 말이니?)

    Er hat ein *Auto*. - **Was für ein*(e)s*** hat er?

    Ich werde Wein kaufen. - **Was für welch*en*** magst du?

    Er schreibt *Romane*. - **Was für welch*e*** schreibt er?

3 동사(Verb)의 어형변화(Konjugation)

3.1 독일어의 동사의 어형변화 특징

1) 동사원형(Infinitiv)은 어간(Stamm)과 어미(Endung)로 이루어진다:

(대부분 동사원형의 어미는 **-en**이고, 일부 동사의 원형의 어미는 **-n**으로 끝난다)

2) 동사는 인칭(Person), 수(Numerus), 시칭(時稱: Tempus), 화법(話法: Modus), 태(態: Genus verbi)에 따라 어형 변화를 한다.

3) 동사의 형태에는 주어의 인칭, 수에 따라 어형변화를 하는 **인칭변화형**(finite Form)과 그렇지 않은 **인칭불변화형**(infinite Form) 이 있다.

4) 문장을 이루기 위해서는 반드시 동사의 인칭변화형이 하나 있어야 한다. 이러한 인칭변화형은 문장의 구조적 중심을 이룬다.

5) 인칭불변화형에는 동사원형(Infinitiv)과 분사Ⅱ(PartizipⅡ)가 있고, 이들은 조동사(Hilfsverb)나 화법조동사(Modalverb)의 인칭변화형의 도움을 받아 사용될 수 있다. 이러한 [인칭변화형+ 인칭불변화형]의 복합체를 **동사복합체**(Verbalkomplex)라고 한다.

6) 동사는 어형변화 방식에 따라 크게 **규칙변화 동사**와 **불규칙변화 동사**로 나뉜다.
   - 독일어 동사의 대부분을 차지하는 규칙변화 동사는 '약변화 동사'(schwaches Verb)라고도 하는데, 현재 및 과거 인칭변화형과 분사Ⅱ에서 어간이 바뀌지 않는다.
   - 불규칙변화 동사는 '강변화 동사'(starkes Verb)와 '혼합변화 동사'(Mischverb)로 다시 나뉘며, 현재(일부 강변화 동사) 및 과거 인칭변화형과 분사Ⅰ에서 어간이 바뀐다(혼합변화 동사는 약변화와 강변화가 혼합된 변화 형태를 보인다).

3.2 인칭변화형(finite Formen)

3.2.1 현재(Präsens) 인칭변화 I

1) 규칙변화 동사(약변화 동사)와 불규칙변화 동사(강변화 동사, 혼합변화 동사)의 현재 인칭변화는 기본적으로 동사원형의 어간에 다음과 같은 인칭어미가 붙어 이루어진다:

	단 수		복 수		singen		singen	
1인칭	ich	___e	wir	___(e)n	ich spiele	wir spielen	ich singe	wir singen
2인칭	du	___st	ihr	___t	du spielst	ihr spielt	du singst	ihr singt
	Sie	___(e)n	Sie	___(e)n	Sie spielen	Sie spielen	Sie singen	Sie singen
3인칭	er/es/sie	___t	sie	___(e)n	er spielt	sie spielen	er singt	sie singen

2) 주의

(a) 동사원형의 어미가 -n일 때(☞ 3.3.1) 1, 3인칭 복수와 존칭 Sie의 인칭어미는 -n이다.

(b) du 의 인칭어미 -st 와 er/ es/ sie/ ihr 의 인칭어미 -t 앞에 e를 삽입하는 경우:

- 어간이 d나 t로 끝날 때:
  du find*e*st, er find*e*t, ihr find*e*t; du arbeit*e*st, er arbeit*e*t, ihr arbeit*e*t

- 어간이 〈자음 (l, r 제외) +m/n〉로 끝날 때:
  du atm*e*st, er atm*e*t, ihr atm*e*t; du rechn*e*st, er rechn*e*t, ihr rechn*e*t
  (그러나: du lernst, er lernt, ihr lernt)

(c) 어간이 잇소리(s, ss, ß, x, z)로 끝날 때 인칭어미 -st에서 s가 탈락한다:
  du reist, du grüßt, du faxt, du tanzt

(d) 어간이 el로 끝나는 동사(원형의 어미는 -n이다)에 인칭어미 -e가 붙을 때 어간의 e가 탈락한다:
  klingel-n ➡ ich klingl-e,
  handel-n ➡ ich handl-e

3.2.2 현재 인칭변화 II : 2, 3인칭단수에서 어간모음이 바뀌는 일부 불규칙동사

1) 불규칙 동사(강변화 동사)들 가운데 일부는 다음과 같은 방식으로 단수 2, 3인칭 단수에서 어간모음이 바뀐다:

(1) 변모음(Umlaut)

a ➡ ä	ich fahre du fährst er fährt	wir ihr sie/Sie	fahren fahrt fahren	backen, braten, fahren, fallen, fangen, halten, laden, lassen, raten, schlafen, schlagen, tragen, waschen, ...	
au ➡ äu	ich laufe du läufst er läuft	wir ihr sie/Sie	laufen lauft laufen	laufen, saufen	
o ➡ ö	ich stoße du stößt er stößt	wir ihr sie/Sie	stoßen stoßt stoßen	stoßen	

(2) e/i 교체

e ➡ i (단음 → 단음)	ich helfe du hilfst er hilft	wir ihr sie/Sie	helfen helft helfen	brechen, essen, fressen, gelten, helfen, schrecken, sprechen, sterben, treffen, vergessen, werden, werfen, ...	
ē ➡ ī (장음 → 장음)	ich gebe du gibst er gibt	wir ihr sie/Sie	geben gebt geben	geben	
ē ➡ ie (장음 → 장음)	ich sehe du siehst er sieht	wir ihr sie/Sie	sehen seht sehen	befehlen, empfehlen, geschehen, lesen, sehen, stehlen	
ē ➡ ĭ (장음 → 단음)	ich nehme du nimmst er nimmt	wir ihr sie/Sie	nehmen nehmt nehmen	nehmen, treten (i의 단음 표시를 위해 뒷자음의 중복이 있다)	

2) 어간 모음이 바뀌는 불규칙변화 동사 단수 2, 3인칭 변화형에서는 어간이 d, t로 끝나더라도 e 삽입(☞3.1.1)하지 않는다 (어간이 t로 끝나면 3인칭 어미 -t 가 탈락한다).

laden: ich lade, du lädst, er lädt, ihr ladet
halten: ich halte, du hältst, er hält, ihr haltet
treten: ich trete, du trittst, er tritt, ihr tretet

3) *werden*의 현재 인칭변화: 기본적으로는 e/i 교체 동사에 속하나 어미변화에 약간의 차이가 있다(☞ 3.1.3).

3.2.3 현재 인칭변화 Ⅲ : 그 밖의 불규칙 동사

(1) sein, haben, werden

sein		haben		werden	
ich	bin	ich	habe	ich	werde
du	bist	du	hast	du	wirst
er/es/sie	ist	er/es/sie	hat	er/es/sie	wird
wir	sind	wir	haben	wir	werden
ihr	seid	ihr	habt	ihr	werdet
sie/Sie	sind	sie/Sie	haben	sie/Sie	werden

※ 이 그룹의 동사들은 여러 쓰임새를 보인다:

(a) **연결동사**(Kopulaverb)로서 ***sein***, ***werden***은 제 홀로 서술어(Prädikat)가 되지 못하고 실질적인 서술어 역할을 하는 형용사구, 명사구, 상황어 등과 함께 결합하여 쓰인다:

  Er **ist** nett/Student/ein guter Mann.
  Sie **ist** in Gefahr. (그녀는 위험에 처해 있다.)
  Es **wird** kalt. (날씨가 추워진다)

(b) 조동사(Hilfsverb)로서 ***sein, haben, werden***의 인칭변화형은 완전동사(Vollverb)의 인칭불변화형(분사Ⅱ, 동사원형 ☞ 3.3)과 결합하여 해당 완전동사의 복합 시칭형(☞ 4)과 수동형(☞ 6)을 이룬다.

(c) 완전동사로서 ***haben***('소유하다'):

  Haben Sie Familie? (기혼이십니까?)
  Ich **habe** Hunger. (나 배고파.)

(2) wissen : 화법 조동사

ich	weiß	wir	wissen
du	weißt	ihr	wisst
er/es/sie	weiß	sie/Sie	wissen

Wissen Sie das? - Ja, das weiß ich schon.
(그것을 알고 계십니까? -예, 이미 알고 있습니다.)
Weißt du das?
Er **weiß** es auch.

※ wissen 과 화법조동사 (☞ 5)는 단수에서 강변화 등사의 인칭변화 (☞ 3.2.4)처럼 현재인칭 변화하는 동사에 속한다.

3.2.4 과거(Präteritum) 인칭변화 I

1) 과거 인칭변화형은 동사의 과거 어간에 과거 인칭어미를 붙여서 만든다.

> 과거 인칭변화형 = 과거 어간 + 과거 인칭어미

2) 과거 어간은 규칙변화 동사(약변화 동사)와 불규칙변화 동사(강변화 동사, 혼합변화 동사)에서 각각 다른 방식으로 만들어진다.

   (a) 규칙 약변화 동사: 동사원형 어간 + **(e)te**

   (b) 불규칙 강변화 동사: 동사원형 어간 자체의 변형(모음 [및 끝자음]의 교체)

   (c) 불규칙 혼합변화 동사: 동사원형 어간 자체의 변형(모음 [및 끝자음]의 교체) + **(e)te**

3) 과거 인칭어미:

	단 수		복 수	
1인칭	ich	___	wir	___(e)n
2인칭	du	___st	ihr	___t
	Sie	___(e)n	Sie	___(e)n
3인칭	er/es/sie	___	sie	___(e)n

	(a) 약변화 동사		(b) 강변화 동사			(c) 혼합변화 동사	
	mach*en*	arbeit*en*	komm*en*	find*en*	les*en*	bring*en*	könn*en*
ich	mach*te*	arbeit*ete*	kam	fand	las	brach*te*	konn*te*
du	mach*test*	arbeit*etest*	kam*st*	fand*('e)st*	las*est*	brach*test*	konn*test*
Sie	mach*ten*	arbeit*eten*	kam*en*	fand*en*	las*en*	brach*ten*	konn*ten*
er/es/sie	mach*te*	arbeit*ete*	kam	fand	las	brach*te*	konn*te*
wir	mach*ten*	arbeit*eten*	kam*en*	fand*en*	las*en*	brach*ten*	konn*ten*
ihr	mach*tet*	arbeit*etet*	kam*t*	fand*et*	las*t*	brach*tet*	konn*tet*
Sie	mach*ten*	arbeit*eten*	kam*en*	fand*en*	las*en*	brach*ten*	konn*ten*
sie	mach*ten*	arbeit*eten*	kam*en*	fand*en*	las*en*	brach*ten*	konn*ten*

(a) 과거어간이 *-te*로 끝나는 약변화 동사와 혼합변화 동사에서 복수 1, 3인칭과 존칭 *Sie*의 과거 인칭어미는 *-n*이다.

(b) 약변화 동사의 과거어간을 만들기 위해 동사원형의 어간에 -te를 붙일 때 그 앞에 e를 넣는 경우
- 어간이 d, t로 끝날 때: red**ete**-, arbeit**ete**-
- 어간이 〈 자음 (l, r 제외) +m/n 〉 으로 끝날 때:
  rechn**ete**-, atm**ete**-   그러나: lern**te**-, film**te**-

(c) 강변화 동사의 과거 인칭어미 -st, -t 앞에 e 넣기
- 과거 어간이 d, t로 끝나는 경우:
  du fand**(e)st**, ihr fand**et**; du bat**(e)st**, ihr bat**et**
- 과거 어간이 잇소리(s, ss, ß, z)로 끝나는 경우에는 인칭어미 -st 앞에 e를 넣는다:
  du las**est**

3.2.5 과거 인칭변화 II : *sein, haben, werden*

sein		haben		werden	
ich	war	ich	hatte	ich	wurde
du	war*st*	du	hatte*st*	du	wurde*st*
er/es/sie	war	er/es/sie	hatte	er/es/sie	wurde
wir	war*en*	wir	hatte*n*	wir	wurde*n*
ihr	war*t*	ihr	hatte*t*	ihr	wurde*t*
sie/Sie	war*en*	sie/Sie	hatte*n*	sie/Sie	wurde*n*

3.3 인칭불변화형(infinite Formen): 동사원형(Infinitiv)과 분사(Partizip)

3.3.1 동사원형(Infinitiv)

1) 동사원형은 동사어간과 어미(-en 또는 -n)로 이루어진다.

   ※ 어미가 -n인 동사 : (a) sei**n**, tu**n**

   (b) 어간이 -el, -er로 끝나는 동사: büge**ln**, klinge**ln**, läche**ln**, ände**rn**, klette**rn**, wande**rn**, ...

2) 쓰임새:

   (a) 조동사 *werden*의 인칭변화형과 결합하여 복합시칭형(미래형)을 이룬다. (☞ 4)
   (b) 화법조동사와 결합한다. (☞ 5)
   (c) 주어, 목적어, 부가어, 상황어를 구성하는 데 쓰인다. (☞ 11.1.1)

3.3.2 분사 (Partizip)

1) 분사(分詞: Partizip)는 동사의 성질과 형용사의 성질을 '함께 나누는(分)' 동사의 인칭불변화형이다.
2) 분사에는 다음 두 종류가 있다:

   (a) **분사** I (Partizip I : 현재분사 [Partizip Präsens])
   (b) **분사** II (Partizip II : 완료분사 [Partizip Perfekt])

분사 I	
형태	동사원형+**d** arbeiten**d**, kommen**d**, weinen**d**, lächeln**d**, ... (다만,: sein ➡ *sei*e**nd**, tun ➡ tu**end**) *엄밀하게 말하면, 분사 I은 분사 II와 달리 동사의 어형변화 형태가 아니라, 동사에 접미어 -*d*를 붙여 만든 일종의 파생 형용사이다.
쓰임새	a) 서술어(형용사로 굳어졌을 때만): Das ist *befriedigend/unbefriedigend*. b) 부가어('…하는'): ein ***weinend**es* Kind (우는 아이) eine *zu den Schuhen **passend**e* Handtasche (신발에 어울리는 핸드백) c) 상황어('…하면서'): Das Kind kommt ***weinend*** nach Hause. (아이가 울면서 집으로 온다) d) 형용사의 명사적 사용(분사 I은 형용사의 성격을 가지므로): der ***Studierend**e*, die ***Studierend**en* ☞ 8.3

분사 II		
형태	a) 약변화 동사 :	(**ge**)+동사원형어간+**t**
	b) 강변화 동사 :	(**ge**)+과거어간/고유어간+**en**
	c) 혼합변화 동사 :	(**ge**)+과거어간+**t**
쓰임새	– 복합시칭형과 수동형과 구성함 : a) 조동사 *sein, haben*의 현재 인칭변화형과 결합하여 **현재완료형**을 구성한다. ☞ 4.2 b) 조동사 *sein, haben*의 과거 인칭변화형과 결합하여 **과거완료형**을 구성한다. ☞ 4.3 c) 조동사 *werden, sein*의 인칭변화형과 결합하여 **수동형**을 구성한다. ☞ 6 – 형용사로 쓰임 Sie ist ***verheiratet***. die ***geöffnete*** Tür		

분사 II의 어형구성에서 유의할 점:

(1) **분사 II 접두어 ge-** : 접두어 **ge-**(강세 없음)를 붙이느냐 붙이지 않느냐는 동사의 단어강세 위치에 따라 결정된다.

- **ge-를 붙이는 경우**:
  a) 첫 음절에 강세가 있는 단순동사
  b) 첫 음절에 강세가 있는 복합동사
  c) a)의 동사를 토대로 해서 만든 분리 동사 (☞ 3.4): 이 경우 *ge-*는 분리 접두어와 동사어간 사이에 온다.

- **ge-를 붙이지 않는 경우**:
  d) 첫 음절에 강세가 없는 단순동사/외래동사 (*-ieren*으로 끝나는 동사 등)
  e) 비분리 접두어(강세가 없음)를 붙여 만든 비분리 동사 (☞ 3.4)
  f) d), e)의 동사를 토대로 해서 만든 분리동사 (☞ 3.4)

a) ma**chen**	➡	**ge**mach**t**
kommen		**ge**komm**en**
b) **früh**stücken	➡	**ge**frühstück**t**
rechtfertigen		**ge**rechtfertig**t**
c) **auf**|ma**chen**	➡	auf|**ge**mach**t**
an|kommen		an|**ge**komm**en**

d) pro**bie**ren	➡	probier**t**
inter**view**en		interview**t**
mi**au**en		miau**t**
e) be**su**chen	➡	besuch**t**
ver**ei**nigen		vereinig**t**
f) **an**|pro**bie**ren	➡	an|probier**t**
vor|be**rei**ten		vor|bereit**et**
wieder|ver**ei**nigen		wieder|vereinig**t**

(2) 분사 Ⅱ 접두어 : -t /-en
- 약변화 동사와 혼합변화 동사에서는 *-t*, 강변화 동사에서는 *-en*이다(강변화 동사 *tun*의 경우만 *getan*)
- 약변화 동사에서 어간이 *d, t*로 끝나거나 〈자음 (*r, l* 제외)+*m/n*〉으로 끝날 때는 분사 접미어가 *-et*이다.
  reden ➡ ge**red**et, arbeiten ➡ ge**arbeit**et, regnen ➡ ge**regn**et

(3) 분사Ⅱ어간 : 분사Ⅱ의 어간은 동사에 따라 원형어간이나 과거어간과 동일하거나 독자적인 형태를 취한다.

- 약변화 동사: 원형어간 = **분사Ⅱ어간** = 과거어간
- 강변화 동사: 원형어간 = **분사Ⅱ어간** ≠ 과거어간 (아래의 A-B-A 형)
                  원형어간 ≠ **분사Ⅱ어간** = 과거어간 (아래의 A-B-B 형)
                  원형어간 ≠ **분사Ⅱ어간** ≠ 과거어간 (아래의 A-B-C 형)
- 혼합변화 동사: 원형어간 ≠ **분사Ⅱ어간** = 과거어간
  (*sollen, wollen*을 제외한 화법 조동사와 *wissen*이 여기에 포함된다)

강변화 동사의 [원형–과거형–분사 Ⅱ]

A-B-A

a(:) - i: - a(:)
- halten - hielt - gehalten
- fallen - fiel - gefallen
- lassen - ließ - gelassen
- blasen - blies - geblasen
- braten - briet - gebraten
- geraten - geriet - geraten
- raten - riet - geraten
- schlafen - schlief - geschlafen

a(:) - u: - a(:)
- schaffen - schuf - geschaffen
- wachsen - wuchs - gewachsen
- waschen - wusch - gewaschen
- (backen - backte/buk - gebacken)
- fahren - fuhr - gefahren
- graben - grub - gegraben
- laden - lud - geladen
- schlagen - schlug - geschlagen
- tragen - trug - getragen

e(:) - a: - e(:)	essen - aß - gegessen	geben - gab - gegeben
	fressen - fraß - gefressen	geschehen - geschah - geschehen
	messen - maß - gemessen	lesen - las - gelesen
	vergessen - vergaß - vergessen	sehen - sah - gesehen
	(sitzen - saß - gesessen)	treten - trat - getreten

A-B-B

e(:) - o(:) - o(:)	fechten - focht - gefochten	heben - hob - gehoben
	flechten - flocht - geflochten	erwägen - erwog - erwogen
	schmelzen - schmolz - geschmolzen	gären - gor - gegoren

i: - o(:) - o(:)	fließen - floss - geflossen	bieten - bot - geboten
	genießen - genoss - genossen	fliegen - flog - geflogen
	schießen - schoss - geschossen	fliehen - floh - geflohen
	schließen - schloss - geschlossen	frieren - fror - gefroren
		verlieren - verlor - verloren

ei - i(:) - i(:)	beißen - biss - gebissen	bleiben - blieb - geblieben
	greifen - griff - gegriffen	schreiben - schrieb - geschrieben
	reiten - ritt - geritten	schweigen - schwieg - geschwiegen
	schmeißen - schmiss - geschmissen	steigen - stieg - gestiegen
	streiten - stritt - gestritten	

A-B-C

e - a(:) - o	bergen - barg - geborgen	brechen - brach - gebrochen
	helfen - half - geholfen	erschrecken - erschrak - erschrocken
	schelten - schalt - gescholten	sprechen - sprach - gesprochen
	sterben - starb - gestorben	treffen - traf - getroffen
	werfen - warf - geworfen	

e: - a: - o(:)	nehmen - nahm - genommen	befehlen - befahl - befohlen
		empfehlen - empfahl - empfohlen
		stehlen - stahl - gestohlen

```
i - a - o        beginnen - begann - begonnen
                 gewinnen - gewann - gewonnen
                 schwimmen - schwamm - geschwommen

i - a - u        finden - fand - gefunden
                 gelingen - gelang - gelungen
                 klingen - klang - geklungen
                 singen - sang - gesungen
                 trinken - trank - getrunken

i(:) - a: - e:   bitten - bat - gebeten
                 liegen - lag - gelegen
```

(4) 동사원형이 없고 분사Ⅱ의 형태로만 존재하는 형용사 :

begabt (*begaben), benachbart (*benachbarn), einverstanden (*einverstehen), hausgemacht (*hausmachen), ...
(* 표시된 형태는 실제로 쓰이지 않는 형태다.)

3.4 분리 동사(trennbares Verb)와 비분리 동사(untrennbares Verb)

1) 독일어 동사 가운데 상당수는 기존의 단순동사에 **접두어**(Präfix, '앞붙이')*를 붙여 만든 것이다.
2) 접두어에는 토대동사(Grundverb)에 완전히 부착되지 않고 그 앞에 첨가되어 있다가 필요에 따라 분리될 수 있는 **분리 접두어**(trennbares Präfix)와 토대동사와 완전히 한 몸을 이루어 분리되지 않는 **비분리 접두어**(untrennbares Präfix)가 있다. 이런 접두어가 포함된 동사를 각각 **분리 동사**, **비분리 동사**로 부른다.

3) 분리동사의 **분리 접두어**는 **강세를 띠며**, 정서법(Rechtschreibung, 맞춤법)상으로는 동사원형, zu + 동사원형, 분사Ⅱ의 형태에서 **붙여쓰기**(Zusammenschreibung)를 한다:
   ánkommen (← án kommen), ánzukommen (← án zu kommen), ángekommen (← án gekommen)

4) 비분리 동사의 **비분리 접두어**는 **강세를 띠지 않으며**, 정서법상으로도 항상 토대동사에 붙여쓴다.

분사 Ⅱ 형태에서는 분사 접두어 *ge-*가 들어갈 자리에 이미 비분리 접두어가 차지하고 있기 때문에 *ge-*를 붙이지 못한다:

bekómmen, *zu* **bekómmen**, **bekómmen** (분사Ⅱ)

5) 분리동사의 인칭변화형은, # #로 표시된, 문장유형(서술문,의문문 등)이 정해져 있지 않은 기본어순(한국어식 어순)에서 서술문을 만들 때 분리 접두어를 남겨두고 문장의 둘째자리로 간다(예/아니오-의문문을 만들 때는 문장의 첫째자리로 간다). 분리동사의 두 구성요소는 정서법상으로는 붙여쓰게 되어 있으나 실제로는 떨어져 있는 것이므로 인칭변화형만 앞으로 이동하는 것이다.

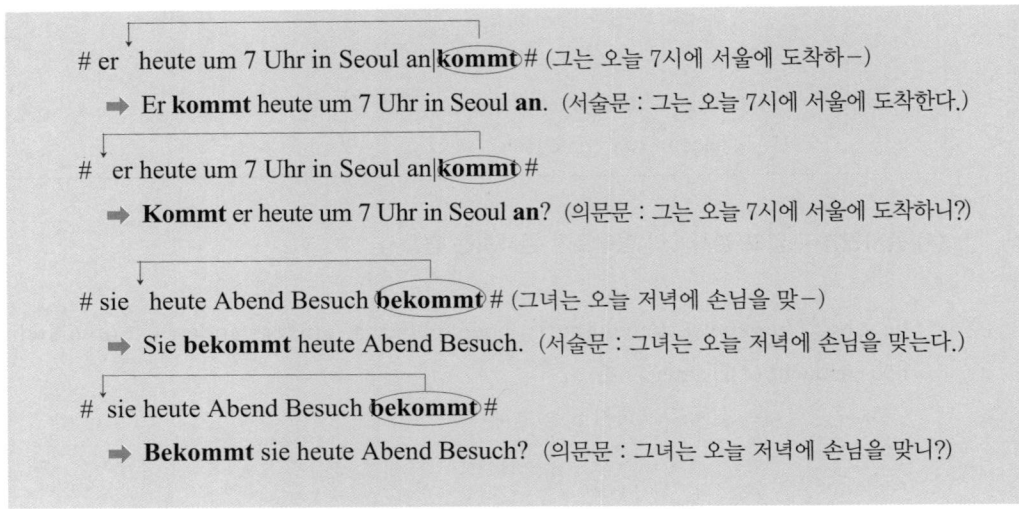

3.4.1 분리 동사

1) **분리 접두어**: 주로 전치사, 부사 등이 분리 접두어로 쓰인다.

- **ab** (ab|holen), **an** (an|rufen), **auf** (auf|machen), **aus** (aus|steigen), **bei** (bei|bringen), **mit** (mit|nehmen), **nach** (nach|sehen), **vor** (vor|haben), **zu** (zu|machen)

- **ein** (ein|steigen), **fort** (fort|gehen), **her** (her|stellen), **hin** (hin|gehen), los (los|fahren), **nieder** (nieder|schlagen), **weg** (weg|gehen), **weiter** (weiter|machen), **zusammen** (zusammen|setzen), **zurück** (zurück|kommen), ...

- **heran** (heran|kommen), **heraus** (heraus|geben), **herein** (herein|kommen), hinaus (hinaus|nehmen), **hinein** (hinein|gehen), **hinterher** (hinunter|laufen), **vorbei** (vorbei|kommen), ...

Wann *fährt* der Zug von Seoul *ab*? - Er *fährt* um zehn Uhr *ab*.
(기차가 서울에서 언제 출발합니까? – 10시에 출발합니다.)

Wo *steigt* die Touristin *um*? - Sie *steigt* in Frankfurt *um*.
(그 여자 여행자는 어디서 갈아탑니까? – 프랑크푸르트에서 갈아탑니다.)

Kommst du auch *mit*? - Ja, ich *komme* auch *mit*.

2) 분리 동사에서는 일반적으로 토대동사의 기본 의미가 유지되고, 분리 접두어로 쓰인 전치사나 부사의 의미가 토대동사의 의미를 한정해 준다.

3.4.2 비분리 동사

1) **비분리 접두어:** 비분리 접두어는 다음으로 한정 되어 있다.

    (a) 자주 쓰이는 것: **ver-** (verstehen), **be-** (beeilen),

                           ent-/emp- (entscheiden/empfehlen),

                           er- (erwachen), **zer-** (zerbrechen)

    (b) 드물게 쓰이는 것: **miss-** (misslingen), **ge-** (gehören)

        Inge *bekommt* einen Brief. (잉에는 편지 한 통을 받는다.)
        Die Gastgeberin *empfängt* die Gäste. (여주인이 손님들을 맞이한다.)
        Manfred *erreicht* den Zug. (만프레트는 기차를 잡는다.)
        Verstehst du es noch nicht? (아직도 그걸 이해 못하겠니?)

2) 비분리 동사는 일반적으로 토대동사의 원래 거리가 먼 새로운 의미를 나타낸다.

3.4.3 분리-비분리 동사

1) 다음 접두어를 갖는 동사는 분리 동사로 쓰이기도 하고 비분리 동사로도 쓰이기도 한다:
durch(-), über(-), um(-), unter(-), wider(-), wieder(-)

2) 분리 동사로 쓰일 때와 비분리 동사로 쓰일 때의 의미가 다르다.

> **분리동사**
>
> **úm|stellen** '[~의 위치를] 옮기다'
>   Warum *stellst* du schon wieder alle Möbel *um*? (왜 또 가구를 재배치하니?)
>
> **wíeder|holen** '다시 가져오다'
>   Der Arbeiter *holt* den Hammer *wieder*. (그 일꾼은 망치를 다시 가져온다.)

> **비분리동사**
>
> **umstéllen** '~을 포위하다'
>   Die Polizei *umstellte* das Haus. (경찰이 그 건물을 포위했다.)
>
> **wiederhólen** '반복하다'
>   Der Lehrer *wiederholt* die Grammatik. (선생님이 문법사항을 반복해 주신다.)

3) 각 접두어의 분리/비분리 빈도

  (a) 주로 분리, 드물게 비분리: durch(-), um(-), wieder(-)

  (b) 주로 비분리, 드물게 분리: über(-), unter(-), wider(-)

3.4.4 그 밖의 합성동사: 동사, 명사, 형용사를 첫째요소로 하는 합성동사

(1) 동사 + 동사 :

  kennen lernen, sitzen bleiben, spazieren gehen, stehen lassen, ...

  ※ 옛 정서법에서는 붙여쓰기를 했으나 새 정서법에 따라 띄어쓰기(Getrenntschreibung)를 한다.

  ※ spazieren gehen/fahren('산책하다/드라이브하다')과 달리 schwimmen gehen, einkaufen gehen 등은 '~하러 가다'의 뜻으로 쓰이는 동사복합체이다.
    Hier *lernt* man neue Freunde *kennen*. (이곳에서는 새 친구들을 사귀게 된다.)
    Ich *gehe* sonntags mit meinen Eltern *spazieren*.
    (나는 일요일마다 부모님과 함께 산책을 한다.)

(2) 명사 + 동사: heim|fahren, statt|finden, teil|nehmen, ...
    Ich *fahre* jeden Samstag *heim*. (나는 토요일마다 [부모님이 사시는] 집에 간다.)
    Die Konferenz *findet* morgen *statt*. (회의는 내일 열린다.)

(3) 형용사 + 동사: fern|sehen, lieb|haben, tot|schlagen, schwarz|arbeiten, wahr|sagen, ...
   Er *sieht* viel *fern*. (그는 TV를 많이 본다.)
   Alle *haben* ihn *lieb*. (모든 사람들이 그를 좋아한다.)

4 동사의 복합 시칭형 (zusammengesetzte Tempusformen)

4.1 동사의 시칭체계(Tempus-System)와 형태

(1) 동사의 시칭체계

- **단순 시칭형**: 현재(Präsens), 과거(Präteritum)
- **복합 시칭형**: 현재완료(Perfekt), 과거완료(Plusquamperfekt)
  미래(Futur I), 미래완료(Futur II)

(2) 동사의 시칭형

- **현재형**:   [동사원형]의   현재 인칭변화형 ☞ 3.2
- **과거형**:   [동사원형]의   과거 인칭변화형 ☞ 3.2
- **현재완료형**:   [완료원형(분사 II + *haben/sein*)]의   현재 인칭변화형
- **과거완료형**:   [완료원형(분사 II + *haben/sein*)]의   과거 인칭변화형
- **미래형**:   [동사원형 + *werden*]의   현재 인칭변화형
- **미래완료형**:   [완료원형(분사 II + *haben/sein*) + *werden*]의   현재 인칭변화형

※ 위에서 밑줄 친 부분의 동사가 인칭변화를 하여 서술문임을 표시하기 위해 문장의 첫째 성분 다음 위치로 온다((# #로 둘러싸인 표현은 문장종류가 표시되기 이전의 기본어순, 곧 일종의 의미상의 어순(한국어식 어순)을 보이는 표현이다).

\# ich   mit den Freunden Fußball **spiele** \#
  ➡ Ich **spiele** mit den Freunden Fußball.

\# ich   mit den Freunden Fußball *gespielt* **habe** \#
  ➡ Ich **habe** mit den Freunden Fußball *gespielt*.

4.2 현재완료형 (Perfekt)

> 현재완료형 = *haben/sein*의 현재 인칭변화형 + ⋯ + 분사 II

(1) 현재완료형의 의미

    (a) '지난 일'의 표현 : 발생시점 = 관찰시점 〉 발언시점 (이 경우 시간의 의미에서는 과거 시칭과 같음)

        · Gestern **ist** Helmut ins Kino **gegangen**. (= Gestern **ging** Helmut ins Kino.)
          (어제 헬무트는 영화관에 갔다.)
        · Damals **hat** er viel **gearbeitet**. (= Damals **arbeitete** er viel.)
          (그 당시 그는 일을 많이 했다.)

        ※ 과거형과 현재완료형의 쓰임새

과 거 형	현 재 완 료 형
· 지난 일을 회상하며 이야기할 때(서사체) · 소설, 동화 · 조동사(*sein, haben*), 화법조동사는 주로 과거형으로 사용된다.	· 지난 일을 현재 상황과 관련하여 논평할 때 · 일상 대화, 일기

    (b) '발언시점에 관찰해 볼 때 이미 끝나 그 결과 남아있는 지난 일'의 표현: 발생시점 〉 관찰시점 = 발언시점

        Das Kind **ist** (vor einer Stunde) **eingeschlafen**.
        (아이가 잠들었다. ➡ 아이는 지금 자고 있다.)
        Es **hat** (in der Nacht) **geschneit**!
        ([창밖에 쌓인 눈을 보고] 눈이 왔구나! ≠ Es schneite.)

    (c) '미래의 어느 시점에 끝날 일'의 표현(☞ 4.5 미래완료): 발언시점 〉 발생시점 〉 관찰시점
        Morgen Mittag **habe** ich das **gemacht**. (내일 정오에 그 일 다 마쳐.)
        Ich gebe dir das Buch, wenn ich es **gelesen habe**.
        (그 책 내가 다 읽으면 너한테 줄게.)

(2) 완료조동사 haben/sein의 선택 기준:

*haben*과 함께 쓰이는 동사	
(a) 타동사	Er **hat** mich freundlich **gegrüßt**. (그는 내게 다정하게 인사를 했다.) Ich **habe** Pech **gehabt**. (나는 운이 없었다.) Er **hat** mir **geholfen**. (그는 나를 도와주었다.) Ich **habe** früher **geraucht**. (나는 전에는 담배를 피웠다.) (목적어 없이 사용되는 타동사: 활동동사)
(b) 재귀동사	Er **hat** sich sehr darüber **gefreut**. (그는 그 일을 아주 기뻐했다.) Peter **hat** sich ein Motorrad **gekauft**. (그는 오토바이를 한 대 샀다.)
(c) 상태/행위의 지속을 나타내는 자동사	Ich **habe** lange **geschlafen**. (나는 오래 잤다.) Heute **habe** ich zehn Stunden **gearbeitet**. (오늘 나는 10시간 일했다.)
(d) 비인칭동사	Gestern **hat** es stark **geregnet**. (어제 비가 많이 왔다.)
(e) 화법조동사	Er **hat** ins Kino gehen **wollen**. (그는 영화 보러 가려고 했다.)

*sein*과 함께 쓰이는 동사	
(a) 장소이동을 나타내는 자동사	Wir **sind** mit der U-Bahn zum Bahnhof **gefahren**. (우리는 지하철을 타고 역으로 갔다.) Gestern **bin** ich in die Oper **gegangen**. (어제 나는 오페라 극장에 갔다.) Er **ist** durch die ganze Stadt **gerannt**. (그는 온 시내를 뛰어다녔다.)
(b) 상태변화를 나타내는 자동사	Ich **bin** plötzlich **eingeschlafen**. (나는 갑자기 잠이 들었다.) Seine Frau **ist gestorben**. (그의 아내는 죽었다.) Gestern **ist** hier ein Unfall **passiert**. (어제 여기서 사고가 일어났다.) ※ *statt|finden*('*Statt finden*'에서 유래)은 *haben*과 함께 쓰인다: Die Konferenz **hat** gestern **stattgefunden**. (회의는 어제 열렸다.) ※ 시작, 종료를 나타내는 자동사 *an|fangen, beginnen,* *auf|hören, enden*은 *haben*과 함께 쓰인다.
(c) *sein, bleiben, werden*	Er **ist** in England **gewesen**. (그는 영국에 갔다 왔다.) Ich **bin** dort drei Tage **geblieben**. (나는 거기서 사흘 동안 머물렀다.) Er **ist** Maler **geworden**. (그는 화가가 되었다.)

4.3 과거완료(Plusquamperfekt)

> 과거완료형 = *haben/sein*의 과거 인칭변화형 + ··· + 분사 II

(1) 과거완료형의 의미 : '과거의 과거' – 발생시점 〉관찰시점 〉발언시점

Peter *war* sehr müde. Er **hatte** die ganze Nacht **gearbeitet**.
(페터는 몹시 피곤했다. 그는 밤새 공부를 했던 것이다.)
Er *fuhr* zum Flughafen. Da **war** die Maschine schon **gelandet**.
Gestern *habe* ich endlich das Buch *bekommen*. Darauf **hatte** ich so lange **gewartet**. Der Anruf *kam*, als sie das Haus ***verlassen hatte***.
Nachdem Helga **geheiratet hatte**, *ist* sie mit ihren Mann nach München *gezogen*.

(2) 텍스트에서 과거완료는 이야기의 진행 중에 어떤 사건에 대한 배경정보를 전달할 때 주로 사용된다.

4.4 미래(Futur I)

> 미래형 = *werden*의 현재 인칭변화형 + ··· + 동사원형

(1) 미래형의 의미: 현재형처럼 '지금 일'이나 '앞일'을 표현하나 '추측'의 의미가 포함된다.

(a) '지금 일'에 대한 추측:

Hans **wird** jetzt in München **sein**. (한스는 지금 뮌헨에 있을 것이다.)
Er ist nicht gekommen. Er **wird** wieder zu viel zu tun **haben**.

(b) '앞일'에 대한 추측:

Hans **wird** morgen in München **sein**. (한스는 내일 뮌헨에 있을 것이다.)
Er **wird** einen Brief **bekommen**.

(2) 이 의미에서 파생하여 문맥에 따라서는 단호한 의지, 요구/명령을 나타낼 수도 있다:

Wir **werden** ihn nicht **vergessen**! (우리는 그 분을 결코 잊지 못할 것입니다.)
Du **wirst** jetzt schlafen **gehen**! (이제 자러 가는 게 좋을 거야.)

4.5 미래완료 (Futur II)

> 미래완료형 = *werden*의 현재 인칭변화형 + ⋯ + [분사 II + *haben/sein*]

미래완료형의 의미:

(a) '지난 일'에 대한 추측:

Hans **wird** gestern in München **gewesen sein**.
(한스는 어제 뮌헨에 있었을 거야.)
Er ist nicht gekommen. Er **wird** wieder zu viel **getrunken haben**.

(b) 미래의 어느 시점에 끝날 '앞일'에 대한 추측:

Bis Morgen Mittag **werde** ich das **gemacht haben**.
(내일 정오에 그 일 다 마칠 것 같아.)
In einem Jahr **werden** wir alles **vergessen haben**.
(일년 지나면 모든 걸 다 잊게 되겠지.)

5 화법조동사(Modalverb)

5.1 화법조동사의 특징

1) 화법조동사에는 *dürfen, können, mögen/möchte, müssen, sollen, wollen*이 있고, 이들의 인칭변화형은 완전동사(Vollverb)의 동사원형, 완료원형(분사Ⅱ+*haben/sein*) 또는 수동원형(분사Ⅱ+*werden/sein*)과 결합하여 동사복합체를 이룬다. (수동원형 + 화법조동사에 대해서는 ☞ 6)

2) 이 동사복합체에서 화법조동사의 인칭변화형은 동사원형을 남겨 두고 문장의 둘째 위치로 와서 해당 문장이 서술문임을 표시해 준다(# #로 둘러싸인 표현은 문장종류가 표시되기 이전의 기본어순(한국어식 어순)을 보이는 표현이다).

> # er jetzt nach Hause *fahren* **muss** # (그는 지금 집으로 가야 하-)
> ➡ Er **muss** jetzt nach Hause *fahren*. (그는 지금 집으로 가야 한다)
>
> # gestern er zu Hause *geblieben* sein **muss** # (어제 그는 집에 있었던 게 틀림없-)
> ➡ Gestern **muss** er zu Hause *geblieben* sein. (어제 그는 집에 있었던 게 틀림없다)

3) 화법조동사는 완전동사가 거느리는 영역이 표현하는 사태에 대하여 a) 주어가 취하는 태도 또는 b) 화자가 취하는 태도를 나타낸다.

> Er **muss** jetzt nach Hause *fahren*. (그는 지금 집으로 가야 한다 – a)
> Gestern **muss** er zu Hause *geblieben* sein. (어제 그는 집에 있었던 게 틀림없다 – b)

5.2 화법조동사의 어형변화

(1) 현재 인칭변화

	dürfen	können	mögen	müssen	sollen	wollen	möchte
ich	darf	kann	mag	muss	soll	will	möchte
du	darf*st*	kann*st*	mag*st*	muss*t*	soll*st*	will*st*	möchte*st*
er/es/sie	darf	kann	mag	muss	soll	will	möchte
wir	dürf*en*	könn*en*	mög*en*	müss*en*	soll*en*	woll*en*	möcht*en*
ihr	dürf*t*	könn*t*	mög*t*	müss*t*	soll*t*	woll*t*	möchte*t*
sie/Sie	dürf*en*	könn*en*	mög*en*	müss*en*	soll*en*	woll*en*	möcht*en*

※ *möchte*를 제외한 화법조동사 6개는 현재 단수 인칭변화가 과거 인칭변화(강변화)처럼 단수 1, 3인칭의 형태가 동일하고 어간 모음이 바뀐다.

※ *möchte*는 *mögen*의 접속법Ⅱ식(☞ 7.3) 형태에서 나온 것이지만 그 쓰임새로 볼 때 화법조동사로 굳어진 것이다.

(2) 과거 인칭변화

	dürfen	können	mögen	müssen	sollen	wollen	möchte
ich	durfte	konnte	mochte	musste	sollte	wollte	**wollte**
du	durfte*st*	konnte*st*	mochte*st*	musste*st*	sollte*st*	wollte*st*	**wollte***st*
er/es/sie	durfte	konnte	mochte	musste	sollte	wollte	**wollte**
wir	durfte*n*	konnte*n*	mochte*n*	musste*n*	sollte*n*	wollte*n*	**wollte***n*
ihr	durfte*t*	konnte*t*	mochte*t*	musste*t*	sollte*t*	wollte*t*	**wollte***t*
sie/Sie	durfte*n*	konnte*n*	mochte*n*	musste*n*	sollte*n*	wollte*n*	**wollte***n*

※ *dürfen, können, mögen, müssen*은 혼합변화 동사, *sollen, wollen*은 약변화 동사의 전형적인 어형변화 특징을 보인다.

※ *möchte*는 *mögen*의 과거형을 토대로 만들어진 접속법Ⅱ식(☞ 7.3) 형태이므로 과거형이 따로 없다. 따라서 과거 시칭에서는 뜻이 비슷한 *wollen*의 과거형을 사용한다.

(3) 현재완료형

완전동사로 사용될 때, 함께 사용되는 동사원형이 생략될 때	Ich **habe** ihn nie **gemocht**. (나는 그를 한번도 좋아한 적이 없다.) Früher **hat** er Russisch **gekonnt**. (그는 옛날에 러시아어를 할 줄 알았다.) Ich **habe** zum Arzt **gemusst**. (나는 병원에 가야만 했다.) Ich **habe** es nicht **gekonnt**. (나는 그걸 할 수 없었다.)
조동사로 사용될 때	Sie **hat** *kommen müssen*. (그녀는 와야만 했다.) Ich **habe** nicht *kommen dürfen*. (나는 와서는 안 되었다.) Das Buch **habe** ich schon immer *lesen wollen*. (그 책은 내가 늘 읽어보려고 했었다.)

※ 화법조동사 자체가 완전동사일 때나 화법조동사와 함께 쓰이는 완전동사가 생략될 때에는 ge...t의 꼴을 취하는 분사Ⅱ가 쓰이지만, 조동사일 때는 분사Ⅱ 대신에 동사원형이 쓰인다.

※ 화법조동사와 함께 쓰이는 완전동사가 생략될 수 있는 경우:

(a) 장소 이동을 나타내는 경우: Ich **will** *nach Frankfurt*.
　　　　　　　　　　　　　　Wohin **willst** du morgen *hin*?
　　　　　　　　　　　　　　Ich **kann** heute Abend nicht *ins Kino*.

(b) 앞의 내용을 받는 경우: Ich wollte Ski fahren, aber ich **konnte** (es) nicht.

Das **kann** ich nicht.

Kannst du schwimmen? - Ja, **kann** ich.

Darfst du heute Abend ausgehen? - Ja, das **darf** ich.

Ich möchte einen Kaffee trinken. - Das **darfst** du aber nicht!

5.3 화법조동사의 쓰임새

(1) dürfen

허락	a) '~해도 된다'	**Darf** ich heute schwimmen gehen? (오늘 수영하러 가도 돼요?) Ab heute **dürfen** Sie aufstehen! (이제 오늘부터 일어나 움직이셔도 됩니다.)
	b) [부정어와 함께] '~해서는 안 된다' (금지)	Warum kommst du nicht mit? - Ich **darf nicht** ausgehen. (너는 왜 못오니? – 난 외출하면 안 돼.) Hier **darf** man **nicht** parken. (이곳에서는 주차를 하면 안 된다.)
	c) 공손한 물음	**Darf** ich Sie etwas fragen? (뭘 좀 물어봐도 될까요?) Was **darf** es sein? (가게에서: 뭘 도와 드릴까요?)

(2) können

가능	a) [상황에 따른 가능성] '~할 수 있다'	Wir **können** schwimmen. Das Wasser ist schon warm genug. (이제 우리는 수영할 수 있다. 물이 벌써 충분히 따뜻해졌다.) Ich habe Zeit. Ich **kann** ihn besuchen. (나는 시간이 있다. 그래서 그 사람을 방문할 수 있다.)
	b) 공손한 물음, 부탁	**Kann** ich Ihnen helfen? (제가 도와드려도 될까요?) **Können** Sie mir bitte sagen, wie spät es ist? (지금 몇 시인지 말씀해 주실 수 있나요?)
	c) 입말에서 dürfen의 대용	**Kann** ich jetzt gehen? (이제 가도 됩니까?) Sie **können** hier telefonieren. (여기서 전화를 해도 돼요.)
능력	a) '~할 줄 안다'	Er **kann** gut schwimmen. (그는 수영을 잘 한다.) Er **kann** gut Auto fahren. (그는 운전을 잘 한다.)
	b) [완전동사로서] '(언어를) 할 줄 안다'	Sie **kann** gut Englisch. (그녀는 영어를 잘 한다.) Ich **kann** kein Russisch. (나는 러시아어를 할 줄 모른다.)
추측	'~일 수도 있다'	Das **kann** *sein*. (그럴 수도 있겠다.) Er **kann** den Schlüssel *verloren haben*. (그는 그 열쇠를 잃어버렸을 수도 있다) ※ 과거의 일에 대한 추측은 완료원형을 사용한다.

(3) müssen

필연	a) [상황에 따른 필연, 불가피성] '~해야 한다, ~하지 않을 수 없다'	Sie **muss** um 8 Uhr im Büro sein. (그녀는 8시까지 출근해야 한다.) Es ist schon spät. Ich **muss** gehen. (벌써 시간이 오래됐어. 나 이제 가야 돼.) Wir **mussten** lachen. (우리는 웃지 않을 수 없었다.)
	b) [부정어와 함께] '~할 필요가 없다, ~하지 않아도 된다' = brauchen ... nicht (zu) + 동사원형	Er **muss** noch **nicht** arbeiten. = Er **braucht** noch **nicht** (zu) arbeiten. (그는 아직 일을 할 필요가 없다.) **Muss** er arbeiten? - Nein, er **braucht nicht** (zu) arbeiten. ※ 입말에서는 *zu* 없이 사용되기도 한다.
확신	'~임에 틀림없다'	Er **muss** jetzt dort *sein*. (그는 지금 그곳에 있는 게 틀림없다.) Er **muss** gestern dort *gewesen sein*. (그는 어제 그곳에 있었던 게 틀림없다.) ※ 과거의 일에 대한 확신은 완료원형을 사용한다.

(4) sollen

의무	a) 타인의 의지, 부탁, 지시에서 비롯하는 의무	Was sagt er? - Du **sollst** ihn heute Abend wieder mal anrufen. (그 사람이 뭐래? – 네가 그 사람한테 오늘 저녁에 다시 전화를 하라더군.) Ich **soll** Sie von meiner Mutter grüßen. (어머니가 당신께 안부 전해드리라고 하셔요.) Was **soll** ich tun? (제가 어떻게 하면 좋겠습니까?)
	사회적, 도덕적 규범에서 비롯하는 의무	Du **sollst** nicht lügen. (거짓말을 해서는 안 된다.)
소문	'~라고 한다'	Das Restaurant **soll** sehr gut *sein*. (그 레스토랑은 아주 좋다고 한다.) Bei dem Unfall **soll** es bisher drei Tote *gegeben haben*. (그 사고에서 지금까지 세명이 죽었다고 한다.) ※ 과거의 일에 대한 소문은 완료원형을 사용한다.

(5) wollen

의지 의도	a) '~하려고 한다'	Er **will** uns morgen besuchen. (그는 우리를 내일 방문하려고 한다.) Er **will** ins Ausland gehen. (그는 외국으로 나가려고 한다.)
	b) [wir와 함께] 청유	**Wollen** wir eine Tasse Kaffee trinken? (우리 커피 한 잔 할까요?) Was **wollen** wir heute machen? (오늘 우리 뭐 할래?)
주장	진위가 의심스러운 주장	Er **will** es nicht *gewusst haben*. (그는 그것을 몰랐다고 주장한다.)

(6) mögen

추측	'~일지도 모른다'	Kommt sie? - (Das) **mag** sein. (그 여자 오니? – 그럴지도 몰라.)
기호	a) [화법조동사로서] 부정어와 함께 '~하는 것을 좋아하지 않다'	Ich **mag** diese Fragen nicht beantworten. (나는 이 질문에 대답하고 싶지 않다.) Sie **mag keinen** Fisch essen. (나는 생선 요리를 싫어한다.)
	b) [완전동사로서] '~을 좋아하다'	Sie **mag** (gern) Pizza. (그녀는 피자를 좋아한다.) Sie **mag** klassische Musik. (그녀는 고전음악을 좋아한다.) Niemand **mag** mich. (아무도 나를 좋아하지 않아.)

(7) möchte

바람	'~하고 싶다'	Ich **möchte** (gern) kommen. (나도 같이 가고 싶다.) Ich **möchte** Herrn Meyer sprechen. (마이어 씨와 통화하고 싶습니다.)

6 동사의 수동형 (Passivform)

6.1 동사의 태(Genus verbi): 능동태(Aktiv)와 수동태(Passiv)

1) 독일어에서 동사의 태(態: Genus verbi)는 같은 사태를 다른 관점에서 서술할 수 있게 해 주는 문법 장치로서 동작 주체가 주어로 표시되게 하는 능동태(Aktiv)와 동작 주체를 주어 자리에서 배제시켜 배후에 두는 수동태(Passiv)로 구분된다.

능동태	Das Kind	*öffnet*	die Tür.

(아이가 문을 연다.)

수동태	Die Tür	*wird*	(von dem Kind)	**geöffnet.**

(문이 아이에 의해 열린다.*) *우리말에는 능동으로 번역해도 된다.

2) 동사의 수동형: 분사Ⅱ에 조동사 *werden* 또는 *sein*이 결합하여 이루어진다. 이 동사복합체에서 조동사 부분이 인칭변화형이 된다.

(a) *werden*- 수동형: 분사Ⅱ + *werden* (= 진행 수동형[Vorgangspassiv])
(b) *sein*- 수동형: 분사Ⅱ + *sein* (= 상태 수동형[Zustandspassiv])

6.2 *werden*- 수동형: 진행 수동형(Vorgangspassiv)

(1) *werden*- 수동의 시칭형

	능동형	*werden*-수동형
현재	Man *öffnet* die Tür.	Die Tür *wird* geöffnet.
과거	Man *öffnete* die Tür.	Die Tür *wurde* geöffnet.
현재완료	Man *hat* die Tür geöffnet.	Die Tür *ist* geöffnet worden.
과거완료	Man *hatte* die Tür geöffnet.	Die Tür *war* geöffnet worden.
미래	Man *wird* die Tür **öffnen**.	Die Tür *wird* **geöffnet werden**.
미래완료	Man *wird* die Tür **geöffnet haben**.	Die Tür *wird* **geöffnet worden sein**.

※ *werden*-수동의 완료원형: [분사Ⅱ + werden] → [분사Ⅱ + geworden + sein]
(수동 완료형에서는 분사Ⅱ의 연속에 따른 *ge-*의 중복을 피하기 위해 *werden*의 분사Ⅱ *geworden*에서 *ge-*를 탈락시킨 *worden*을 사용한다.)

(2) 주어 있는 werden-수동문

  (a) 4격 목적어를 요구하는 대부분의 타동사로부터 만들어진다.
      ※ *werden*-수동형을 구성하지 못하는 4격 지배 동사:
        – 소유 동사: haben, besitzen, bekommen, kriegen, erhalten, ...
        – 수량 표시 동사: kosten, wiegen, enthalten, ...

  (b) 격의 변동:
     – 능동문에서 4격 목적어였던 것은 수동문에서 1격 주어가 된다.
     – 능동문에서 1격 주어였던 것은 수동문에서 일반적으로 탈락하거나 필요한 경우 *von* 또는 *durch* 전치사구를 통해 표시될 수 있다(능동문의 주어 *man*은 수동문에서 실현되지 않는다).
     – 능동문에서 2, 3격 목적어였던 것은 수동문에서도 그대로 유지된다.
       Die Gastgeberin *serviert* den Gästen Kaffee und Kuchen.
       (여주인이 손님들에게 커피와 케이크를 대접했다.)
       → Kaffe und Kuchen *werden* den Gästen von der Gastgeberin *serviert*.

(3) 주어 없는 werden-수동문

  (a) 4격 목적어를 취하지 않는 활동 동사로부터 만들어진다.

  (b) 격의 변동:
     – 4격 목적어를 취하지 않는 동사로부터 만들기 때문에 수동문에서 1격 주어가 없다(이때 수동형의 인칭변화형은 단수 3인칭 변화를 한다).
     – 서술문에서 동사의 인칭변화형 앞자리를 채워 줄 성분이 없는 경우에는 허사 *es*를 그 자리에 넣는다. 그 자리에 다시 어떤 성분이 들어가면 허사 *es*는 없어진다.
       Man *tanzt* heute. → Es *wird* heute **getanzt**. → Heute *wird* **getanzt**.
     – 능동문에서 1격 주어였던 것은 수동문에서 일반적으로 탈락하거나 필요한 경우 *von* 또는 *durch* 전치사구를 통해 표시될 수 있다(능동문의 주어 *man*은 수동문에서 실현되지 않는다).
       Die Zuschauer *klatschten*. → Es *wurde* von den Zuschauern **geklatscht**.
     – 능동문에서 2, 3격 목적어였는 것은 수동문에서도 그대로 유지된다.
       Wir *helfen* dem Lehrer.
       → Dem Lehrer *wird* (von uns) *geholfen*.

(4) 화법 조동사가 있는 수동문

현재	능동	Man *muss* den Verletzten sofort ins Krankenhaus *bringen*.
	수동	Der Verletzte *muss* sofort ins Krankenhaus **gebracht werden**.
과거	능동	Man *musste* den Verletzten sofort ins Krankenhaus *bringen*.
	수동	Der Verletzte *musste* sofort ins Krankenhaus **gebracht werden**.
현재완료	능동	Man *hat* den Verletzten sofort ins Krankenhaus **bringen** *müssen*.
	수동	Der Verletzte *hat* sofort ins Krankenhaus **gebracht werden** *müssen*.

※ 능동문의 *wollen*(주어의 의지)은 수동문에서 *sollen*(타자의 의지)으로 바뀐다.
　Hier *will* man ein Kaufhaus *bauen*. → Hier *soll* ein Kaufhaus *gebaut werden*.

6.3 *sein*-수동형: 상태 수동형(Zustandspassiv)

(1) *sein*-수동의 시칭형

현　재	Die Tür *ist* **geöffnet**.
과　거	Die Tür *war* **geöffnet**.
현재완료	Die Tür *ist* **geöffnet** gewesen.
과거완료	Die Tür *war* **geöffnet** gewesen.
미　래	Die Tür *wird* **geöffnet** sein.
미래완료	Die Tür *wird* **geöffnet** gewesen sein.

※ *sein*-수동의 완료원형: [분사Ⅱ + sein] → [분사Ⅱ + gewesen + sein]
※ 현재형과 과거형을 제외한 나머지 시칭형은 비교적 드물게 쓰인다. 일반적으로 현재완료형과 과거완료형은 과거형이 대신하며, 미래형은 현재형이, 미래완료형은 현재완료형이 대신한다.

(2) *sein*-수동의 특징

(a) *sein*-수동형(상태수동)은 앞서 있었던 동작의 결과로서 존속하는 상태를 나타낸다:

　　Die Tür *ist* **geöffnet** *worden*.　　(진행수동 현재완료: '누가 문을 열었다.')
　　Das Fenster *ist* **geöffnet**.　　　　(상태수동 현재: '창문이 열려있다.')

　　Der Tisch *wird* **gedeckt**.　　　　(진행수동 현재: '식탁이 차려지고 있다.')
　　Der Tisch *ist* **gedeckt**.　　　　　(상태수동 현재: '식탁이 차려져 있다.')

(b) *sein*-수동형은, 일반적으로 4격 목적어를 취하고 완성, 변형을 나타내는 타동사로부터 만들어진다.

(c) *sein*-수동형은 일반적으로 동작 주체를 나타나는 *von*- 전치사구를 허용하지 않는다:

    Die Tür ist **von ihm** geöffnet worden.

    Die Tür ist **von ihm** geöffnet. (×)

6.4 유사 수동문

6.4.1 *sein ... zu* +동사원형

$$\text{Das } \textit{ist zu} \text{ tun.} \rightarrow \text{Das } \begin{cases} \textit{muss} \\ \textit{soll} \\ \textit{kann} \end{cases} \textit{getan werden.}$$

Das Problem **ist** leicht **zu** *lösen*. (그 문제는 해결될 수 있다.)
   ← Das Problem *kann* leicht *gelöst werden*.
    Das Problem *kann man* leicht *lösen*. (← *Man kann* das Problem leicht *lösen*.)

Der Brief **ist** sofort **zu** *beantworten*. (그 편지는 당장 답장을 해야 한다.)
   ← Der Brief *muss* sofort *beantwortet werden*.

Abfälle **sind zu** *vermeiden*.
   ← Abfälle *müssen/können vermieden werden*.

Der Bundeskanzler **ist** vom Bundespräsidenten **zu** *ernennen*.
   ← Der Bundeskanzler *soll/muss* vom Bundespräsidenten *ernannt werden*.

※ ***haben ... zu*** + 동사원형 = ***müssen ...*** 동사원형
   Ich **habe** dringend **zu** *arbeiten*. = Ich *muss* dringend *arbeiten*.
   Autofahrer **haben** die Verkehrsregeln **zu** *beachten*.
   = Autofahrer *müssen* die Verkehrsregeln *beachten*.
   Was **habe** ich **zu** *bezahlen*?

6.4.2 *lassen sich ...* 동사원형

Das Problem **lässt sich** auf verschiedene Weise *lösen*.
← Das Problem *kann* auf verschiedene Weise *gelöst werden*.
   Das Problem *kann man* auf verschiedene Weise *lösen*.

Abfälle **lassen sich** *vermeiden*.
← Abfälle *können vermieden werden*.

Dieser Stoff **lässt sich** nicht *verbrennen*.
← Dieser Stoff *kann* nicht *verbrannt werden*.

6.4.3 *sein ...* 동사어간 +*bar*

Das Problem ***ist** lös**bar***.
← Das Problem *kann gelöst werden*.
　Das Problem *kann man lösen*.
　Das Problem *lässt lösen*.

Abfälle ***sind** vermeid**bar***.
← Abfälle *können vermieden werden*.
　Abfälle *kann man vermeiden*.
　Abfälle *lassen sich vermeiden*.

Die Würde des Menschen ***ist** unantast**bar***.
← Die Würde des Menschen *darf nicht angetastet werden*.
　Die Würde des Menschen *darf man nicht antasten*.

7 동사의 화법(Modus): 명령법(Imperativ)과 접속법(Konjunktiv)

7.1 동사의 화법

1) 독일어에서 동사의 특별한 어미나 형태를 통해 표현되는 화법(話法: Modus)에는 다음 3가지가 있다:

직설법(Indikativ)	기본적인 화법으로서 어떤 사태를 사실적으로 서술하는 화법
명령법(Imperativ)	상대방(2인칭)에 대하여 요구(명령, 금지, 지시, 권유, 부탁, 경고 등)를 하는 화법
접속법(Konjunktiv)	남의 말을 간접적으로 옮기거나 가상의 일을 말하는 화법

2) 직설법을 나타내는 동사의 형태에 대해서는 3-6에서 동사의 여러 가지 형태변화를 통해 이미 다루었다.

7.2 명령법(Imperativ)

(1) 동사의 명령형

du-명령형(친칭 단수 명령형)	동사어간+*(e)* ...!	Schlaf gut!
ihr-명령형(친칭 복수 명령형)	동사어간+*t* ...!	Schlaf**t** gut!
Sie-명령형(존칭 명령형)	동사어간+*en* Sie ...!	Schlaf**en Sie** gut!

(a) 명령법을 나타내는 동사의 형태(명령형)는 2인칭(친칭) 단수(*du*), 복수(*ihr*) 및 존칭(*Sie*)에 대한 형태만 존재하며, 시칭의 구분이 없고(명령은 미래 지향적임), 주로 능동태로 쓰인다.

(b) 동사의 명령형은 예/아니오-의문문에서처럼 문장의 첫째자리에 나타나며, *du*-명령형과 *ihr*-명령형에서는 특별히 강조되는 경우를 제외하고는 일반적으로 명령문의 주어 *du, ihr*가 탈락하고, *Sie*-명령문에서는 항상 주어 *Sie*가 명령형 뒤에 나타난다.

　Mach das bitte! (그것 좀 해.)
　Mach **dú** das bitte! (네가 그걸 해라.) (*du*에 강세가 온다)

(c) 분리동사(☞ 3.4)의 명령형은 분리 접두어를 뒤에 남겨두고 토대동사 부분만 문장의 첫째자리로 온다.

　Komm schnell **herein**!　***Kommt*** schnell **herein**!　***Kommen*** Sie schnell **herein**!
　(빨리 들어와!)　　　　([너희들] 빨리 들어와라!)　(빨리 들어오십시오!)

(2) 명령형을 만들 때 유의할 점

(a) 명령형의 어간은 동사원형의 어간을 취하는 게 원칙이나, 현재 단수 2, 3인칭변화에서 e → i(e) 모음 교체를 겪는 강변화 동사(☞ 3.2.2)의 du-명령형은 모음 교체된 어간을 취한다. 이때 du-명령형의 어미 e는 쓰지 않는다.

	직설법 형태	du-명령형	ihr-명령형	Sie-명령형
helfen	(du) **hilf**st	**Hilf** mir!	**Helft** mir!	**Helfen** Sie mir!
nehmen	(du) **nimm**st	**Nimm** das!	**Nehmt** das!	**Nehmen** Sie das!
sehen	(du) **sieh**st	**Sieh** mal!	**Seht** mal!	**Sehen** Sie mal!

(b) 반면에 현재 단수 2, 3인칭변화에서 어간모음이 변모음(Umlaut)을 겪는 강변화 동사 (☞ 3.2.2)의 du-명령형은 동사원형의 어간을 취한다.

	직설법 형태	du-명령형	ihr-명령형	Sie-명령형
fahren	(du) **fähr**st	*Fahr* langsam!	*Fahrt* langsam!	*Fahren* Sie langsam!
laufen	(du) **läuf**st	*Lauf* schnell!	*Lauft* schnell!	*Laufen* Sie schnell!

(c) du-명령형에 어미 e를 반드시 붙이는 경우:
- 동사어간이 〈자음(l, r 제외) + m/n〉으로 끝날 때: Atm*e* tief ein! Rechn*e* das mal! Öffn*e* die Tür!
- 동사어간이 -ig로 끝날 때: Entschuldig*e* bitte! Erledig*e* das selbst!
- 동사어간이 d, t로 끝날 때: Red*e* nicht so viel! Wart*e*!
- 동사어간이 -el, -er로 끝날 때: Bumml*e* nicht! Kich(e)r*e* nicht!
  (-el의 경우에는 어간 모음 *e*가 탈락하고, -er 경우에는 입말에서 주로 탈락한다)

(d) du-명령형에 어미 e를 반드시 탈락시키는 경우:
- 위의 (a)의 경우
- 동사 *sein*: Sei ruhig!

(e) (c)와 (d)의 경우를 제외한 그 밖의 동사에서는 du-명령형에서 어미 e를 붙이는 것이 가능하기는 하나 입말에서는 일반적으로 e를 붙이지 않는다: fahr(e)! frag(e)!

(f) ihr-명령형은 직설법 현재 복수 2인칭 변화형과 동일하다: Wartet! Seid ruhig!

(g) *Sie*-명령형은 동사원형과 일치하나, 동사 *sein*의 *Sie*-명령형에서는 *-en*이 붙는다: Sei**en** Sie ruhig!

	du-명령형	*ihr*-명령형	*Sie*-명령형
sein	**Sei** ruhig!	**Seid** ruhig!	**Seien** Sie ruhig!

(3) 청유의 형식

현재 복수 1인칭 변화형 + *wir* ...! (단, *sein*의 경우는 *Seien wir* ...!)	Gehen wir! (가자. / 갑시다.) Seien wir ehrlich! (우리 솔직해집시다.)
Lass uns ... 동사원형! *Lasst uns* ... 동사원형! *Lassen Sie uns* ... 동사원형!	Lass uns gehen! Lasst uns gehen! Lassen Sie uns gehen!

(4) 명령형 이외의 명령 표현 방식

동사원형	Nicht **rauchen**! Bitte **einsteigen**!
분사 II	**Aufgepasst**! Betreten **verboten**!
주어없는 수동문 (☞ 6.2)	Jetzt **wird** aber **geschlafen**! Hier **wird** nicht **geraucht**!
화법조동사 *sollen*	Du **sollst** das Fenster *zumachen*! (창문 닫아라!)
단독 명사, 형용사, 부사 등	**Achtung**! **Vorsichtig**! **Vorwärts**! (주의!)　　(조심!)　　(전진! 앞으로!)

7.3 접속법 (Konjunktiv)

7.3.1 접속법의 형태

(1) 접속법 형태의 두 가지

접속법 I 식(Konjunktiv I)	원형어간 + 접속법 인칭어미
접속법 II 식(Konjunktiv II)	• 규칙변화(약변화) 동사:　　　　과거형 어간 + 접속법 인칭어미 • 불규칙변화(강변화, 혼합변화) 동사: 과거형 어간(+변모음) + 접속법 인칭어미

(2) 접속법 어미

	직설법 현재형 어미	직설법 과거형 어미	접속법 인칭어미
ich	e	-	**e**
du	st	st	**est**
er, es, sie	t	-	**e**
wir	en	en	**en**
ihr	t	t	**et**
sie/Sie	en	en	**en**

※ 접속법 어미는 모두 e가 포함되어 있는 것이 특징이다.

(3) 접속법 I 식 형태의 예: 직설법 현재형과의 비교

	machen		geben		können	
	직설법 현재	접속법 I식	직설법 현재	접속법 I식	직설법 현재	접속법 I식
ich	mach*e*	**mach*e***	geb*e*	**geb*e***	kann	**könn*e***
du	mach*st*	**mach*est***	g*i*b*st*	**geb*est***	kann*st*	**könn*est***
er, es, sie	mach*t*	**mach*e***	g*i*b*t*	**geb*e***	kann	**könn*e***
wir	mach*en*	**mach*en***	geb*en*	**geb*en***	könn*en*	**könn*en***
ihr	mach*t*	**mach*et***	geb*t*	**geb*et***	könn*t*	**könn*et***
sie/Sie	mach*en*	**mach*en***	geb*en*	**geb*en***	könn*en*	**könn*en***

	sein		haben		werden	
	직설법 현재	접속법 I식	직설법 현재	접속법 I식	직설법 현재	접속법 I식
ich	bin	**s*ei***	habe	**hab*e***	werde	**werd*e***
du	bist	**s*ei(e)st***	hast	**hab*est***	wirst	**werd*est***
er, es, sie	ist	**s*ei***	hat	**hab*e***	wird	**werd*e***
wir	sind	**s*eien***	haben	**hab*en***	werden	**werd*en***
ihr	seid	**s*eiet***	habt	**hab*et***	werdet	**werd*et***
sie/Sie	sind	**s*eien***	haben	**hab*en***	werden	**werd*en***

※ 음영 처리된 부분의 접속법 I 식 형태들은 직설법 현재형과 일치하므로 직설법 형태와 구분을 위해 접속법 II 식 형태로 대체된다.

(4) 접속법 II식 형태의 예: 직설법 과거형과의 비교

	machen (약변화 동사)		geben (강변화 동사)		können (혼합변화 동사)	
	직설법 과거	접속법 II식	직설법 과거	접속법 II식	직설법 과거	접속법 II식
ich	machte	macht*e*	gab	gäb*e*	konnte	könnt*e*
du	machtest	macht*est*	gabst	gäb*est*	konntest	könnt*est*
er, es, sie	machte	macht*e*	gab	gäb*e*	konnte	könnt*e*
wir	machten	macht*en*	gaben	gäb*en*	konnten	könnt*en*
ihr	machtet	macht*et*	gabt	gäb*et*	konntet	könnt*et*
sie/Sie	machten	macht*en*	gaben	gäb*en*	konnten	könnt*en*

	sein		haben		werden	
	직설법 과거	접속법 II식	직설법 과거	접속법 II식	직설법 과거	접속법 II식
ich	war	wär*e*	hatte	hätt*e*	wurde	würd*e*
du	warst	wär*(e)st*	hattest	hätt*est*	wurdest	würd*est*
er, es, sie	war	wär*e*	hatte	hätt*e*	wurde	würd*e*
wir	waren	wär*en*	hatten	hätt*en*	wurden	würd*en*
ihr	wart	wär*(e)t*	hattet	hätt*et*	wurdet	würd*et*
sie/Sie	waren	wär*en*	hatten	hätt*en*	wurden	würd*en*

※ 음영 처리된 부분처럼 접속법 II식 형태가 직설법 과거형과 일치하는 경우에는 일반적으로 [würde ... 동사 원형](아래 참조)을 사용한다.

(5) 접속법 II식 형태의 대용형: würde ... 동사원형

(a) [*würde* (*werden*의 접속법 II식 형태) ... 동사원형]은 접속법 II식 형태가 직설법 과거형과 일치하는 경우(약변화 동사의 모든 인칭변화형; 변모음을 통한 직설법 과거형과의 구분이 없는 강변화 동사의 복수 1, 3인칭 변화형)에 직설법 형태와의 구분을 위해 쓰인다.

```
ich machte ...    (직설법 과거) = ich machte ...   (접속법 II식) → ich würde ... machen
ich ging ...      (직설법 과거) ≠ ich ginge ...    (접속법 II식)
wir gingen ...    (직설법 과거) = wir gingen ...   (접속법 II식) → wir würden ... gehen
```

(b) 현대 독일어에서 [*würde* ... 동사원형]은 흔히 쓰는 동사(조동사, 화법조동사, 자주 쓰는 강변화 동사)를 제외한 대부분의 불규칙 동사의 접속법 II식 형태를 대신하기도 한다.

7.3.2 직설법 시칭형과 접속법 형태의 대응관계

		직설법의 시칭형	접속법 I 식	접속법 II 식
현재의 일	현재형	er findet er kommt	er finde er komme	er fände (= er würde ... finden) er käme (= er würde ... kommen)
과거의 일	과거형	er fand er kam	er habe ... gefunden er sei ... gekommen	er hätte ... gefunden er wäre ... gekommen
	현재 완료형	er hat ... gefunden er ist ... gekommen		
	과거 완료형	er hatte ... gefunden er war ... gekommen		
미래의 일	현재형	er findet er kommt	er finde er komme	er fände (= er würde ... finden) er käme (= er würde ... kommen)
	미래형	er wird ... finden er wird ... kommen	er werde ... finden er werde ... kommen	er würde ... finden er würde ... kommen
	미래 완료형	er wird ... gefunden haben er wird ... gekommen sein	er werde ... gefunden haben er werde ... gekommen sein	er würde ... gefunden haben er würde ... gekommen sein

7.3.3 접속법 I 식의 쓰임새

(1) '중립적인 태도'의 간접화법(indirekte Rede)

(a) 접속법I식 형태를 사용하여 누군가가 한 말을 간접적으로 다시 옮길 수 있는데, 이때 화자가 그 말의 사실 여부에 대해서 직접 관여하지 않고 중립적인 태도를 취한다.

직접화법 (direkte Rede)	Herr Keller sagt seiner Frau:	„Ich verstehe dich nicht."
간접화법 (indirekte Rede)	Herr Keller sagt seiner Frau,	dass er sie nicht versteht. (직설법: 화자도 그렇게 믿음) **dass er sie nicht *verstehe*.** (접속법 I 식: 화자의 중립적 태도) **er *verstehe* sie nicht.**

(b) 접속법I 식 형태를 이용하는 간접화법은 일상 입말에서는 잘 쓰이지 않고 격식을 갖춘 글말(신문, 잡지, 소설 등)에서 흔히 볼 수 있다.

(c) 접속법 I식 형태의 시칭은 주문장의 시칭이 결정하는 게 아니라, 직접화법의 인용 문장 속의 시칭에 따라 정해진다(☞ 7.3.2).

Sie sagte: „Ich **schreibe** einen Roman."	Sie sagte, sie *schreibe* einen Roman. (그녀는 자기가 소설을 쓰고 있다고 말했다.)
Sie sagte: „Ich **schrieb** einen Roman." Sie sagte: „Ich **habe** einen Roman **geschrieben**." Sie sagte: „Ich **hatte** einen Roman **geschrieben**."	Sie sagte, sie *habe* einen Roman *geschrieben*.
Sie sagte: „Ich **werde** einen Roman **schreiben**." Sie sagte: „Ich **werde** einen Roman **geschrieben haben**."	Sie sagte, sie *werde* einen Roman *schreiben*. Sie sagte, sie *werde* einen Roman *geschrieben haben*.

(d) 접속법 I식 형태가 직설법 형태와 일치하는 경우에는 접속법 II식 형태를 대신 사용한다(이때의 접속법 II식 형태가 다시 직설법 과거형과 일치하거나 자주 쓰이지 않는 형태이면 대용형인 [**würde** ... 동사원형]을 사용한다)

Sie sagten: „Wir **wissen** es nicht." (그들은 "우리는 모른다." 하고 말했다.)	(Sie sagten, sie *wissen* es nicht. →) Sie sagten, sie *wüssten* es nicht. (그들은 자기들은 모른다고 말했다.)
Sie sagten: „Wir **sahen** ihn nicht." Sie sagten: „Wir **haben** ihn nicht **gesehen**."	(Sie sagten, sie *haben* ihn nicht *gesehen*. →) Sie sagten, sie *hätten* ihn nicht *gesehen*.
Sie sagten: „Wir **werden** morgen **kommen**."	(Sie sagten, sie *werden* morgen *kommen*. →) Sie sagten, sie *würden* morgen *kommen*.
Sie sagten: „Wir **machen** so etwas nicht."	(Sie sagten, sie *machen* so etwas nicht. →) Sie sagten, sie *machten* so etwas nicht. →) Sie sagten, sie *würden* so etwas nicht *machen*.
Sie sagten: „Wir **lesen** Fachzeitschriften."	(Sie sagten, sie *lesen* Fachzeitschriften. →) Sie sagten, sie *läsen* Fachzeitschriften. →) Sie sagten, sie *würden* Fachzeitschriften *lesen*.

(e) 일상 입말에서는 주로 직설법 또는 접속법 II식 및 [würde ... 동사원형]이 간접화법에 사용된다.

(f) 물음과 명령의 간접화법

Er fragt: „Wann kommst du nach Hause?"	Er fragt, **wann** ich nach Hause *käme*.
Er fragt: „Kann ich ins Kino gehen?"	Er fragt, **ob** er ins Kino gehen *könne*.
Er befahl sie: „Bleib zu Hause!"	Er befahl sie, sie **solle** zu Hause *bleiben*.
Er bat sie: „Besuchen Sie mich bitte um 10 Uhr!"	Er bat sie, sie **möge** ihn um 10 Uhr *besuchen*.

※ 물음말(Fragewort)이 있는 물음에서는 그 물음말을 접속사로 사용하고, 물음말이 없는 물음에서는 접속사 *ob*을 사용한다.
※ 요구, 명령에는 화법조동사 *sollen*을 사용하고, 정중한 부탁에는 *mögen*을 사용한다.

(2) 3인칭에 대한 요구 · 희망

– 3인칭 단수에 대한 일종의 명령법으로서 일부 굳어진 표현이나 조리법, 사용설명서 등에서 한정적으로 사용된다:

Es *lebe* die Freiheit! (자유여, 영원하라!)
Man *nehme* 500 g Mehl, 2 Eier, ... (밀가루 500g, 계란 2 개 ...를 준비하십시오.)
Man *nehme* dreimal täglich 2 Tabletten mit Wasser ein.
(두 알씩 하루 세 번 물로 드십시오.)

7.3.4 접속법 II 식의 쓰임새

(1) '비현실'의 표현

(a) 비현실 조건문

현실: 직설법	비현실: 접속법 II 식
Ich *habe* keine Zeit. Ich *komme* nicht mit.	Wenn ich Zeit ***hätte***, ***käme*** ich mit. (내가 시간이 있다면 함께 갈 텐데.) – 지금 시간이 없어서 함께 못간다.
Ich *hatte* keine Zeit. (Ich *habe* keine Zeit *gehabt*.) Ich *kam* nicht mit. (Ich *bin* nicht mit*gekommen*.)	Wenn ich Zeit ***gehabt hätte***, ***wäre*** ich ***mitgekommen***. (내가 시간이 있었더라면 함께 갔을 텐데.)

※ 현실 조건문과 비현실 조건문의 비교:
Wenn ich Zeit habe, komme ich mit.
(현실 조건문: '내가 시간이 있으면 함께 갈게.' – 실현 가능성이 있음)

※ wenn의 생략과 어순(이 현상은 입말보다는 주로 글말에서 나타난다):
Wenn ich Zeit *hätte*, *käme* ich mit. → **Hätte** ich Zeit, *käme* ich mit.

※ wenn-부문장이 먼저 오면, 주문장의 처음에 *so* 또는 *dann*이 올 수 있다:
Wenn ich Zeit *hätte*, (so/dann) *käme* ich mit.

※ 조건을 나타내는 *wenn*-부문장이 오지 않고 그것을 대신하는 다른 요소가 나타나거나 문맥을 통해 조건이 암시될 수 있다:

An deiner Stelle käme ich gern mit. (내가 너라면 함께 가겠다.)
Sonst wäre ich zu spät gekommen. (그렇게 하지 않더라면 너무 늦게 갔을 거야.)
Ich hätte das nicht getan. (나라면 그렇게 하지 않았을 거야.)

※ 접속법 Ⅱ식 형태의 대용형 [*würde* ... 동사원형]의 사용:
- 접속법 Ⅱ식 형태가 직설법 과거형과 동일할 때(약변화 동사):

  Wenn ich sie **fragte**, **antwortete** sie mir.

  i. 그녀는 내가 물어볼 때마다 대답해 주었다. (현실 조건문: 직설법 과거형)

  ii. 내가 그녀에게 물으면 대답해 줄 텐데.

  (비현실 조건문: 직설법 과거형과 동일한 접속법 Ⅱ식 형태)

  → Wenn ich sie **fragen würde**, *antwortete* sie mir.

   Wenn ich sie *fragte*, **würde** sie mir **antworten**.

  (둘 가운데 하나만 *würde*-대용형으로 대체하면 된다. 이 경우 이중으로 사용하는 것은 피하는 게 좋다.)

- 자주 쓰지 않아 낡은 형태로 여겨지는 또는 직설법 현재형과 발음이 비슷한 강변화 동사의 접속법 Ⅱ식 형태의 대체:

  Wenn ich im Lotto **gewänne/gewönne**, **führe** ich sofort einen Porsche.

  (복권에 당첨만 되면 당장 포르쉐를 몰 텐데.)

  → Wenn ich im Lotto **gewinnen würde**, **würde** ich sofort einen Porsche **fahren**.

(b) 비현실 소망문

현실: 직설법	비현실: 접속법 Ⅱ식
Ich *habe* heute leider keine Zeit.	Wenn ich *doch/nur* Zeit **hätte**! (= **Hätte** ich *doch/nur* Zeit!) (시간이 있으면 좋으련만.)
Ich *hatte* gestern leider keine Zeit.	Wenn ich gestern *doch/nur* Zeit *gehabt hätte*! (= **Hätte** ich gestern *doch/nur* Zeit *gehabt*!) (시간이 있었더라면 좋았을 텐데.)

(c) 비현실 비교문: '마치 ...하는/한 것처럼', '마치 ...인/였던 것처럼'

> Nicole tut, **als ob** sie krank **wäre**. (니콜은 아픈 사람처럼 행동한다.)
> Sie sieht aus, **als ob** sie seit Tagen nicht **gegessen hätte**.
> (그녀는 며칠 굶기라도 한 듯이 보인다.)

※ *als ob*에서 *ob*가 삭제될 수 있다. 그러면 그 자리에 동사 인칭변화형이 대신 들어간다(주로 글말에서 나타나는 현상):

> Nicole tut, **als ob** sie krank **wäre**. → Nicole tut, **als wäre** sie krank.

※ 일상 입말에서는 *als ob*-부문장에 접속법 II식과 더불어 직설법이 사용되기도 한다:

> Nicole tut, **als ob** sie krank **ist**.
> (이 경우 'Nicole tut, **als ist** sie krank.'는 불가능하다.)

(d) '하마터면 ...할 뻔했다' : ***beinah(e), fast, um ein Haar***

> Wir **wären** beinahe / fast / um ein Haar **verunglückt**. (우린 하마터면 사고를 당할 뻔했다.)
> Beinahe / Fast / Um ein Haar **hätte** ich es **vergessen**. (하마터면 그걸 잊어버릴 뻔했다.)

(2) '공손함, 조심스러움'의 표현

요청	Ich **hätte** eine Bitte. (부탁 하나 해도 되겠습니까/되겠니?)
	Das **wär**'s für heute. (오늘은 이 정도로 하지요.)
	Dürfte ich mal durch? (지나가도 되겠습니까?)
	Hätten Sie sonst noch einen Wunsch? (점원이 손님에게: 필요한 것 더 없으신가요?)
	Könnten Sie mir bitte **sagen**, wie ich zum Bahnhof komme?
	(역으로 가는 길 좀 알려 주실 수 있겠습니까?)
진술	Nicht gut, **würde** ich **sagen**. (좋지는 않다고 말씀드리고 싶군요.)

8 형용사(Adjektiv)

8.1 형용사의 특성과 기능

(a) 사물의 성질, 관계, 수 등을 나타내는 형용사는 명사 앞에 부가되거나(부가어 기능), 연결동사(*sein, werden* 등)와 함께 쓰이거나(서술어 기능), 다른 동사에 대하여 부사적으로 쓰인다:

부가어 기능	어미변화를 한다	gut**er** Wein / die schön**e** Frau / mein alt**es** Auto
서술어 기능	어미변화를 하지 않는다	Der Wein ist **gut**. Die Frau ist **schön**. Mein Auto ist **alt**.
부사적 기능	어미변화를 하지 않는다	Er spielt **gut** Klavier. Das hast du **schön** gemacht!

※ 독일어에서 수(Zahl)를 나타내는 말(부록의 "기본수와 차례수" 참조)도 형용사로 볼 수 있는데, 이러한 수 형용사(Zahladjektiv) 가운데 차례수(서수: Ordinalzahl) 형용사는 부가어로 쓰일 때 어미변화를 하지만, 기본수(기수: Kardinalzahl) 형용사는 어미변화를 하지 않는다: **drei** Männer, der **dritt***e* Mann(다만 2격에서 관사가 없을 경우 기본수도 어미변화를 한다: mit Ausnahme der **drei** Männer - mit Ausnahme drei**er** Männer)

(b) 형용사 가운데 일부는 특정 격의 목적어나 전치사구를 요구한다:

3격 요구 형용사	Sie ist *ihrer Mutter* sehr **ähnlich**. (그녀는 어머니와 많이 닮았다.) Dafür sind wir *Ihnen* sehr **dankbar**. (그 일에 대해 저희는 당신께 감사를 드립니다.)
4격 요구 형용사	Endlich bin ich *die Erkältung* **los**. (드디어 감기에서 벗어났다.)
전치사구 요구 형용사	Warum bist du **böse** *auf mich*? (너 왜 나한테 화가 났니?) Herr Meyer ist sehr **streng** *mit den Kindern*. (마이어 씨는 자식들에게 아주 엄격하다.) Sie ist *mit ihrer neuen Wohnung* **zufrieden**. (그녀는 자기 새 집에 만족한다.)

8.2 형용사의 어미변화(Deklination)

(a) 거의 모든 형용사는 명사 앞에 부가어로 사용될 때 그 명사의 성, 수, 격에 일치되도록 어미변화를 한다.
(b) 형용사 어미변화는 형용사 앞에 오는 관사의 성격에 따라 결정된다. 관사에 성, 수, 격을 표시하는

강한 어미가 이미 있으면 형용사에는 약한 어미가 온다(약변화). 관사가 없거나, 관사가 있더라도 성, 수, 격을 표시하는 강한 어미가 없으면, 형용사 자체에 성, 수, 격을 표시하는 강한 어미가 온다 (강변화).

	약한 어미: -e, -en	– 특정관사가 올 때 – 어미가 있는 다른 관사가 올 때	der rot*e* Wein (그 붉은 포도주) dies*er* rot*e* Wein (이 붉은 포도주) mit ein*em* gut*en* Wein
약변화			
강변화	강한 어미: -e, -en, -er, -es, -em	– 관사가 오지 않을 때 – 관사가 와도 어미가 없을 때	rot*er* Wein (붉은 포도주) ein rot*er* Wein (붉은 포도주 한병) mein weiß*es* Haus (나의 하얀집)

※ 혼합변화: 불특정관사, 소유관사, kein-은 성, 수, 격에 따라 어미가 없는 경우도 있다. 따라서 형용사가 이러한 관사와 함께 쓰일 때는 약변화 어미가 나타나기도 하고 강변화 어미가 나타나기도 하는데, 이를 두고 '혼합변화'라 일컫기도 한다.

(c) 형용사의 어미변화에서는 원칙적으로 형용사 자체의 변화없이 어미만 붙으나 몇 가지 유의할 점이 있다:

- -el, 이중모음+er로 끝나는 형용사가 어미변화하면 모음 e가 탈락한다: dunkel → ein dunk*les* Zimmer; teuer → eine teu*re* Handtasche; sauer → sau*re* Milch
- hoch → hoh-: Der Berg ist hoch. / ein ho*her* Berg

8.2.1 약변화

		남 성	중 성	여 성
단수	1격	der nett*e* Mann dies*er*	das nett*e* Kind dies*es*	die nett*e* Frau dies*e*
	2격	des nett*en* Mann(e)s dies*es*	des nett*en* Kind(e)s dies*es*	der nett*en* Frau dies*er*
	3격	dem nett*en* Mann dies*em*	dem nett*en* Kind dies*em*	der nett*en* Frau dies*er*
	4격	den nett*en* Mann dies*en*	das nett*e* Kind dies*es*	die nett*e* Frau dies*e*
복수	1격	die nett*en* Männer / Kinder / Frauen dies*e*		
	2격	der nett*en* Männer / Kinder / Frauen dies*er*		
	3격	den nett*en* Männern / Kindern / Frauen dies*en*		
	4격	die nett*en* Männer / Kinder / Frauen dies*e*		

※ 단수 남성 1격과 단수 중성, 여성 1, 4격에는 -e를 쓰고 그 나머지 경우에는 -en을 사용한다.

※ 환경: a) 특정관사 뒤에서

　　　　b) 특정관사와 같은 어미변화를 하는 관사 뒤에서
　　　　　　– 지시관사 *dies-, jen-, solch-*
　　　　　　– 의문 관사 *welch-*
　　　　　　– 수량관사 *all-, jed-, beid-, manch-*

※ 주의: einig, mehrer, viel, wenig 등은 불특정 관사가 아니라 수량**형용사** 들이다, 따라서 수량관사인 all-,jed-,manch- 와 달리 그 뒤에 오는 다른 형용사와 함께 강변화를 한다.

　　　All*e* nett*en* Leute sind willkommen. (좋은 사람이면 모두 환영한다.)

　　　Bisher habe ich nur weing*e* nett*e* Leute getroffen.
　　　(지금까지 좋은 사람은 몇 명밖에 만나지 못했다.)

　　　manch*e* nett*en* Leute (몇 몇 좋은 사람)

　　　viel*e* nett*e* Leute (많은 좋은 사람)

8.2.2 강변화

		남성	중성	여성
단수	1격	gut*er* Wein	gut*es* Bier	gut*e* Butter
	2격	gut*en* Wein(e)s	gut*en* Bier(e)s	gut*er* Butter
	3격	gut*em* Wein	gut*em* Bier	gut*er* Butter
	4격	gut*en* Wein	gut*es* Bier	gut*e* Butter
복수	1격	gut*e* Weine / Biere / Butter		
	2격	gut*er* Weine / Biere / Butter		
	3격	gut*en* Weine*n* / Biere*n* / Butter*n*		
	4격	gut*e* Weine / Biere / Butter		

※ 환경: a) 관사가 오지 않을 때

　　　　b) 어미 없는 관사 형태가 올 때: bei solch schönem Wetter(그렇게 날씨가 좋을 때는) ;
　　　　　（☞ 8.2.3: 혼합변화）　　　ein guter Wein(좋은 포도주 한 병)

　　　　c) 2격 지시대명사(관계대명사)가 올 때:
　　　　　　mit dem Mädchen und *dessen* krankem Vater (소녀와 그 아픈 아버지와 함께)

※ 남성, 중성 명사의 단수 2격에 2격 표시 -(e)s가 명사 자체에 따로 부여되는 경우에는 형용사에 강한 어미 -es를 붙이지 않고 약한 어미 -en을 부여한다.

　　　wegen schlecht*en* Wetters(악천후 때문에) ;

　　　ein Gläschen rot*en* Weines(붉은 포도주 [작은] 한 잔)

8.2.3 '혼합변화'

- 같은 관사에서 :
- 관사의 변화형에서 어미가 없거나 관사 자체가 나타나지 않을 때(무관사, 제로 관사) 그 뒤의 형용사는 강변화를 한다.
- 관사의 변화형에 어미가 있는 경우에는 그 뒤의 형용사가 약변화를 한다

(1) 불특정관사 ein-이 형용사 앞에 올 때:

		남 성	중 성	여 성
단수	1격	ein nett**er** Mann	ein nett**es** Kind	eine nett**e** Frau
	2격	ein**es** nett**en** Mann(e)s	ein**es** nett**en** Kind(e)s	ein**er** nett**en** Frau
	3격	ein**em** nett**en** Mann	ein**em** nett**en** Kind	ein**er** nett**en** Frau
	4격	ein**en** nett**en** Mann	ein nett**es** Kind	eine nett**e** Frau
복수	1격	ø nett**e** Männer / Kinder / Frauen		
	2격	ø nett**er** Männer / Kinder / Frauen		
	3격	ø nett**en** Männer**n** / Kinder**n** / Frauen		
	4격	ø nett**e** Männer / Kinder / Frauen		

※ 불특정 관사의 복수형은 제로 관사로 실현된다. 따라서 이 경우의 형용사 변화는 강변화를 따른다.

(2) 소유관사(mein-, dein-, ...)나 kein-이 형용사 앞에 올 때

		남 성	중 성	여 성
단수	1격	mein nett**er** Mann	mein nett**es** Kind	meine nett**e** Frau
	2격	mein**es** nett**en** Mann(e)s	mein**es** nett**en** Kind(e)s	mein**er** nett**en** Frau
	3격	mein**em** nett**en** Mann	mein**em** nett**en** Kind	mein**er** nett**en** Frau
	4격	mein**en** nett**en** Mann	mein nett**es** Kind	meine nett**e** Frau
복수	1격	meine nett**en** Männer / Kinder / Frauen		
	2격	mein**er** nett**en** Männer / Kinder / Frauen		
	3격	mein**en** nett**en** Männer**n** / Kinder**n** / Frauen		
	4격	meine nett**en** Männer / Kinder / Frauen		

8.3 형용사의 명사화

- 여기서 말하는 형용사의 명사화는 형용사(분사 포함)를 명사처럼 쓰는 것(어휘로 굳어진 것)으로서 형용사 어미변화를 그대로 유지하고 명사처럼 첫 글자를 대문자로 쓴다.

		남 성 (사람)	여 성 (사람)	중 성 (추상적인 것)
단수	1격	der Alte '노인'(남자) ein Alter	die Alte '노인'(여자) eine Alte	das Alte '옛것' ein Altes
	2격	des Alten eines Alten	der Alten einer Alten	des Alten eines Alten
	3격	dem Alten einem Alten	der Alten einer Alten	dem Alten einem Alten
	4격	den Alten einen Alten	die Alte eine Alte	das Alte ein Altes
복수	1격	die Alten '노인들' ø Alte		
	2격	der Alten ø Alter		
	3격	den Alten ø Alten		
	4격	die Alten ø Alte		

※ 그 밖에도:

- 남성/여성형(사람): der/die Bekannte, Blinde, Deutsche, Fremde, Kleine, Kranke, Tote, Verwandte; Reisende, Abgeordnete, Angestellte, Studierende, Verletzte, ... (der Beamte 는 남성형만 있고 여성형은 완전한 명사인 die Beamtin이 쓰인다)

  Ich habe *eine* Bekannte in Berlin. (나는 베를린에 아는 사람이 하나 있다)
  [그 사람이 여자인 경우].)

  Er fragt *einen* Beamten. (그는 어느 공무원 / 직원에게 묻는다
  [그 사람이 남자인 경우].)

  Der Arzt hilft *dem* Verletzten. (그 의사는 그 환자를 돕는다[그 환자가 남자인 경우].)

- 중성형(주로 추상적인 것): das Ganze, das Gute, das Neue, das Richtige, das Schöne, ...

  Das Alte geht und das Neue kommt (낡은 것은 가고 새것이 온다.)

  Man soll den Armen Gutes tun. (불쌍한 사람들에게 좋은 일을 베풀어야 한다.)

※ 중성형은 특정관사 외에도 *etwas, viel, nichts, alles* 등과 함께 쓰일 수 있다(*etwas, viel, nichts* 뒤에서는 강변화를 하고, *alles* 뒤에서는 약변화를 한다)

  Ich schenke dir zum Geburtstag *etwas* Schönes. (생일에 네게 좋은 것을 선물 할게.)

  Er hat *viel* Gutes in seinem Leben getan. (그는 평생 동안 좋은 일을 많이 했다.)

Es gibt *nichts* Bess*eres* als faulenzen. (빈둥거리는 것보다 더 좋은 일은 없다)
Alles Gut*e*! (모든 일이 잘 되기를! 행운을 빈다.)

단수	1격	etwas viel nichts	Gut**es**	alles	Gut**e**
	2격			alles	Gut**en**
	3격	etwas viel nichts	Gut**em**	allem	Gut**en**
	4격	etwas viel nichts	Gut**es**	alles	Gut**e**

8.4 형용사의 비교변화(Steigerung)

8.4.1 비교형의 종류

원급(Positiv)	schnell	Maria läuft *so* **schnell** *wie* Lola. 마리아는 롤라만큼 빨리 달린다
비교급(Komparativ)	schnell**er**	Gisela läuft **schneller** *als* Maria. 기젤라는 마리아보다 더 빨리 달린다.
최상급(Superlativ)	schnell**st**	Claudia läuft *am* **schnellst***en*. (= Claudia ist *das* **schnellst***e* Mädchen.) 클라우디아가 가장 빨리 달린다.

규칙 변화			불규칙 변화		
원 급	비교급	최상급	원 급	비교급	최상급
schön	schön*er*	schön*st*	groß	größer	größt
arm	ärm*er*	ärm*st*	hoch	höher	höchst
alt	ält*er*	ält*est*	nah(e)	näher	nächst
heiß	heiß*er*	heiß*est*			
kurz	kürz*er*	kürz*est*	gut	besser	best
neu	neu*er*	neu*(e)st*	viel	mehr	meist
schlau	schlau*er*	schlau*(e)st*	wenig	weniger, minder	wenigst, mindest
altmodisch	altmodisch*er*	altmodisch*st*			
dunkel	*dunkler*	dunkel*st*			
teuer	*teurer*	teuer*st*			
heiter	*heit(e)rer*	heiter*st*			

※ 비교급과 최상급 구성에서 유의할 점:

(a) 변모음(Umlaut)
- 변모음 가능한 모음 (*a, o, u* - 이중모음 *au* 제외)을 지닌 1음절 형용사 대다수는 비교급과 최상급에서 변모음을 한다:

  arm - ärmer - ärmst; jung - jünger - jüngst; dumm - dümmer - dümmst

  그 밖에도: alt, grob, groß, hart, hoch, kalt, klug, krank, kurz, lang, nah(e), scharf, schwach, schwarz, stark, warm

- 변모음이 있는 형태와 없는 형태 두 가지를 허용하는 형용사도 있다:

  gesund, blass, glatt, karg, nass, schmal, rot

(b) 최상급 어미 -*st* 앞에 *e*를 넣는 경우
- -*d, -t, -s, -ß, -sch, -x, -z*로 끝나는 1음절 형용사(또는 끝 음절에 강세를 띠는 여러 음절 형용사):

  alt - ält**est**; gesund - gesünd**est**; heiß - heiß**est**

  (예외: groß - größt); hübsch - hübsch**est**

  그러나: spannend - spannend**st**; komisch - komisch**st**

- -*los, -haft* 로 끝나는 형용사:

  die lieblos**est**en Worten, die gewissenhaft**este** Arbeit

- 긴 모음, 이중모음으로 끝나는 형용사의 경우에는 -*est* 또는 -*st*가 사용된다:

  früh - früh**(e)st**; neu - neu**(e)st**

(c) 비교급 어미 -*er* 앞에서 e가 탈락하는 경우
- -*el*로 끝나거나 이중모음+*er*로 끝나는 형용사:

  dunkel - dunk**ler** - dunkelst; teuer - teu**rer** - teuerst

- -*en, -er*로 끝나는 형용사의 비교급이 어미변화를 하는 경우

  trocken - der trock**nere** Wein; bitter - ein bitt**rerer** Geschmack

8.4.2 비교의 형식

(1) 원급을 사용한 비교(동등비교)

so <원급 A> wie B 'B만큼 A하다' 'B와 같이 A하다'	Peter ist **so** *alt* **wie** Thomas. (= Peter und Thomas sind **gleich** *alt*.) (페터는 토마스와 나이가 같다.) Kommen Sie bitte **so** *schnell* **wie** möglich! (될 수 있으면 빨리 오세요.)
gen**auso**/eben**so** <원급 A> *wie* B 'B와 똑같이 A하다'	Das Wetter ist heute **genauso** *schlecht* **wie** gestern. (오늘 날씨는 어제와 똑같이 안 좋다.)
doppelt/dreimal *so* <원급 A> *wie* B 'B보다 두 배/세 배 더 ...하다'	Dein Zimmer ist **doppelt so** *groß* **wie** meines. (네 방은 내 방보다 두 배 더 크다.)
nicht *so* <원급 A> *wie* B 'B만큼 A하지가 않다'	Dein Zimmer ist **nicht so** *groß* **wie** meines. (네 방은 내 방만큼 크지가 않다.)
부가어로 쓰일 때	**So ein** *schöner* Film **wie** dieser ist nur selten zu sehen. (= **Ein so** *schöner* Film **wie** dieser ...) (이처럼 아름다운 영화는 만나기 힘들다.) an **so einem** *heißen* Tag **wie** heute (= an **einem so** *heißen* Tag **wie** heute) (오늘 같이 무더운 날에) Ich bin **kein so** *starker* Mensch **wie** er. (나는 그 사람처럼 그렇게 강한 사람이 아니다.)

(2) 비교급을 사용한 비교

<비교급 A> *als* B 'B보다 더 A하다'	Peter ist *älter* **als** ich. (페터는 나보다 나이가 많다.)
um X <비교급 A> *als* B 'B보다 X만큼 더 A하다'	Peter ist **(um) ein Jahr** *älter* **als** ich. (페터는 나보다 한 살 나이가 더 많다.)
viel/noch <비교급 A> *als* B 'B보다 훨씬 더 A하다'	Dein Zimmer ist **viel** *größer* **als** meines. (네 방이 내 방보다 훨씬 더 크다.) Es regnet **noch** *stärker*. ([아까보다] 비가 훨씬 더 많이 온다.)

immer <비교급 A> '점점/갈수록 더 A하다'	Es wird **immer** *dunkler* draußen. (밖이 점점 어두워지고 있다.) Die Reichen werden **immer** *reicher*. (부자들은 갈수록 더 부유해지고 있다.)
je <비교급 A> ... , umso / desto <비교급 B> ... 'A하면 할수록 더 B해진다' (umso는 입말에서 주로 쓴다)	**Je** *länger* die Nächte werden, **umso/desto** *kürzer* werden die Tage. (밤이 길어질수록 낮이 더 짧아진다.) **Je** *mehr*, **umso/desto** *besser*. (많을수록 더 좋다.)
부가어로 쓰일 때	Holz ist ein *härterer* Stoff **als** Kork. (목재는 코르크보다 더 단단한 물질이다.) Der Kunde sucht einen *billigeren* Teppich. (손님이 더 싼 카펫을 찾고 있다.)

(3) 최상급을 사용한 비교

am ....sten '가장 ...하다', '가장 ...하게'	Peter ist *am größten*. (페터가 가장 키가 크다.) Peter läuft von allen Schülern *am schnellsten*. (페터가 모든 학생들 가운데 가장 빨리 달린다.)
부가어로 쓰일 때	Peter ist der *größte* von allen Schülern. (페터가 모든 학생들 가운데 가장 키가 크다.) Das war der *schlimmste* Tag in meinem Leben! (그 날은 내 인생에서 최악의 날이었어.)

8.4.3 부사의 비교변화

- 몇몇 부사는 형용사처럼 비교변화를 한다:

원급	비교급	최상급	
oft	öfter	am häufigsten	Trinken Sie oft Milch? - Nein, aber immer *öfter*. (우유를 자주 드세요? – 아니오, 하지만 갈수록 자주 마시고 있어요.)
bald	eher	am ehesten	Ich trinke *lieber* Tee als Kaffee. (저는 커피보다는 차를 더 즐겨 마셔요.)
gern	lieber	am liebsten	Je *eher*, umso/desto besser. (빠르면 빠를수록 더 좋다.)

9 전치사(Präposition)

9.1 전치사의 종류

9.1.1 2격 지배 전치사

(an)statt	~ 대신에	**Statt** des Geldes gab sie ihm ihren Schmuck. (그녀는 그에게 돈 대신에 대물을 주었다.)
trotz	~에도 불구하고	**Trotz** des Regens gingen wir spazieren. (비가 오는데도 우리는 산책을 했다.)
während	~하는 동안에	Es hat **während** des ganzen Urlaubs geregnet. (휴가 기간 내내 비가 왔다.)
wegen	~ 때문에	Wir konnten **wegen** des Regens nicht kommen. (우리는 비 때문에 올 수 없었다.)

9.1.2 3격 지배 전치사

aus	(a) [방향: 안에서 밖으로]	Er kommt **aus** dem Haus. (그가 집에서 나온다.) Er nimmt ein Buch **aus** dem Regal. (그가 책장에서 책을 한 권 꺼낸다.)
	(b) 출신지, 출처	Woher kommt er? - Er kommt **aus** Deutschland / **aus der** Schweiz.
	(c) 재료	eine Bank **aus** Holz (나무로 만든 벤치)

außer	~말고는, 제외하고는	**Außer** dir habe ich keinen Freund. (난 너말고는 친구가 없어.)

bei	(a) [장소] ~에서	Ich stand **bei** meinem Auto. [근처] (내 차 옆에) Wo bleibt er hier? - **Bei** mir zu Hause. [누구의 영역] (우리집에.) Er arbeitet **bei** einer Firma / **bei** Siemens. [회사] (어느 회사에.)
	(b) 사건, 기회	Leider hat sie **bei** der Prüfung viele Fehler gemacht. Ich war gestern **beim** Einkaufen. (장 볼 때)

gegenüber	[장소] ~의 맞은편에	Sie saß *mir* **gegenüber**. (내 맞은 편에) (대명사가 함께 쓰이는 경우에는 그 뒤에 위치함) Wo liegt die Post? - **Gegenüber** dem Bahnhof.
mit	(a) ~와 함께, ~이 딸린, ~을 가지고	Sie war **mit** uns in der Stadt. (~와 함께) ein Haus **mit** Garten / Kaffee **mit** Milch (~이 딸린, ~을 곁들인) Er hat ihn **mit** einem Knüppel geschlagen. (도구)
	(b) 교통수단	Sie ist **mit** der Bahn / **mit** dem Auto gefahren. (기차로 / 자동차로)
nach	(a) [방향: 목적지] 고유지명, 방위명칭, 장소부사와 함께	Marie fliegt **nach** Frankreich. (그러나: Marie fliegt **in die** Schweiz.) Wir fuhren **nach** Süden. (그러나: Wir fuhren **in den** Süden.) Gehen Sie **nach** rechts! Er geht **nach** Hause.
	(b) [시간] ~ 후에	**Nach** einer Stunde ist er zurückgekommen. **Nach** dem Essen wollen sie ausgehen. **nach** dem Unterricht / **nach** der Schule
	(c) ~에 따르면, ~에 따라	**Nach** meiner Uhr ist es schon halb elf. Spaghetti **nach** Bologneser Art (볼로냐식 스파게티) ※ 그 밖의 굳어진 표현에서는 *nach*가 주로 뒤에 온다: aller Wahrscheinlichkeit **nach**, meiner Meinung **nach** (또는 **nach** meiner Meinung), ...
seit	[시간] 현재 유지되고 있는 상태의 출발 시점	**Seit** wann bist du wieder hier? - **Seit** einem Monat / **Seit** gestern. Ich warte **seit** einer Stunde auf sie. (나는 그 여자를 한 시간 전부터 기다리고 있다.)
von	[방향, 시간] 출발점	Der Zug kommt **von** Berlin. Woher kommst du jetzt? - **Von** der Post. Woher kommst du? - **Von** zu Hause / **Von** meinem Bruder. Wir arbeiten **von** Montag bis Freitag

zu	(a) [방향: 목적지]	Das Kind läuft **zu** seiner Mutter. Manfred geht **zu** Silvia Ich muss **zum** Arzt. Wie komme ich **zum** Bahnhof? Er fährt **zur** Uni.
	(b) [시간]	**zu** Weihnachten, **zu** Ostern **zur** Zeit, **zum** ersten Mal

9.1.3 4격 지배 전치사

bis	[장소, 시간] ~까지(관사 없는 명사 또는 부사와 함께 쓰임. 관사 있는 명사와 함께 쓰일 때는 다른 전치사의 도움을 받음.)	Wir fahren nur **bis** Frankfurt. Wir fahren **bis** (nach) Spanien. von Anfang **bis** Ende; **bis** nächsten Monat **bis** bald; **bis** morgen; von unten **bis** oben Ich gehe **bis** zur Endstation.
durch	(a) [장소] ~을 통과하여	Wir sind **durch** den Park gebummelt.
	(b) ~을 통하여, ~으로 인하여	Das Haus wurde **durch** Bomben zerstört. Ich habe es **durch** Zufall erfahren.
entlang	(a) [장소] ~을 따라서	Den Weg **entlang** blühen Rosen. (= **Entlang** dem Weg ...) ※ 주로 명사 뒤에 쓰이며 이 때는 4격을 취한다. 명사 앞에 와서 3격을 취하는 경우가 있다.
	(b) [방향] ~을 따라서	Den Fluss **entlang** wanderten wir oft.
für	(a) ~을 위하여,	Das Buch ist **für** dich. (이 선물은 네 거야.) Das ist eine Sendung **für** Kinder. (이건 아이들을 위한 방송 프로그램이야.)
	(b) ~을 대신하여	Er hat **für** mich unterschrieben. (그가 나를 대신해서 서명을 했다.)
	(c) ~에 비하여	**Für** sein Alter ist das Kind sehr groß.
	(d) 예정한 기간	Ich habe das Haus **für** zwei Jahre gemietet. Er verreist **für** einen Monat. ※ 사건의 지속시간을 나타낼 때는 전치사 없이 4격 명사구만 사용한다: Ich bin *einen Monat* in Berlin geblieben.

gegen	(a) ~쪽으로, ~에 맞서,	Er warf den Ball **gegen** die Mauer.
		Korea hat **gegen** Frankreich gespielt.
		ein Mittel **gegen** Husten
	(b) ~쯤에, ~무렵에	Ich komme **gegen** 7 Uhr nach Hause.
		gegen Abend, **gegen** Ende der Ferien

ohne	~ 없이	Ich bin zurzeit **ohne** Geld.
		Er ist **ohne** seine Frau in Urlaub gefahren.
		ein Kleid **ohne** Ärmel

um	(a) ~ 둘레에, ~을 돌아	Sie saßen **um** den Tisch.
		Biegen Sie **um** die Ecke!
		Das Geschäft ist gleich **um** die Ecke.
		Das Team arbeitet *rund **um** die Uhr*. (24 시간 내내)
	(b) ~시 정각에	**Um** 7 Uhr bin ich wieder da.

9.1.4 3격 또는 4격 지배 전치사: 장소

- 머무는 장소(정지 상태) → 3격
- 장소의 이동(운동 방향) → 4격

an	3격	Das Bild hängt **an** der Wand. Wir sitzen **am** Tisch. (그림이 벽에 걸려 있다.) (우리는 탁자에 앉아 있다.)
	4격	Er hängt das Bild **an** die Wand. Wir setzen uns **an** den Tisch. (그는 그림을 벽에 건다.) (우리는 탁자에 앉는다.)

auf	3격	Die Vase steht **auf** dem Tisch. Er sitzt **auf** der Couch.
	4격	Er stellt die Vase **auf** den Tisch. Er setzt sich **auf** die Couch.

hinter	3격	Der Wagen steht **hinter** dem Haus.
	4격	Er fuhr den Wagen **hinter** das Haus.

in	3격	Das Buch steht **im** Regal.
	4격	Er stellt das Buch **ins** Regal.

neben	3격	Er saß **neben** seiner Frau.
	4격	Er setzte sich **neben** seine Frau.

über	3격	Das Bild hängt **über** dem Sofa.
	4격	Er hat das Bild **über** das Sofa gehängt.

unter	3격	**Unter** dem Tisch liegt ein Teppich.
	4격	Sie hat den Teppich **unter** den Tisch gelegt.

vor	3격	Das Taxi steht **vor** dem Haus.
	4격	Das Taxi fährt **vor** das Haus.

zwischen	3격	**Zwischen** dem Schrank und dem Bett steht ein Tisch.
	4격	Sie haben den Tisch **zwischen** den Schrank und das Bett gestellt.

※ 3, 4격 지배 전치사가 시간을 나타내는 데 쓰이면 3격을 지배한다:

an	날, 요일, 날짜, 하루 중의 때; 시작, 끝	**an** diesem Tag, **am** Mittwoch, **am** Morgen, **am** 7. August 2001, **am** Anfang, **am** Wochenende
in	주, 달, 계절, 해, 계절; 밤	**in** dieser Woche, **im** April, **im** Jahr 1995, **im** Sommer; **in** der Nacht
	앞으로 경과될 시간 표시	**In** fünf Minuten ist Pause. (5분 있으면 휴식시간이다.)
vor	~ 전에	**Vor** fünf Minuten hat er angerufen.
zwischen	~ 사이에	**zwischen** dem 1. und 15. Januar, **zwischen** 7 und 8 Uhr

9.2 전치사 + 대명사

대명사가 사물을 가리킬 때	대명사가 사람을 가리킬 때
전치사 + 대명사 → *wo(r)*+전치사, *da(r)*+전치사	전치사 + 대명사 그대로
Worauf wartest du? - Ich warte *auf den Bus*.	**Auf wen** wartest du? - Ich warte *auf meine Freundin*.
Wartest du *auf den Bus*? - Ja, ich warte **darauf**.	Wartest du *auf deine Freundin*? - Ja, ich warte **auf sie**.
Womit fährst du? - Ich fahre *mit der U-Bahn*.	**Mit wem** fährst du? - Ich fahre *mit meinem Freund*.
Fährst du *mit der U-Bahn*? - Ja, ich fahre **damit**.	Fährst du *mit deinem Freund*? - Ja, ich fahre **mit ihm**.

10 복합 문장(zusammengesetzter Satz)

10.1 등위 결합과 종속 결합

등위 결합 (koordinative Verbindung)	등위 접속사(und, oder, aber, sondern, denn)에 의한 두 문장의 대등한 결합 Hans wäscht ab, **und** Anetta tut nichts. (한스는 설거지를 하고, 아네타는 아무것도 하지 않는다.) Er ist (**entweder**) schon zur Arbeit gegangen, **oder** er ist noch zu Hause. (그는 벌써 일하러 갔거나, 아니면 아직 집에 있다.) Peter studiert schon, **aber** seine Schwester geht noch zur Schule. Manfred studiert nicht, **sondern** er macht eine Lehre. Ich gehe nicht mit ins Kino, **denn** ich muss noch arbeiten.
종속 결합 (subordinative Verbindung)	상위의 주문장(Hauptsatz)에 하위의 부문장(Nebensatz)이 종속되게 구성되는 복합 문장 부문장의 구조: **이끔말(종속접속사, 의문사, 관계대명사) + ... + 동사 인칭변화형** *Die Kinder wanderten im Wald. Da blieben die Eltern zu Hause.* *Als die Kinder im Wald **wanderten**, **blieben** die Eltern zu Hause.* └─ 부문장 ─┘ └─ 주문장 ─┘ *Die Eltern **blieben** zu Hause, **als** die Kinder im Wald **wanderten**.* └─ 주문장 ─┘ └─ 부문장 ─┘

10.2 종속접속사, 의문사가 이끄는 부문장

10.2.1 주어(Subjekt) 기능: *dass-, ob-*문장

Dass er nicht schreibt, (das) ist sonderbar. (그가 편지를 하지 않는 것이 이상하다.)
Es ist sonderbar, **dass** er nicht schreibt.
Sonderbar ist *(es)*, **dass** er nicht schreibt.

Dass ich ihn getroffen habe, *(das)* freut mich sehr. (내가 그를 만난 것이 기쁘다.)
Es freut mich sehr, **dass** ich ihn getroffen habe....

Ob er die Einzelheiten kennt, ist unwesentlich.
(그가 세부적인 내용을 아느냐 모르냐는 중요치 않다.)

10.2.2 목적어(Objekt) 기능: *dass-, ob-, w-*문장

Herr Meier hat gesagt, ***dass*** *er regelmäßig isst.*
Ich bedauere *es* sehr, ***dass*** *ich Sie gekränkt habe.* (기분을 상하게 해 드려서 매우 유감입니다.)
Dass *ich Sie gekränkt habe,* (das) beauere ich sehr.

Ich freue mich *(darüber),* ***dass*** *Peter gewonnen hat.* (페터가 이겨서 기쁘다.)
Ich freue mich schon *darauf,* ***dass*** *Melanie morgen aus der Klinik entlassen wird.*
(멜라니가 내일 퇴원할 것을 생각하니 벌써 마음이 설렌다.)

Lena fragt Lisa, ***ob*** *Michael auch mitkommt.* (레나는 리자에게 미하엘도 함께 오는지 묻는다.)
(Lena fragt Lisa: „Kommt Michael auch mit?")

Lena fragt Lisa, ***wann*** *er kommt.* („Lena fragt Lisa: Wann kommt er?")
Ich weiß nicht, ***wo*** *er wohnt.*

10.2.3 부가어(Attribut) 기능: *dass-*문장

Er hat *die Hoffnung,* ***dass*** *sie kommt.* (그는 그녀가 오기를 희망하고 있다.)
Die Tatsache, ***dass*** *er kommt,* hat mich überrascht. (그가 온다는 사실에 나는 놀랐다.)

10.2.4 상황어(Adverbialbestimmung) 기능

(1) 시간: **als** ('~했을 때'), **während** ('~하는 동안에'), **bevor** ('~하기 전에는'),
  nachdem ('~한 뒤에')

Wo waren Sie denn, ***als*** *der Unfall passierte*? (사고 났을 때 어디 계셨습니까?)
Als *der Startschuss ertönte,* sprangen die Schwimmer ins Wasser.
(출발 신호가 울리자 수영선수들이 일제히 물속으로 뛰어들었다.)

Während *ich koche,* kannst du den Tisch decken.
(내가 요리를 하는 동안에 너는 식탁을 차리면 될 것 같애.)
Während *die Sonne schien,* lagen wir am Strand.

Ich esse regelmäßig, ***bevor*** *ich zu Bett gehe.* (나는 늘 자기 전에 먹는다.)

Nachdem Minho Trauben und Äpfel <u>gekauft hat</u>, <u>kauft</u> er Müsli im Bioladen.
(민호는 포도와 사과를 산 다음에 자연식품점에서 뮈슬리를 산다.)
(Minho kauft Müsli im Bioladen. Vorher hat er Trauben und Äpfel gekauft.)
Nachdem Minho ein Buch <u>zurückgegben hatte</u>, <u>ging</u> er auf den Wochenmarkt.
(Minho hat ein Buch zurückgegeben. Danach ging er auf den Wochenmarkt.)

(2) 조건: **wenn, falls**('~라면')

Wenn es regnete, blieben wir zu Hause. (비가 내릴 때면 우리는 그냥 집에 있었다.)
Wenn es regnet, bleiben wir zu Hause. (비가 내리면 우리는 그냥 집에 있는다.)

Falls das Stimmungstief andauert, gehen Sie zum Arzt.
(만일 우울한 기분이 지속되면 의사에게 가 보십시오.)
Dauert das Stimmungstief an, gehen Sie zum Arzt.

(3) 원인: **weil** ('~때문에')

Der Hase machte sich über die Schildkörte lustig, *weil* sie so langsam war.
(토끼는 거북이가 너무 느려서 놀렸다.)
Peter arbeitet, *weil* er Geld verdienen will/soll.
Warum bremst Karl? - *Weil* ein Baum auf der Straße liegt.

(4) 목적: **damit** ('~하기 위하여')

Peter arbeitet, *damit* er Geld verdient. (피터는 돈을 벌기 위해 일한다.)
Treiben Sie Sport, *damit* Sie Appetit kriegen.
Beeil dich bitte, *damit* wir nicht zu spät kommen.

(5) 양보: **obwohl, wenn auch / wenn ... auch, auch wenn** ('비록 ~일지라도')

Obwohl er krank war, kam er. (그는 비록 아팠지만 왔다.)

Wenn auch ich krank bin, *(so)* muss ich *(doch)* arbeiten.
Wenn ich *auch* krank bin, *(so)* muss ich *(doch)* arbeiten.
Bin ich auch krank, *(so)* muss ich *(doch)* arbeiten.

/ ***Bin** ich auch krank*, ich muss arbeiten.

Ich muss arbeiten, ***auch wenn*** *ich krank bin*.

(6) 결과: **so dass / sodass, so ... dass**('그래서 ∼하다')

Er hat Fieber, ***so dass / sodass*** *er nicht aufstehen darf.*
(그는 일어나면 안 될 정도로 열이 있다.)
Sie waren ***so*** arm, ***dass*** *sie fast jeden Abend hungrig zu Bett gingen.*
Es war ***so*** kalt, ***dass*** *wir froren.*

(7) 비교: **als, ob** (비현실 가정: 접속법 II식) ('마치 ... 인 것처럼')
Es ist heute so warm, ***als ob*** *es Frühling wäre.*(오늘은 마치 봄날인 듯 따뜻하다.)
Es ist heute so warm, ***als wäre*** *es Frühling.*

10.3 관계문(Relativsatz)

- 상위의 주문장의 어느 요소와 관계를 맺는 부문장
- 관계문의 이끔말:　지시대명사: *der*, ... (= 관계대명사)
　　　　　　　　　w-대명사: *wer, was*
　　　　　　　　　w-전치사부사: *womit, wofür*, ...
　　　　　　　　　w-부사: *wo* (= 관계부사)

10.3.1 관계대명사(Relativpronomen)가 이끄는 관계문

	단수			복수
	남성	중성	여성	
1격	der	das	die	die
2격	des*sen*	des*sen*	der*en*	der*en*
3격	dem	dem	der	den*en*
4격	den	das	die	die

※ 특정관사에서 온 지시대명사를 관계대명사로 사용함.

Der Mann,	*der* mit dem Kind *spricht*,	ist mein Vater. (제 아버지입니다.)
	← *Der Mann* spricht mit dem Kind.	
	(아이와 이야기하고 있는 남자는)	
	dessen Geldtasche du gefunden *hast*,	
	← Du hast die Geldtasche *des Mannes* (*seine* Geldtasche) gefunden.	
	(네가 지갑을 찾아준 사람은)	
	dem Sie Ihre Visitenkarte gegeben *haben*,	
	← Sie haben *dem Mann* Ihre Visitenkarte gegeben.	
	(당신이 명함을 건네드렸던 사람은)	
	den du dort *siehst*,	
	← Du siehst dort *den Mann*.	
	(저기 보이는 사람은)	
Der Herr,	*mit dem* ich *gesprochen habe*,	ist mein Lehrer. (제 선생님입니다.)
	(Ich habe *mit dem Herrn* gesprochen)	
	(내가 대화를 나누었던 분은)	
Die Frau,	*nach deren* neuer(!) Adresse ich dich *fragen möchte*, wohnte früher hier.	
	(Ich möchte dich *nach der neuen Adresse der Frau* fragen)	
Die Leute,	*von denen* wir jetzt *sprechen*,	kommen aus Frankfurt.
	(Wir sprechen jetzt *von den Leuten*)	

10.3.2 *wer, was, wo(r)*+전치사가 이끄는 관계문

(1) wer : 불특정한 사람

Wer zuletzt lacht, *(der)* lacht am besten. (마지막에 웃는 사람이 가장 잘 웃는 사람이다.)
Wen ich liebe, *(den)* möchte ich nicht gern verlieren.
Wem ich zuerst begegne, *den* frage ich.
Wer mir hilft, *dem* bin ich sehr dankbar.

(2) was, wo(r)+전치사 :

① 불특정한 사물
Das, was du sagst, ist nicht wahr. (네가 말하는 것은 사실이 아니다.)
Es ist nicht **alles** Gold, **was** glänzt.

Hier gibt es **nichts**, **was** mich interessiert.
Er tat **etwas**, **was** sie sehr komisch fand. (그는 그녀가 매우 유치하다고 여기는 짓을 한다.)
Sie nahm *(das)*, **was** man ihr gab.
Was ich nicht weiß, *(das)* macht mich nicht heiß.

Das ist **etwas**, **worauf** ich mich freue.
Hier gibt es **vieles**, **worüber** man sich ärgert.

② 주문장 전체
Er hat mich gestern angerufen, **was** mich sehr gefreut hat.
(그는 어제 내게 전화했다. 그래서 내가 매우 기뻤다.)
← Er hat mich gestern angerufen. *Das* hat mich sehr gefreut.

Sie hat heute meinen Vater besucht, **worüber** er sich sehr gefreut hat.
← Sie hat heute meinen Vater besucht. *Darüber* hat er sehr sich gefreut.
⚠ Sie hat meinem Vater *ein Handy* geschenkt, *über das* er sich sehr gefreut hat.

Ingrid gab mir das Buch, **wobei** sie vermied, mich zu grüßen.
← Ingrid gab mir das Buch. *Und dabei* vermied sie, mich zu grüßen.

10.3.3 관계부사 *wo*가 이끄는 관계문: 시간과 장소

Dort, **wo** die U-Bahn endet, kann man den Bus Linie 8 nehmen.
(지하철이 끝나는 곳에서 8번 버스를 이용할 수 있다.)
Auschwitz ist **überall** da, **wo** wir intolerant gegen fremde Menschen sind.

Hier ist die St. Viktus-Gasse, **wo** / **in der** ich ein Zimmer gemietet habe.
Mein Freund fliegt nach Italien,　　**wo**　　er ein Jahr lang studieren wird. (○)
　　　　　　　　　　　　　　　　in dem er ein Jahr lang studieren wird. (×)
Nach dem Krieg gab es Zeiten, **wo** / **in denen** man einfach verhungern musste.

11 동사원형(Infinitiv) 구문

11.1 〈zu + 동사원형〉 구문

11.1.1 문장성분 기능

(1) 주어

　　Regelmäßig *zu* **essen** ist wichtig. / *Es* ist wichtig, regelmäßig *zu* **essen**.
　　(= Es ist wichtig, dass man regelmäßig isst.) (규칙적으로 식사하는 것은 중요하다.)
　　Oft nach Frankfurt *zu* **fahren** macht Peter Spaß. / *Es* macht Peter Spaß, oft nach Frankfurt
　　zu **fahren**. (자주 프랑크푸르트에 가는 것이 페터에게는 즐겁다.)
　　(= Es macht Peter Spaß, dass er oft nach Frankfurt fährt.)

(2) 목적어

　　Ich hoffe, dich bald **wieder*zu*sehen**. (= Ich hoffe, dass ich dich bald wiedersehe.)
　　(너를 곧 다시 보길 바래.)
　　Vergiss nicht, die Blumen *zu* **gießen**. (= Vergiss nicht, dass du die Blumen gießen sollst.)
　　Gisela freut sich *darauf*, zu ihrer Familie nach Hause *zu* **fliegen**.
　　Gisela freut sich *(darüber)*, wieder zu Hause *zu* **sein**.
　　Minho hat die Marktfrau *(darum)* gebeten, ihm den Weg zum Bioladen *zu* **zeigen**.

(3) 상황어: um ... zu + 동사원형 (목적 '~하기 위하여')

　　Er arbeitet, ***um*** Geld *zu* **verdienen**. (= Er arbeitet, *damit* er Geld verdient.)
　　(그는 돈을 벌기 위해 일한다.)
　　Ich stelle den Wecker, ***um*** morgen früh **auf*zu*stehen**.
　　(= Ich stelle den Wecker, *damit* ich morgen früh aufstehen kann.)

(4) 부가어

　　Herr Meier hat *keine Lust* *zu* **arbeiten**. (마이어씨는 일하고 싶은 생각이 없다.)
　　Gisela hat *keine Zeit*, ins Kino *zu* **gehen**.
　　Ich bin nicht *in der Lage*, anderen *zu* **helfen**.

11.1.2. 그 밖의 용법

(1) scheinen ... zu + 동사원형: '~인 것처럼 보인다'

    Er *scheint* sehr glücklich *zu* sein. (그는 매우 행복한 듯이 보인다.)
    Er *scheint* selten *zu* lachen.
    Sie *schien* nicht *zu* merken, dass sie beobachtet wurde.

(2) brauchen ... zu + 동사원형

    – 부정어와 함께: '~ 할 필요가 없다'

    Morgen *brauche* ich nicht *zu* kommen. (나는 내일은 올 필요 없어.)
    Niemand *braucht* es *zu* wissen.

    – nur/bloß 와 함께: '~하기만 하면 된다'

    Du *brauchst* es nur *zu* sagen. (너는 그것을 말하기만 하면 돼.)

11.2 〈4격 + 동사원형〉 구문

11.2.1 *lassen* 사역 구문: '시킴' '일으킴', '내버려 둠'

    Ich lasse *ihn* kommen. (← [dass] *er kommt*) (나는 그를 오게 한다.)
    Sie lässt **den Wecker** fallen. (← [dass] *der Wecker fällt*) (그녀는 자명종 시계를 떨어뜨린다.)
    Sie lässt den Wecker reparieren. (← [dass] jemand *den Wecker repariert*)
    (그녀는 자명종 시계를 수리 맡긴다.)
    Er lässt *sich* fotografieren. (← [dass] jemand *ihn fotografiert*)
    (그는 [사진관에서 / 남에게 부탁해서] 사진을 찍는다.)

    ※ 현재완료: Ich lasse ihn kommen. → Ich *habe* ihn kommen *lassen*.
        (부문장 속의 어순: Du weißt doch, dass ich ihn *habe* kommen *lassen*.)

11.2.2 지각동사 구문

    Ich sehe **ihn** *kommen*. (← Ich sehe, wie *er kommt*.) (나는 그가 오는 것을 본다.)
    Sie hört **einen Wagen** *vor dem Haus halten*. (← Sie hört, wie *ein Wagen vor dem Haus hält*.) (그녀는 자동차 한 대가 집 앞에 서는 소리를 듣는다.)

    ⚠ 현재완료: Ich sehe ihn kommen. → Ich *habe* ihn kommen *sehen*.
        (부문장 속의 어순: Du weißt doch, <u>dass</u> ich ihn *habe* kommen *sehen*.)

12 어순(Wortstellung)

12.1. 독립 문장의 어순

12.1.1 동사-둘째 문장(Verb-Zweit-Satz)

(1) 서술문(Aussagesatz)

I	II 동사(인칭형)	III		
		주어	보탬말(Angabe)**	채움말(Ergänzung)*
Das	ist			Gisela.
Sie	ist			Studentin.
Frau Müller	ist		seit zehn Jahren	verheiratet.
Herr Schmidt	wohnt			in Hamburg.
Frau Wolf	kommt			aus München.
Ihre Tochter	geht		noch	zur Schule.
Sie	spielt		gern	Klavier.

I	II 동사(인칭형)	III		
		주어	보탬말	채움말
Ich	spiele		oft	Tennis.
Tennis	spiele	ich	oft.	
Ich	trinke		morgens	Kaffee.
Morgens	trinke	ich		Kaffee.
Karin	fährt		heute mit dem Zug	nach Wien.
Heute	fährt	Karin	mit dem Zug	nach Wien.
Mit dem Zug	fährt	Karin	heute	nach Wien.
Nach Wien	fährt	Karin	heute mit dem Zug.	

*채움말(Ergänzung): 문장을 완결하는 데 필수적인 성분.
**보탬말 (Angabe): 문장을 완결하는 데 필수적인 성분은 아니지만 문장의 뜻을 보충해 주는 성분.

(2) w-물음문(w-Fragesatz)

I	II 동사(인칭형)	III		
		주어	보탬말	채움말
Wer	ist			Gisela?
Was	ist	sie?		
Seit wann	ist	Frau Müller		verheiratet?
Wo	wohnt	Herr Schmidt?		
Woher	kommt	Frau Wolf?		

12.1.2 동사—첫째 문장(Verb-Erst-Satz)

(1) 예/아니오-물음문(ja-nein-Fragesatz)

I	II 동사(인칭형)	III		
		주어	보탬말	채움말
	Ist	das		Gisela?
	Ist	sie		Studentin?
	Kommt	Herr Müller		aus Hamburg?
	Kommt	Frau Schmidt	auch	aus Hamburg?
	Spielt	Peter	oft	Tennis?
	Isst	Monika	gern	Fisch?

(2) 명령문(Imperativsatz)

I	II 동사(인칭형)	II		
		주어	보탬말	채움말
	Trinken	Sie	doch nicht	so viel Bier!
	Bleiben	Sie	doch noch!	
	Komm		bitte nicht so spät!	
	Wartet		bitte noch.	

12.1.3 분리동사가 있는 문장의 어순

I	II 동사 1 (인칭형)	III			
		주어	보탬말	채움말	동사 2 (분리접두어)
Manfred	bereitet		gerade	das Frühstück	vor.
Warum	gehst	du	heute Abend nicht		aus?
Findet		das Konzert	heute		statt?
Gib			bitte nicht	so viel Geld	aus!

12.1.4 화법조동사가 있는 문장의 어순

I	II 동사 1 (인칭형)	III			
		주어	보탬말	채움말	동사 2 (원형)
Wir	müssen		noch eine Stunde		warten.
	Möchten	Sie		etwas	trinken?
Heute	kann	ich		nicht	mitfahren.
So viel Geld	darfst	du		nicht	ausgeben.

12.1.5 현재완료 문장의 어순

I	II 동사 1 (인칭형)	III			
		주어	보탬말	채움말	동사 2 (분사)
Wir	haben		heute Nachmittag	Fußball	gespielt.
Neulich	hat	er		zu viel Geld	ausgegeben.
Nach Köln	ist	sie	vor 3 Jahren		gekommen.
Studiert	habe	ich	in Seoul.		

12.1.6 수동문의 어순

I	II 동사 1 (인칭형)	III			
		주어	보탬말	채움말	동사 2 (분사)
Der Schüler	wird			(von dem Lehrer)	gelobt.
Es	wurde		hier die ganze Nacht		getanzt.
Hier	wurde		die ganze Nacht		getanzt.
Die Technik	ist		noch nicht		geprüft worden.
Die Technik	kann				geprüft werden.

12.1.7 채움말(Ergänzung) 자리가 두 군데인 경우

I	II 동사 1 (인칭형)	주어	III			
			채움말 2	보탬말	채움말 1	동사 2
Hans	liest			nur selten	Bücher.	
Ich	habe		die Bücher	schon		gelesen.
Die Eltern	konnten		ihren Sohn	nicht	aufs Gymnasium	schicken.
Der Vater	kauft		dem Kind	heute	ein Fahrrad.	
Das Fahrrad	will	er	ihm	morgen		schenken.

12.1.8 인칭대명사와 명사구가 함께 나타날 때의 어순

I	II 동사 1 (인칭형)	III				
		주어	채움말 2	보탬말	채움말 1	동사 2
Hans	hat			gestern	seiner Frau einen Ring	gekauft.
Er	hat		ihr		auch ein Kleid	gekauft.
	Hat	er	ihr	den Ring	schon		geschenkt?
Warum	hat	er	ihn ihr		noch nicht		gegeben?
	Wollte	er	ihn		vielleicht	seiner Mutter	schenken?
Er	will		ihn	seiner Frau	morgen		schenken.

12.2 부문장의 어순: 동사 – 맨끝 문장(Verb-Letzt-Satz)

	I	II	III					동사 1 (인칭형)
			주어	채움말 2	보탬말	채움말 1	동사 2	
Ich weiß,		dass	Hans	ihr	heute	einen Ring		kauft.
Ich frage,		ob	er	ihn ihr	schon		geschenkt	hat.
Ich bin traurig,		wenn	er	ihn		seiner Mutter	schenken	will.
Ich weiß nicht,	wo		er	ihn			gekauft	hat.
Ich frage,	warum		er	sich	nicht	darüber		freut.
Ich weiß nicht,	an wen		er		da		gedacht	hat.
der Mann,	der					einen Ring	gekauft	hat
der Ring,	den		er		gestern		gekauft	hat
die Frau,	an die		er		immer			denkt

간추린 독일어 새 정서법 (neue Rechtschreibung)

1 소리와 글자의 대응 (Laut-Buchstaben-Zuordnung)

1.1 ß ➜ ss

> 짧은 모음뒤에서는 항상 ss를 쓴다.

구 정서법	신 정서법
ich muß	ich muss
du mußt	du musst
ich mußte	ich musste
mißverstehen	missverstehen
Imbiß, Kuß, Geschoß, Schloß usw.	Imbiss, Kuss, Geschoss, Schloss usw.
ein bißchen usw.	ein bisschen usw.

⚠ 독일어 동사 중에서 변화 (Beugung)할 때 모음의 길이가 변하거나 그러한 동사에서 명사가 파생된 경우에는 ss로 표기한다:

구 정서법	신 정서법
fließen - er floß; der Fluß	fließen - er floss; der Fluss
genießen - er genoß; der Genuß	genießen - er genoss; der Genuss
wissen - er wußte	wissen - er wusste
usw.	usw.

※ 긴 모음과 이중모음 뒤에서는 항상 ß를 쓴다 : groß, ich weiß usw.

접속사 daß 도 새 정서법에서는 dass로 표시한다.

구 정서법	신 정서법
daß	dass

※ ß를 대문자로 표기할 때는 SS로 표기한다:

GRO**SS**BUCHSTABE; STRA**SS**E usw.

1.2 자음겹침

합성어를 만들 때 동일한 모음 또는 자음이 연속하여 올 때 모두 쓴다.

3개의 자음 연속: Balle*tt/t*änzerin, Beste*ll/l*iste, Be*tt/t*uch, Schi*ff/f*ahrt,
　　　　　　　Fußba*ll/l*änderspiel, Schri*tt/t*empo, Schlu*ss/s*purt usw.
3개의 모음 연속: Arm*ee/e*inheit Hawa*ii/i*nseln, Kaff*ee/e*rnte, S*ee/e*lefant usw.

※ 이 경우 하이픈을 사용한 표기도 가능하다:

　　Ballett-Tänzerin, Bestell-Liste, Schiff-Fahrt, Schluss-Spurt usw.
　　Armee-Einheit, Hawaii-Inseln, Kaffee-Ernte usw.

1.3 -y ➡ -ys

독일어에 유입된 -y로 끝나는 영어외래어 단수명사들을 복수명사로 사용할 때 -s*를 붙인다.

※ 구 정서법에서는 복수어미 -ies로 쓰기도 하였다.

단 수	복 수
Baby, Lady, Lobby, Party usw.	Babys, Ladys, Lobbys, Partys usw.

2 띄어쓰기와 붙여쓰기 (Getrennt- und Zusammenschreibung)

2.1 명사와 동사의 결합

> Klavier spielen, Auto fahren 등과 같이 명사와 동사가 결합하여 한 개념을 나타낼 때는 띄어 쓰고 명사를 대문자로* 쓴다.

* 〈IV. 대소문자 표기법〉의 2항 참조.

구 정서법	신 정서법
Ich fahre rad.	Ich **fahre Rad**.
pleite gehen usw.	**Pleite gehen** usw.

⚠ 명사의 원래의 의미와 비교하여 모호하게 변화된 경우에는 예전과 같이 그대로 쓴다:(분리동사)

*heim*reisen, *preis*geben, *statt*finden, *teil*nehmen, *wett*machen usw.

※ 띄어쓰기와 붙여쓰기 둘 다 가능한 경우:

  danksagen / Dank sagen - sie danksagte / sie sagte Dank
  haushalten / Haus halten - er haushielt / er hielt Haus
  usw.   - usw.

2.2 동사와 동사의 결합

두 동사가 결합하여 만들어진 합성동사는 띄어 쓴다.

구 정서법	신 정서법
hängen-, liegen-, sitzen-, stehenbleiben usw.	*hängen* bleiben, *liegen* bleiben, *sitzen* bleiben, *stehen* bleiben usw.
bleiben-, fallen-, gehen-, hängen-, liegen-, stehenlassen usw.	*bleiben* lassen, *fallen* lassen, *gehen* lassen, *hängen* lassen, *liegen* lassen, *stehen* lassen usw.
kennenlernen, spazierengehen usw.	*kennen* lernen, *spazieren* gehen usw.

2.3 분사Ⅱ(Partizip Ⅱ)와 동사의 결합

분사Ⅱ(Partizip Ⅱ)와 동사가 결합할 때 띄어 표기한다.

구 정서법	신 정서법
verlorengehen usw.	*verloren* gehen usw.

2.4 형용사와 동사의 결합

형용사와 동사가 결합할 때 띄어 표기한다.

구 정서법	신 정서법
fernliegen, geheimhalten, geradesitzen, klarsehen, kleinschneiden, offenbleiben, saubermachen usw.	*fern* liegen, *geheim* halten, *gerade* sitzen, *klar* sehen, *klein* schneiden, *offen* bleiben, *sauber* machen usw.

⚠ 두 요소의 의미가 결합하여 새로운 의미를 갖는 경우에는 붙여 쓴다: (분리동사)
fern<먼> + sehen<보다> *fern*sehen<텔리비젼을 보다>, *frei*sprechen, *krank*schreiben usw.

※ 띄어 쓸 때와 붙여 쓸 때 의미가 다른 경우:
groß schreiben '크게 쓰다' - großschreiben '첫 철자를 대문자로 표기하다'
klein schreiben '작게 쓰다' - kleinschreiben '첫 철자를 소문자로 표기하다'

3 하이픈을 이용한 표기법 (Schreibung mit Bindestrich)

아라비아숫자를 독일어와 함께 표기할 때 반드시 하이픈과 함께 표기한다.

2-/3-/4-jährig, die 2-/3-/4-Jährige, 2-/3-/4-mal, 2-/3-/4-monatlich, 2-/3-/4-stündig, 2-/3-/4-tägig, 100-prozentig, 100-seitig 6-Zynlinder, die 0:1-Niederlage usw.

⚠ 아라비아숫자를 독일어로 쓰고 다른 단어와 결합할 때 붙여 쓴다:
zweijährig, dreijährig, vierjährig usw.

⚠ 아라비아숫자 다음에 접미사가 오면 하이픈 없이 그대로 붙여 쓴다:
Das ist *100%ig* richtig.
Man nehme die *4fache* Menge an Wasser.

4 대 · 소문자 표기법 (Groß - und Kleinschreibung)

4.1

편지에서 대문자로 표기하던 친칭형 Du - Dein, Ihr - Euer등은 새 정서법에서는 소문자 du - dein, ihr - euer로 표기한다. 단 존칭 Sie - Ihr형태는 계속 대문자로 표기한다.

4.2

명사앞에서 부가어로 사용되는 형용사와 명사의 결합이 하나의 개념으로 인식되는 경우에도 과거와는 달리 형용사를 소문자로 표기한다.

구 정서법	신 정서법
die Erste Hilfe, die Gelbe Karte, die Goldene Hochzeit usw.	die *erste* Hilfe, die *gelbe* Karte, die *goldene* Hochzeit usw.

⚠ 그러나 고유명사로 사용될 때는 형용사를 대문자로 표기한다:
der *D*eutsche Bundestag<독일의회>, die *D*ritte Welt<제 3세계>, das *R*ote Kreuz <적십자>, die *V*ereinten Nationen<유엔> usw.

4.3

명사와 동사가 서로 띄어서 쓰고 한 개념으로 사용될 때 명사를 대문자로 표기한다.

*A*uto fahren, *L*eid tun, *M*aschine schreiben, *P*leite gehen, *R*echt haben<옳다> usw.

4.4

전치사와 숙어를 만드는 명사가 과거에는 부분적으로 소문자로 표기되었으나 새 정서법에서는 대문자로 쓴다.

구 정서법	신 정서법
außer acht lassen, in bezug auf usw.	außer **A**cht lassen, in **B**ezug auf usw.

※ 대-소문자 표기가 모두 가능한 경우:
  auf Grund/aufgrund, zu Grunde gehen/zugrunde gehen, mit Hilfe/mithilfe usw.

4.5

불특정수를 나타내는 형용사들도 새 정서법에서는 대문자로 표기한다.

구 정서법	신 정서법
jeder einzelne, als einzelner usw. der einzige, als einziger usw.	jeder **E**inzelne, als **E**inzelner usw. der **E**inzige, als **E**iniger usw.

⚠ viel, wenig, ander 등 수를 나타내는 형용사들은 계속 소문자로 표기한다.

4.6

전치사와 함께 사용되는 각국의 언어명칭은 항상 대문자로 표기한다.

auf **D**eutsch, in **D**eutsch, mit **D**eutsch usw.

4.7.

시간을 나타내는 부사 vorgestern, gestern morgen, übermorgen 등이 하루 중 때를 나타내는 표현과 함께 사용될 때 예전과 달리 항상 대문자로 표기한다.

구 정서법	신 정서법
gestern morgen	gestern **M**orgen
heute mittag	heute **M**ittag
morgen abend	morgen **A**bend
usw.	usw.

5 단어분철법 (Silbentrennung am Zeilenende)

5.1

> 단어가 줄 끝에서 분철될 때 하이픈은 그 줄 끝에 온다.

5.2

> -st-는 새 분철법에서 분리된다.

구 정서법	신 정서법
Klo-ster, La-sten, We-sten usw.	**Klos-ter, Las-ten, Wes-ten** usw.

5.3

> 과거에는 줄 끝에서 ck를 분리할 때 k-k로 표기하였는데 새 분철법에서는 더 이상 분리되지 않는다.

구 정서법	신 정서법
Dek-ke, kik-ken, lek-ker, Zuk-ker usw.	**De-cke, ki-cken, le-cker, Zu-cker** usw.

기본수와 차례수

기 본 수 (Kardinalzahlen)		차례수 (Ordinalzahlen)	기 본 수 (Kardinalzahlen)		차례수 (Ordinalzahlen)
null	0	*nullt*	zwanzig	20	zwanzigst
eins	1	*erst*	einundzwanzig	21	einundzwanzigst
zwei	2	zweit	zweinundzwanzig	22	zweiundzwanzigst
drei	3	*dritt*	dreinundzwanzig	23	dreiundzwanzigst
vier	4	viert	vierundzwanzig	24	vierundzwanzigst
fünf	5	fünft	fünfundzwanzig	25	fünfundzwanzigst
sechs	6	sechst	sechsundzwanzig	26	sechsundzwanzigst
sieben	7	*siebt*	siebenundzwanzig	27	siebenundzwanzigst
acht	8	*acht*	achtundzwanzig	28	achtundzwanzigst
neun	9	neunt	neunundzwanzig	29	neunundzwanzigst
zehn	10	zehnt	dreißig	30	dreißigst
elf	11	elft	einunddreißig	31	einunddreißigst
zwölf	12	zwölft	vierzig	40	vierzigst
dreizehn	13	dreizehnt	fünfzig	50	fünfzigst
vierzehn	14	vierzehnt	sechzig	60	sechzigst
fünfzehn	15	fünfzehnt	siebzig	70	siebzigst
sechzehn	16	sechzehnt	achtzig	80	achtzigst
siebzehn	17	siebzehnt	neunzig	90	neunzigst
achtzehn	18	achtzehnt	(ein)hundert	100	(ein)hundertst
neunzehn	19	neunzehnt	(ein)hunderteins	101	(ein)hunderterst

1 기본수

1.1 기본수는 위의 도표에서처럼 셈 · 수량을 나타낸다.

212	zweihundertzwölf
1.000	(ein)tausend
100.000	(ein)hunderttausend
1.000.000	eine Million
1.000.000.000	eine Milliarde

- Wir haben *zwanzig* Bäume in unserem Garten.
- Mit *zwanzig* Bäumen ist der Garten voll.
- Es ist fünf nach eins.   1시 5분입니다.
- Um *neun* Uhr beginnt die Vorlesung.   9시에 강의가 시작됩니다.
- Was kostet hundert Gramm Nüsse?   호두 100그램에 얼마입니까?
- 110 km (= *hundertzehn Kilometer*) pro Stunde

  시간당 100 킬로미터
- Welche Linie fährt zum Rathaus?   몇 번 노선이 시청으로 갑니까?
  ○ Linie 17! (= *siebzehn*)
- Wie ist Ihre Telefonnummer?
  ○ 5102478. (fünf eins null zwei(zwo) vier sieben acht)
           (einundfünfzig null zwo siebenundvierzig acht)
- Die Schüler gehen zu *zweien*.   학생들이 둘씩 걸어가고 있다.
- der Bund *zweier* mächtiger Kaiser   막강한 두 황제의 연합
- Lesen Sie bitte die Seite elf!   11페이지를 읽으십시오.
- 2-jährig   (*zweijährig*)   2살의(2년의)
- Ist Renate 21 (= *einundzwanzig*) Jahre alt?

  레나테는 21살인가요?
- Mit 18 Jahren machte er sein Abitur.   18살 때 그는 아비투어 시험을 보았다.
  (= Im Alter von *achtzehn* Jahren)   18살의 나이에
- In 10 Minuten kommt sie zurück.   10분 있으면 그녀가 돌아올 겁니다.
- Seit *drei* Jahren lernt Udo Klavier.   3년 전부터 우도는 피아노를 배우고 있다.

1.2 불특정관사 ein, eine, ein은 수사(數詞)로 사용될 수 있다.

- Hinter der Grundschule steht *eine* Kirche.
  초등학교 뒤에 교회가 하나 있다.
- Was kostet *ein* Kilo Äpfel? 사과 1킬로에 얼마입니까?
- *Einen* Euro vierzig das Kilo. 킬로당 1유로 40입니다.

1.3 불특정대명사도 수사로 쓰인다.

- *Einer* von den Jungen war leider abwesend.
  소년들 중 한 사람이 결석했다.

1.4 돈을 나타내는 Euro, D-Mark, Pfennig, Schilling, Franken, Dollar 등에서는 복수형을 쓰지 않는다:

17,11 Euro	=	siebzehn Euro elf
478 Euro	=	vierhundertachtundsiebzig Euro
100.000 Dollar	=	einhunderttausend Dollar

- Ich möchte 3 Briefmarken zu 0,50 Euro. 50센트 짜리 우표 3장 주세요.
  (= *drei* Briefmarken zu *fünfzig* Cent)
- Ich möchte 500 Dollar in Euro wechseln. 500달러를 유로화로 환전하고 싶습니다.

1.5 연도를 나타낼 때

(im Jahr) 1998 neunzehnhundertachtundneunzig
 2002 zweitausendzwei

1.6 연대를 나타낼 때

in den 70er Jahren   (= in den siebziger Jahren)
in den 1990er Jahren   (= in den neunzehnhundertneunziger Jahren)

　　* 결코 서수처럼 형용사 어미변화를 하지 않는다.

1.7 배(倍)나 횟수를 나타낼 때: -mal과 -fach.

~mal	~번	~fach	~배
zweimal	두 번	zweifach	두 배
dreimal	세 번	dreifach	세 배
viermal	네 번	vierfach	네 배

1.8 셈을 나타낼 때

0,123	null Komma eins zwei drei
1,5	eins Komma fünf
0 : 1	null zu eins

- Das Spiel endete 2 zu 1.　　　　　　　시합은 2대 1로 끝났다.
- Der Kurs heute ist 1,246 Euro für einen Dollar.
  오늘 환율은 1달러 당 1.246유로이다.

1 + 2 = 3	Eins plus zwei ist/gleich drei.
9 − 4 = 5	Neun minus (= weniger) vier gleich/ist fünf.
3 × 6 = 18	Drei mal sechs ist achtzehn.
42 ÷ 7 = 6	Zweiundvierzig durch sieben ist sechs.

- Wie viel ist 12 durch 2?
  ○ Sechs.

2 차례수

2.1 1부터 19 사이의 기본수에 t가 붙는다 : vier + t-
2.2 첫 번째 erst-, 세 번째 dritt-, 일곱 번째 siebt-, 여덟 번째 acht-에 유의한다.
2.3 20부터는 기본수에 **st**가 붙는다 : zwanzig + st-
2.4 차례수가 명사 앞에서 부가어로 사용될 때 형용사 어미변화를 한다.

- Heute ist der 8.(= *achte*) Mai.　　　　　　오늘은 5월 8일입니다.
- Heute haben wir den 23. 9. 2002.　　　　　오늘은 2002년 9월 23일입니다.
  = (Heute haben wir den dreiundzwanzigsten September zweitausendzwei.)
- Ursula wohnt im 5.(= *fünften*) Stock.　　　우르줄라는 6층에 산다.
- Am ersten Januar muss ich nach Spanien fliegen.
  1월1일에 나는 비행기로 스페인에 가야 합니다.
- Wilhelm I. (= *der* Erste) wurde am 18.(=achtzehnten) Januar 1871 der deutsche Kaiser.
  빌헬름 1세는 1871년 1월 18일에 독일 황제가 되었다.
- Ich kenne Karl I. (= Karl den Ersten) nicht. 나는 칼 1세를 모른다.
- Unter Kaiser Karl V.(= Karl dem Fünften) waren Deutschland und Spanien vereint.
  칼 5세 황제 통치 기간에 독일과 스페인은 통합되어 있었다.
- Gehen Sie bis zur zweiten Ampel und dann rechts!
  두 번째 신호등까지 가서 오른쪽으로 가세요.
- Vom zwanzigsten Juli bis fünfzehnten August mache ich Urlaub.
  7월 20일부터 8월 15일까지 나는 휴가다.
- Lesen Sie bitte die elfte Seite! (*Seite elf!)　11쪽을 읽으세요!
- Nur jeder Dritte erhielt die Zulassung.　　세 명에 한 명만이 입학허가서를 받았다.
- zum ersten Mal　　　　　　　　　　　　처음으로/먼저
- die erste Hilfe　　　　　　　　　　　　　응급치료

- der Zweite Weltkrieg　　　　　　　　　제2차 세계대전
- das ist das Letzte, was ich tun würde.　난 아마 그런 일은 안 할거야.

2.5 사람 수를 나타낼 때는 zu + 차례수로 표현한다.

Gestern waren wir *zu zweit* im Kino.　　어제 우리 둘이서 영화관에 갔었다.
Dieses Jahr fahren sie *zu dritt* in Urlaub.　올 해 그들 셋이서 휴가를 갈 것이다.

2.6 분수 (Bruchzahlen)

분수는 서수에 어미 -el를 붙인다.
⅓ ein drittel　　　　¼ ein viertel
⅔ zwei drittel　　　 ¾ drei viertel　　　1⅔ ein(und)zweidrittel

- *Ein Achtel* der Einwohner waren Bauern.
  주민들 가운데 ⅛은 농부들이었다.
- Sie lernte Indonesisch in einem drei viertel Jahr.
  그녀는 인도네시아어를 9개월만에 배웠다.
- Herr Rohs gibt *ein Drittel* seines Gehalts für Miete aus.
  로스씨는 수입의 ⅓을 월세로 지출한다.

> 예사) halb-/Hälfte
> ½ einhalb, die Hälfte　　1½ ein(und)einhalb　　2½ zweieinhalb
> in 1½ Stunden =　　　　in *anderthalb* Stunden.
> 　　　　　　　　　　　　in *eineinhalb* Stunden.

- Geben Sie mir ein *halbes* Kilo Erdbeeren!
- Ich muss noch ca. viereinhalb Kilometer laufen.
- Fünfzehn Minuten sind eine *Viertel*stunde.
- Die *Hälfte* der Schülerinnen kommt noch nicht.

[대학생을 위한 활용 독일어 2] 별책부록